JIJ ZIJN EN
DE WERELD
VERANDEREN

(IS HET NU TIJD?)

ACCESS CONSCIOUSNESS
PUBLISHING

JIJ ZIJN EN DE WERELD VERANDEREN

(IS HET NU TIJD?)

DOOR DR. DAIN HEER

ACCESS CONSCIOUSNESS
PUBLISHING

Oorspronkelijke titel: *Being You, Changing the World*
Tweede uitgave
Copyright © 2015 door dr. Dain C. Heer
Access Consciousness Publishing
www.accessconsciousnesspublishing.com
First published by Big Country Publishing, LLC in 2012

Jij zijn en de wereld veranderen
Copyright © 2023 door dr. Dain C. Heer
ISBN: 978-1-63493-529-6
Access Consciousness Publishing

Eindredacteur: Katarina Wallentin
Ontwerp omslag: Katarina Wallentin
Foto omslag: Allannah Avelin
Binnenwerk: Toni Burton
Vertaald door: Stéphanie Schoordijk Wonders

"Je kunt wel zeggen dat ik een dromer ben, maar ik ben niet de enige. Ik hoop dat je op een dag met ons mee zult doen…en dat de wereld dan één zal zijn."
– John Lennon

"Wees de verandering die jij zou willen zien in de wereld."
– Mahatma Gandhi

"Wees jij en verander de wereld."
– Gary M. Douglas

Wat sommige mensen zeggen over dit boek...

"Je hebt mijn wereld op z'n kop gezet met dit boek. Ik neem magische dingen waar. IK BEN ME GEWAAR dat ieder aspect van mijn leven zich aan het transformeren is... ik ben 62, en ik kan me echt geen tijd in mijn leven herinneren dat ik me niet op de één of andere manier gewaar was van en op zoek was naar de dingen waar jij het over hebt. Ja, voor mij is het nu tijd. Bij alle ervaringen die ik heb mogen hebben, lijkt dit toch wel de kers op de taart te zijn. Ik ben gewoon zo ontzettend dankbaar."

- Ann

"Dankjewel, echt dankjewel dat je dit boek hebt geschreven... ALLES wat je zegt, resoneerde met lichtheid in mijn hart en voor het eerst in mijn leven heb ik het gevoel dat iemand me begrijpt. In de afgelopen 52 minuten heb je jouw eerste hoofdstuk voorgelezen en is mijn besef van mijn waarde veranderd. Ik kan je niet genoeg bedanken..."

- Stefanie

"Ik ben zo dankbaar voor jou en voor jouw nieuwe boek. Ik heb het voor mijn zoon gekocht en hij heeft aardig wat moeilijke tijden gekend in zijn leven. (Hij heeft ADD, nam een jaar lang Ritalin, werd een 'zombie' en wilde niet meer leven, hij stopte met school en leek in geen enkel systeem te passen.) Hij was hartstikke gek op jouw boek; hij heeft het in één nacht uitgelezen. Hij zei tegen me dat hij ineens allerlei dingen in zijn leven begreep. Hij kocht zelfs wat tekenspullen en begon weer te tekenen."

- Caro

"Hartelijk dank voor het schrijven van dit boek en dat je het in dit format hebt gedaan. Voor mij is het elke keer weer mijn beste vriend als ik op allerlei momenten de dingen niet helder kan krijgen en het is geweldig om te zien waar ik het kan gebruiken om mezelf te bekrachtigen om met meer gemak, vreugde en glorie te leven. Ik ben je ontzettend dankbaar dat je moedig genoeg was om het op JOUW manier te doen. Het werkt echt voor mij. Zonder alle witregels en de kleine paragrafen zou het voor mij haast onmogelijk zijn om het te gebruiken als het 'Magische boek van pragmatische transformerende wijsheid voor vandaag' dat het echt is."

- Jason

"Dit was alleen nog maar het eerste hoofdstuk en je liet me giechelen als een klein meisje, tranen huilen bij het loslaten van dingen, van vreugde, en me herinneren wie ik werkelijk ben."

- Cheryle

DANKBAARHEID

Als je zoveel geweldige mensen in je leven hebt, is het niet gemakkelijk om de dankbaarheid die je voor hen hebt op maar één enkele pagina te uiten.

Ik wil beginnen met Gary Douglas, de oprichter van Access Consciousness®. Hoe bedank je iemand die niet alleen je leven heeft gered, maar die je ook de tools heeft gegeven om een heel nieuw leven te creëren? Hij bekrachtigt iedereen die hij ontmoet om echt voor zichzelf te kiezen. Hoe komt de wereld aan zoveel geluk?

Ik wil ook de editor en co-creator van dit boek bedanken: Katarina Wallentin. Zonder haar onophoudelijke inzet zou dit boek nooit tot stand zijn gekomen. Haar vermogen om een haast eindeloze serie teksten van Energetische Synthese van Zijn (ESB) cursussen om te toveren tot een ruwe versie en basis van het boek is een bovenmenselijk staaltje werk dat haar moeiteloos af leek te gaan. (Bovendien moet het niet makkelijk zijn geweest om met mij samen te werken, maar ze liet het overkomen alsof dat wel zo was.)

Ik wil ook graag alle deelnemers aan Access Consciousness cursussen en Energetische Synthese van Zijn cursussen bedanken, die samen bereid zijn geweest om daarheen te gaan waar geen man, vrouw of kind eerder was geweest, en zonder hen zou veel van het materiaal in dit boek er niet zijn.

Ik wil graag mijn moeder bedanken, die me altijd heeft toegestaan om zo raar te zijn en zo'n dromer te zijn als ik ben, ongeacht hoe dat eruitzag. Ik kan niet vaak genoeg zeggen wat een enorm geschenk haar niveau van toelating voor mij en mijn keuzes is geweest in mijn leven.

Ook dank aan de Access Consciousness crew – de stafleden – en de vele getalenteerde Access facilitators over de hele wereld, die een bijdrage zijn aan het creëren van een wereld met grootsere mogelijkheden voor ons allemaal. Tot slot een dankjewel aan JOU – dat je iemand bent die naar iets grootsers verlangt voor de wereld en dat je bereid bent om het te kiezen. Samen, en dat weet ik zeker, kunnen we een wereld creëren die grootser is dan we ons nu kunnen voorstellen.

INHOUD

Mooie jij,

Op de één of andere manier is dit boek in jouw handen terechtgekomen.

Hoe wordt het nog beter dan dat?

Dus: is het tijd?
Ben je bereid om jij te zijn en de wereld te veranderen?

Zo ja, mijn dappere vriend(in), zeg het volgende dan hardop voordat je begint met lezen, alle vijf de keren.

Ja, hardop.

Alles is het tegenovergestelde van wat het schijnt te zijn.
Niets is het tegenovergestelde van wat het schijnt te zijn.

Alles is het tegenovergestelde van wat het schijnt te zijn.
Niets is het tegenovergestelde van wat het schijnt te zijn.

Alles is het tegenovergestelde van wat het schijnt te zijn.
Niets is het tegenovergestelde van wat het schijnt te zijn.

Alles is het tegenovergestelde van wat het schijnt te zijn.
Niets is het tegenovergestelde van wat het schijnt te zijn.

Alles is het tegenovergestelde van wat het schijnt te zijn.
Niets is het tegenovergestelde van wat het schijnt te zijn.

Nu ben je voldoende voorbereid. Sla de bladzijde om en begin aan de reis naar **weirdness (het vreemde)**.

INLEIDING

Ik schreef dit boek niet voor iedereen. Ik schreef het voor een handjevol mensen – voor degenen die inzien dat deze realiteit, in haar huidige vorm, niet werkt om de grootsere 'wij' die echt mogelijk is, werkelijkheid te laten worden. Ik schreef het voor de dromers – die weten dat iets anders – en grootsers – mogelijk zou moeten zijn, en dat we dat zouden moeten kunnen hebben.

Jullie dromers zijn mijn mensen. Jullie zijn degenen die de wereld echt kunnen veranderen, als je jezelf maar toestemming geeft om het te doen. Als je kunt afstappen van het idee dat deze realiteit, zoals die is, ooit genoeg zal zijn voor jou. En als je simpelweg kunt inzien dat ELKE BEPERKING waarvan je ooit dacht dat je die had, gewoon een grootsheid was die je toen nog niet als zodanig kon herkennen.

Als jij jij zou zijn – wie zou je dan zijn?

Wat als jij, als je echt jij bent, alles bent wat ervoor nodig is om ALLES te veranderen – je leven, iedereen om je heen en de wereld? Wat als jij, terwijl je jij bent, de ontbrekende sleutel bent om alles te hebben waar je ooit naar verlangde of wat je wilde creëren en veranderen in de wereld? Wat als jij zijn betekende dat je ALLES zou ontvangen, zou zijn, zou weten en waarnemen?

Weet je dat het tijd is om 'wakker te worden'? Daar is dit boek voor bedoeld. Het is niet als de andere zelfontwikkelingsboeken die je ooit hebt gelezen. Het is niet nog zo'n spirituele herhaling van hetzelfde oude liedje, maar dan met andere woorden. Het is niet het soort boek dat je leest en dan daarna jezelf beoordeelt als niet goed genoeg. Nee, dit is een boek over jezelf bekrachtigen om veel van de manieren waarop je jezelf veroordeelt, jezelf verkeerd maakt en je niet goed genoeg voelt, te veranderen.

Het gaat over uit het oordeel over jou te stappen, en het idee dat je op de één of andere manier verkeerd zou zijn. Misschien zal het je zelfs uitnodigen om te weten dat er nog meer mogelijk is. Stel je eens voor hoe dat zou zijn… om je niet meer rot te voelen over jou, op geen enkele manier, om geen enkele reden, nooit meer.

Wat als jij het verschil bent dat de wereld nodig heeft? Is het nu tijd om jezelf te overtreffen?

Dus wat is ervoor nodig om echt jou te zijn? Zou je bereid zijn om iets heel anders te proberen?

Het gaat er niet om succesvol te zijn als jij. Of om iets beter te doen. Het gaat om jij ZIJN, de ENERGIE van jou zijn, wat dat dan ook maar mag zijn.

Heeft iemand jou ooit gevraagd om te verschijnen als jij? Gewoon jij, precies zoals je bent? Ik wil je graag hiertoe uitnodigen: de energie van jij zijn.

Begin met het lezen en GEBRUIKEN van de tools in dit boek. Ze lijken misschien heel eenvoudig, maar laat ze daarom alsjeblieft niet links liggen. Als je ervoor kiest om deze tools te gebruiken, zal jouw leven veranderen – en je investering in dit boek zal zich dubbel en dwars terugbetalen.

Je hoeft niet eens hard te werken om de oefeningen in dit boek te doen. Je hoeft ze alleen maar te lezen – en bereid te zijn om te veranderen. Alleen maar daartoe bereid zijn. Je hoeft niet te weten hoe de verandering in z'n werk zal gaan. 'Hoe' is aan het universum. Gebruik de tools en laat het universum voor je werken.

Als je je leven door middel van denken zou kunnen uitpuzzelen, als je met je verstand erachter zou kunnen komen hoe je jij kunt zijn, zou je dat dan niet allang hebben gedaan? Als je jezelf buiten de kaders zou kunnen denken en dat zou echt werken – zou je dan niet allang een heel andere realiteit aan het genereren zijn?

Ik bedoel, serieus, je probeert toch al een eeuwigheid om jezelf buiten de hokjes en de kaders te denken?

Als je ertoe bereid bent, kan dit boek je een gewaarzijn en een reminder geven van hoe het is om JIJ TE ZIJN, voorbij het cognitieve, en voorbij het logische verstand. Het geeft je ook de tools om JOU te kiezen.

Door dit hele boek heen zal ik je vragen om naar dingen te kijken vanuit een ander perspectief. Waarom? Omdat naar dingen kijken vanuit hetzelfde perspectief het leven heeft gecreëerd dat je nu hebt. Als dat genoeg voor je zou zijn, dan was je dit boek nu niet aan het lezen.

Zou jij bereid zijn om erachter te komen wie jij echt bent?
Zou jij bereid zijn om van jezelf te eisen dat je tevoorschijn komt?
Zou jij bereid zijn om te weten wat echt waar is voor JOU?

Laat me je wat vertellen over het speelveld...

Deel I van het boek gaat over jij zijn en de dingen die jou daarin tegenhouden. Dit is waar we de beperkingen gaan onderzoeken van het kader dat je jouw leven noemt – beperkingen die er niet hoeven te zijn! Ik zal je een aantal belangrijke gebieden laten zien waar je mogelijk veel dingen voor jou voor waar hebt aangenomen die dat niet zijn. We gaan deze realiteit eens goed bekijken, de kanker die oordeel heet (en hoe die ons tegenhoudt en ons vermoordt op manieren die je je misschien nooit hebt voorgesteld), ontvangen, zorgzaamheid, relaties, liefde, familie, misbruik en je lichaam.

Je zult ook kennismaken met een aantal tools die je kunnen ondersteunen bij het veranderen van dit alles. Wat is er nog meer mogelijk als alles wat deze realiteit belangrijk en waardevol vindt... een illusie is? En het niet echt belangrijk en waardevol is VOOR JOU?

In Deel II gaan we ontdekken wat er voorbij dat alles is... Wat zijn de ONEINDIGE mogelijkheden? Wat als jij magie bent? Wat als jij de leider van jouw leven bent? Wat als we zouden leven in het Koninkrijk van Wij in plaats van onszelf af te sluiten in het kunstmatig gecreëerde Koninkrijk van Mij? Wat als de aarde niet hoefde te worden gered? En... wat als jij, als je jij bent, het geschenk bent dat is vereist om de wereld te veranderen?

Gaandeweg zal ik je veel geven om te overwegen. Ik zal je de mogelijkheid geven om veel dingen NU te veranderen. Weet alsjeblieft dat het altijd jouw keuze is. En zolang je kiest, heb ik geen standpunt over wat je kiest. Blijf alsjeblieft gewoon kiezen. Voor jou. Voor ons allemaal.

Wij, en vooral wij dromers, lijken buitensporig veel tijd door te brengen met proberen te fiksen wat we vinden dat er verkeerd is aan ons, in plaats van een andere wereld te creëren en te genereren – een wereld met het soort mogelijkheden dat we graag zouden willen kunnen kiezen. Terwijl we kijken naar de vele manieren waarop je jezelf mogelijk hebt vastgezet, zal ik je een aantal totaal andere mogelijkheden laten zien om naar dingen te kijken, mogelijkheden die je waarschijnlijk niet eerder hebt overwogen – en veel die je vast wel hebt overwogen, maar waarvan je niet wist dat je ze kon kiezen of instellen.

En altijd met de uitnodiging: "Zou je hier iets anders willen kiezen?" Want zelfs als je niet weet hoe die andere realiteit gaat worden gecreëerd, is jouw keuze altijd de eerste stap op weg daarnaartoe.

Je hoeft niet te weten 'hoe' die keuze gaat verschijnen. Jouw keuze dat het gaat verschijnen, verandert de wereld en begint toe te laten dat het gaat gebeuren. De taak van het universum is om het in vervulling te laten gaan. Jij hoeft het alleen maar te kiezen en in die richting te gaan – en gewoon blijven gaan en in beweging blijven. Als je dat doet, zal niets en niemand je ooit nog tegenhouden.

Zoals de titel al aangeeft, is dit boek geschreven vanuit het gewaarzijn dat jij, als je jij bent, daadwerkelijk jouw leven zult veranderen, en niet alleen dat, maar ook de wereld. Ongelooflijke mensen die bereid zijn om zichzelf te zijn en te kiezen wat ze weten – ongeacht de kritiek, de oordelen of andermans standpunten – dat is in feite het enige dat de wereld ooit heeft veranderd.

Dit is geen boek met antwoorden!
Ik ben geen goeroe.
Ik ben niet perfect en ik heb geen antwoorden voor je.
Ik heb alleen maar vragen.

Dit boek gaat over mogelijkheden – de mogelijkheid om op een totaal andere manier in de wereld te zijn.

Lang geleden, in 2000, eiste ik iets dat mijn leven veranderde. Ik was al mijn hele leven één van die dromers. Ik deed alles wat ik kon om anderen om me heen gelukkig te maken. Ik deed alles wat ik maar kon verzinnen om eraan bij te dragen dat de levens van anderen beter werden. Ik ging chiropractie studeren, zodat ik nieuwe en betere manieren kon leren om 'wonderen' te verrichten in de lichamen en levens van mensen, omdat IK WIST DAT HET MOGELIJK MOEST ZIJN.

Maar deze realiteit en de problemen ervan wogen zo zwaar op mijn schouders, dat ik de hoop verloor dat het ooit zou veranderen. Ik had de meeste dingen al die hier belangrijk schijnen te zijn, maar voor mij deden ze er nauwelijks toe.

Ik begon depressief en ongelukkig wakker te worden, iets wat mijn familie destijds niet wist. Ik begon er een hartgrondige hekel aan te krijgen om naar mijn praktijk te gaan, want het voelde alsof niets wat ik deed genoeg was. Het was alsof mensen de tools niet hadden die ze nodig hadden om echt een verandering te kunnen creëren in hun leven. Nog erger, het voelde alsof ik de enige was die iets heel anders wilde als werkelijkheid. Niemand leek me te snappen, en om de enige in mijn soort te zijn was haast ondraaglijk.

Toen, als een complete verrassing, vond ik een uitweg, een weg er voorbij… een manier om alles te veranderen waarvan ik dacht dat het niet kon worden veranderd. En ik kreeg weer toegang tot mijn leven, toegang tot een verlangen om te LEVEN, en om er met volle teugen van te genieten, om te weten dat ik een bijdrage was, en om te WETEN dat er iets anders mogelijk was – en bovenal – te weten dat alles waarvan ik ooit had gedacht dat het waar was, echt waar is.

Dit zal ik naar beste vermogen met je delen nu we Jij zijn en de wereld veranderen gaan ontdekken.

Waarom IK?
Waarom schreef ik dit boek?

In 2000, toen ik op het punt in mijn leven kwam waar ik genoeg had van deze realiteit, had ik alles waar iemand maar om kan vragen – maar niets ervan had ook maar enige waarde voor mij.

Ik was bereid om er een eind aan te maken als de dingen niet zouden veranderen. Diep van binnen wist ik dat er iets anders mogelijk was. Ik wist het.

Net zoals jij dat weet.

Ik eiste het volgende van het universum: of mijn leven verandert compleet of ik ga hier weg. Ik had zelfs al een datum gekozen, 6 maanden later. Ik had het universum een deadline gegeven. Precies één week later kwam ik iets tegen dat mijn hele leven veranderde: Access Consciousness (of kortweg 'Access'). Tijdens mijn eerste sessie kreeg ik een gevoel en gewaarzijn van het zijn van een vredigheid en een ruimte waar ik al mijn hele leven naar op zoek was, en daarna heb ik nooit meer overwogen om er een eind aan te maken. En ik hoop dat ik jou door middel van dit boek ook dat geschenk kan geven. Sinds die tijd zijn de vredigheid en ruimte alleen maar GEGROEID, heel anders dan bij elke andere modaliteit die ik ooit heb geprobeerd.

De tools die ik in dit boek met jou deel, maken deel uit van Access en ze blijven mijn bestaan en mijn bewustzijn uitbreiden, op ieder moment van elke dag, sinds ik er voor het eerst mee in aanraking ben gekomen.

Access is de gekste, wildste en meest maffe modaliteit die ik ooit ben tegengekomen – en het werkt. Het werkt gewoon.

Je zou Access kunnen omschrijven als een modaliteit die energie transformeert en die doorleefde wijsheid, oude kennis en supermoderne, pragmatische tools voor verandering combineert. De doelstelling ervan is om mogelijkheden te creëren, zodat er een wereld van bewustzijn en eenheid kan ontstaan.

Wat is bewustzijn, vraag je? Bewustzijn omvat alles en veroordeelt niets. Het omvat elke mogelijkheid die maar zou kunnen bestaan. Met geen enkel oordeel over wat dan ook – ook niet over jou. Klinkt dat als een wereld waarin jij zou willen leven? Zo ja, lees dan vooral door! (Zo niet, dan is dit waarschijnlijk een goed moment om dit boek door te geven aan één van je rare vrienden of familieleden.)

Vandaag de dag reis ik over de hele wereld en faciliteer ik mensen met de tools van Access Consciousness. Ik heb een unieke manier ontwikkeld om tegelijkertijd te werken met groepen mensen, energieën en lichamen, genaamd *The Energetic Synthesis of Being (de Energetische Synthese van Zijn - ESB)*.

Het meeste dat ik met je deel in dit boek heb ik geleerd door te ontdekken wat er nog meer mogelijk is, samen met de geweldige deelnemers aan de ESB-cursussen. Elke keer sta ik weer versteld van de plekken waar zij bereid zijn om naartoe te gaan, en van de andere mogelijkheden die ze willen verkennen – elke keer weer. Mensen zijn veel grootser dan ze zich realiseren en tot veel meer in staat dan ze zich ooit hebben voorgesteld.

Tijdens een ESB-cursus word je uitgenodigd om toegang te krijgen tot energieën waarvan je nooit wist dat ze beschikbaar waren, en om deze energieën te zijn. En dat doe je dan samen met een hele groep mensen. In de ruimte van deze cursus begin je aan de synthese met je wezen, je lichaam en de aarde, op een manier die een bewuster leven en een bewustere planeet creëert. Door deze energieën te zijn, door jij te zijn, verander je alles: de planeet, je leven en iedereen waarmee je in aanraking komt.

Wees jij en je verandert de wereld.

Ik heb ook het geluk dat ik de meest fenomenale facilitator en co-creator, namelijk de grondlegger van Access Consciousness, Gary Douglas, als beste vriend heb. Hoe kom ik toch aan zoveel geluk?

Weet dit alsjeblieft: deze tools, zienswijzen en processen hebben de levens van duizenden mensen over de hele wereld veranderd! Dat is de reden dat ik dit boek heb geschreven. Als jij ooit tegen jezelf hebt gezegd: *"Er moet toch meer zijn dan dit!"* – dan is dit mijn manier om tegen jou te zeggen: Ja! Ja, dat is er. Er zijn mensen die het op dit moment ervaren!

Dit is één mogelijke weg naar een totaal andere manier van zijn in de wereld – je leven bewust leiden en het verschil zijn dat de aarde nodig heeft.

Zal het voor jou werken? Zal dit boek je gids zijn om JIJ TE ZIJN? En zal dat de wereld werkelijk veranderen?

Alleen jij weet het, mijn vriend of vriendin. Alleen jij kunt kiezen voor jou.
Dus wat weet jij?

En is het mogelijk dat dit de uitnodiging is waarop je zat te wachten?
Is het nu tijd?

Ik zal doen wat er maar voor nodig is om je de mogelijkheden te laten zien. Het is jouw taak om niet te oordelen en geen conclusies te trekken, in elk geval lang genoeg om te zien of je deze mogelijkheden zou willen kiezen. Ga je mee? Wil je spelen?

Ben je er klaar voor? Laten we gaan!

Weird (vreemd, raar)

Ken je de oorspronkelijke betekenis van het Engelse woord 'weird'?

Weird: het bovennatuurlijke, het lot en de toekomst

Doet dat je aan jou denken?
Al is het maar een klein beetje?
Zou je bereid zijn om de illusie los te laten dat je gemiddeld, normaal en echt bent... en net als alle anderen?

Zou je in plaats daarvan bereid zijn om net zo gek, bijzonder en GEWELDIG te zijn als je werkelijk bent?

En daar nu mee te beginnen?

Goed boek!

Omdat dit boek is bedoeld om verandering te creëren, zal het je soms verwarren of op je zenuwen werken. Als je iets niet begrijpt, of als het niet compleet lijkt te zijn, zal de informatie die je nodig hebt om het te begrijpen vaak een paar bladzijden verderop verschijnen, net iets verder dan waar je nu bent in het boek.

Hoe wordt het nog beter dan dat?

Weet alsjeblieft ook dat veel gedeelten van dit boek bedoeld zijn om jou zover te krijgen dat je je gaat afvragen wat waar is voor jou, in plaats van dat ze je een standpunt laten zien dat je moet aannemen.

Deze gedeelten komen misschien op je over alsof ze onaf en incompleet zijn, maar ze zijn expres zo gelaten, zodat jij bij je eigen weten kunt komen terwijl je het laat bezinken. Dus als je merkt dat je je dingen gaat afvragen, vragen gaat stellen of dat je ergens benieuwd naar bent – dan doet dit kleine boek z'n werk.

Goed boek! Goed boek!

Jij zijn...

"We zijn ons hele leven bezig om te bewijzen dat we niet zijn wat we sowieso al nooit waren."

– Mel C.

Wat als je de realiteit eens op jouw voorwaarden ging omarmen?
Wat als jouw realiteit iets... heel anders was?
Wat als een heel andere realiteit precies is wat er nodig is?

Is het nu tijd?

Vernietig, ontcreëer en bevrijd jouw realiteit

Als je naar dit boek kijkt, ziet het er stevig uit, toch? Alleen vertelt de wetenschap ons dat het 99,999 procent ruimte is. Maar het ziet er stevig en solide uit. Is dat niet raar? Toch is het 99,999 procent ruimte – het is alleen zo dat de moleculen dusdanig zijn gerangschikt, dat het er stevig en ondoordringbaar uitziet.

Wat als hetzelfde zou gelden voor alle beperkingen in jouw leven en jouw lichaam, stuk voor stuk? Wat als ze er alleen maar heel stevig uitzien, en dat de enige manier is waarop je ze tot nu toe hebt kunnen zien?

Ik weet dat het raar klinkt… en toch wil ik je uitnodigen, als je bereid bent om het te ontvangen, tot het gewaarzijn dat die dingen niet per se stevig zijn, dat nooit waren, en dat ze dat niet meer hoeven te zijn.

Ik wil jou en de energie die jij bent graag uitnodigen om terug te gaan naar de plek waar je al die moleculen hebt gepakt en ze hebt geordend tot ze stevig en solide waren, in plaats van ruimtelijk, kneedbaar en veranderlijk, en je vragen dat ongedaan te maken. Dan kan het weer de ruimte zijn die het eigenlijk is. Dan kun jij de ruimte zijn die jij werkelijk bent.

Dat is alles. En zoveel meer dan dat!

Om daar te komen, zal ik je in dit boek soms vragen om iets op te geven. Of eigenlijk zal ik je vragen om het te vernietigen en ontcreëren.

Op dat moment kan het vreemd en gek lijken.

Waarom zou ik je nou vragen om dat te doen? Omdat elke keer dat je bereid bent om iets dat jou beperkt, te vernietigen en te ontcreëren, en het los te laten, dat automatisch en onmiddellijk de ruimte opent voor iets wat minder beperkt is of zelfs voor iets onbeperkts, wat dan kan verschijnen. Is dat te volgen? Laat het beperkte los en dan krijgt het onbeperkte eindelijk de ruimte om te bestaan.

Maar stop even en vraag jezelf af:
Ben ik bereid om dit te doen?

Als je een ja krijgt, wat heb je dan nog te verliezen?

Alles wat je bereid bent op te geven, te ontcreëren en te vernietigen, opent een heel andere mogelijkheid in jouw leven.

Je kunt nooit opgeven wat jij Bent. Jouw Wezen is onverwoestbaar.

Dat wat jou definieert en beperkt, en jou en jouw wezen vastzet, kun je alleen maar loslaten, ontcreëren en vernietigen, wat ruimte maakt voor iets anders en grootsers om te verschijnen.

Als je dat wilt, zou ik je met klem aanraden om er de volgende clearing statement achteraan te zeggen:

Right and wrong, good and bad, POD and POC, all 9, shorts, boys, POVADs and beyonds (kortweg POD en POC). Dat is wat ik doe.*

Dit vraagt het bewustzijn om terug te gaan naar het punt van creatie (of punt van vernietiging), nog voordat je het zaadje voor deze beperking had geplant, en nodigt het zaadje uit om op te lossen en te verdwijnen.

Het grappige en maffe eraan is dat het dat... gewoon doet. Het werkt. Net magie.

Aan het eind van dit boek staat een uitgebreide uitleg over de clearing statement, mocht je er meer over willen weten.

Wat als magie is wat jij werkelijk bent?

Wat als je de clearing statement kunt beschouwen als jouw toverstaf: een manier om ELK deel van je leven te veranderen dat je maar zou willen veranderen?

Dus toverstaf in de aanslag, laten we gaan!

Stel een vraag...
zoek niet naar antwoorden

Ik hoor je al denken. De radertjes lopen:

Denk, denk, denk.
Tik, tak, tik, tak.
Juist, verkeerd, juist, verkeerd.
Kan dit ECHT werken?

Ben je die irritante machine die je jouw verstand noemt nog niet zat, met z'n onophoudelijke zoektocht naar het JUISTE antwoord?

Laat me je een uitweg geven uit de eeuwige zoektocht naar het juiste antwoord:

STEL EEN VRAAG.

Het is echt zo eenvoudig.

Dit is hoe het werkt: de meesten van ons bewandelen het pad van ons leven en we hebben al een standpunt over waar we naartoe gaan, en dat is verdorie de kant die we opgaan. Dat is dat. En daarmee uit!

Omdat we hebben besloten dat dat de richting is die we opgaan, is het alsof we allemaal muren om ons heen bouwen, links en rechts van ons, waar we niet overheen kunnen kijken, niet omheen kunnen kijken, en niet doorheen kunnen kijken. De enige mogelijkheid die we overhouden, is om de kant op te gaan waarvan we ooit eens hebben besloten dat we erheen zouden gaan.

Zonder een vraag te stellen, kunnen we alleen maar door de gangen dwalen van het doolhof dat we hebben gecreëerd, alsof dat onze enige keuze is in het leven.

Als je een vraag stelt, gaan er plotseling links en rechts allemaal deuren open, met licht en ruimte erachter. Er zijn allemaal andere ruimten te zien en andere deuren naar mogelijkheden. Je doet ze open en gaat van: "Wauw! Er zijn mogelijkheden waarvan ik niet eens wist dat ze bestonden."

De vraag is de sleutel om andere deuren naar mogelijkheden te openen. Je zult die deuren nooit zien en je zult niet eens weten dat ze er zijn – laat staan dat je ze kunt openen – als je geen vraag stelt.

Bij twijfel: stel een vraag.

Hier zijn een paar geweldige vragen die je kunt stellen om meer mogelijkheden te krijgen in veel situaties in je leven:

1. *Hoe wordt het nog beter dan dit? (Vraag dit als er iets 'goeds' gebeurt of als er iets 'slechts' gebeurt.)*

2. *Wat is hier juist aan dat ik niet doorheb?*

3. *Wat zou ervoor nodig zijn om dit te veranderen?*

4. *Wat is er nog meer mogelijk?*

5. *Wat zou ervoor nodig zijn om dit beter te laten worden dan ik me had kunnen voorstellen?*

6. *Wie ben ik vandaag en welke grootse en glorieuze avonturen ga ik beleven?*

En ga alsjeblieft niet op zoek naar het antwoord!

Hier is hoe het meestal werkt in deze realiteit.
We stellen een vraag, dan gaan we in ons hoofd zitten:

"Is dat het juiste antwoord? Is dit het juiste antwoord? Is dit het juiste antwoord?"

Het is alsof je een klein zaadje pakt, het plant en het de volgende dag uit de grond haalt om te zien of het al groeit. En als dat niet zo is, zeg jij: *"Nee! Stom zaadje! Nog geen bloem te zien."* Dus plant je het weer en geeft het weer water en de volgende dag trek je het er weer uit: *"Ben je al gegroeid?!?! Hallo…!?!?"* Is dat de schuld van het zaadje? Nee. Jij hebt het geen tijd gegund om te ontkiemen en wortels te krijgen.

Ik heb een ander voorstel voor je:
Letterlijk, als je een vraag stelt – HOU JE MOND.

Als ik dat zeg, komt het misschien onvriendelijk over op sommigen van jullie, dus bied ik mijn verontschuldigingen aan.
En hou gewoon je mond! Oké?

Stel een vraag en word gewoon even stil… een uur… een dag… of een maand… en laat de energie jouw universum doordringen.

Niet een juist antwoord – een energie.

Die energie is het resultaat van de vraag die je net hebt gesteld. Elke keer dat je een vraag stelt, komt er een energie 'naar boven'. Het komt vanzelf. Het maakt zich bekend aan jou. Het is die energie die voor jou de reden was om die vraag te stellen.

Dit is waarom je überhaupt die vraag stelde – om de deur te openen en zo de energie te krijgen die jou zou leiden naar datgene waar je om vroeg.

Dus laten we eens een vraag stellen:

Welk geschenk kan dit boek voor jou zijn dat je je niet eens had kunnen voorstellen toen je het kocht, leende, vond, had gestolen, of van iemand kreeg?

En nu, mijn vrienden, hou je mond en lees :)

Voorbij deze

Realiteit

Wat is energie?

Heb je wel eens iemand een knuffel gegeven waarbij het voelde alsof je daar voor altijd zou kunnen blijven staan... smeltend... helemaal opgaand in degene die je aan het knuffelen bent? En heb je dan ook wel eens iemand een knuffel gegeven waarbij het voelde alsof je een rotsblok op pootjes aan het knuffelen was?

Zijn die twee ervaringen anders? Dan weet je wat ik bedoel als ik het heb over energie. Dat zijn twee totaal verschillende energetische ervaringen – twee totaal verschillende 'energieën'.

Het is zo eenvoudig.

(Op een ander niveau kan het ook oneindig complex zijn – een deel daarvan zullen we samen in dit boek gaan onderzoeken.)

Stel je voor dat je middenin een ontzettend groot bos wandelt. Er zijn geen wegen, alleen maar paden die zijn gemaakt door elfjes en toverfeeën. De zonnestralen worden groen gekleurd door het bladerdak.

Je loopt op deze levende aarde, en het is één en al zachtheid onder je voeten. Er is één enkele specht die zachtjes op je hart klopt, terwijl je de geur van de zomer inademt...

Sluit nu je ogen en sta even stil, hier in het bos.

Hoe gaat het nu met je?

Het bos heeft geen oordelen over jou, en geen realiteit om het te bevestigen. Het is één van de plekken waar *zijn* vanzelf gaat.

Sluit nu je ogen opnieuw en loop door de hoofdstraat van de plaats waar je woont, of door het kantoor waar je werkt... of de trap op in het huis van je ouders.

Is er een verschil in je manier van zijn?

Wat is dat? Hoe zou het zijn als jouw woonplaats en iedereen die daar ook woont, jou zou ontvangen zonder oordeel, net zoals het bos dat doet? Wie – en hoe – zou je dan kunnen *kiezen* te zijn?

Alles wat jou niet toestaat om dat nu meteen te kiezen, wil je dat alsjeblieft vernietigen en ontcreëren? Right and wrong, good and bad, POD and POC, all 9, shorts, boys, POVADs and beyonds.

– Hoofdstuk 1 –
Jouw realiteit en het universum van vrije wil

Laten we, voordat we doorgaan, de REALITEIT eens definiëren...

Wat ik bedoel met realiteit is eigenlijk de gewone, gemiddelde, normale manier waarop iedereen hier op deze planeet leert te functioneren, de dingen die we allemaal met elkaar gemeen hebben – en de dingen waarvan we DENKEN dat ze ECHT zijn, zonder er echt over na te denken. Het is alles waarvan het lijkt dat het gewoon zo IS, op zo'n niveau dat we er meestal nooit vragen over stellen.

Om een realiteit te creëren, zijn er twee of meer mensen nodig die het met elkaar eens zijn over een bepaald standpunt en die zich daarop afstemmen. Met andere woorden, er wordt een realiteit gecreëerd, elke keer dat twee of meer mensen tot de conclusie komen: "Zo is het", zelfs als ze dat niet cognitief doen. Dat is hoe een realiteit wordt gecreëerd. Wist je dat?

Dus als ik zeg 'deze realiteit', dan heb ik het over datgene wat je hebt gekregen toen je werd geboren – de regels en voorschriften van jouw familie, de regels en voorschriften van jouw samenleving, de regels en voorschriften van de planeet, alle natuurkundige wetten van de realiteit – dat alles.

De regels van deze realiteit zeggen bijvoorbeeld dat je je lichaam niet in een oogwenk van hier naar Fiji kunt verplaatsen. Ik zeg – waarom niet? Laten we dat veranderen! Zou dat niet veel leuker zijn?

Misschien lukt het ons vandaag nog niet om het te veranderen, maar laten we die kant opgaan en kijken wat er verschijnt. In de woorden van een inspirerende spreker op de middelbare school, die mijn leven met deze zin heeft veranderd: "Streef naar iets hoogs, zoals de maan! Als we 'm missen en de sterren raken, is dat lang niet slecht."

In plaats daarvan proberen we alle delen van deze realiteit op de juiste manier te laten werken, zodat we gelukkig kunnen zijn – in plaats van te creëren wat we echt zouden willen hebben, zelfs als dat iets heel anders is dan deze realiteit. We denken dat er iets goed en juist moet zijn aan deze realiteit als iedereen het kiest en iedereen ons zegt dat het goed en juist is. Ik bedoel, het moet wel goed en juist zijn, toch?

Het voortdurende scenario in ons hoofd klinkt ongeveer zo: "Oordelen moet wel juist zijn. De familie moet het wel juist hebben. School moet het wel bij het rechte eind hebben. Geld moet wel juist zijn. Ik ben waarschijnlijk de enige die het niet juist en goed weet te krijgen, en die zich verkeerd voelt." Maar wat als al die dingen die 'juist' horen te zijn nou eens verkeerd zijn voor jou?!

Wat als er een heel andere manier was om hiernaar te kijken? Hier is één mogelijkheid, ter overweging:

De realiteit die je is gegeven, werkt niet. Je hoeft 'm niet meer te kiezen als je dat niet wilt. En wat zou je met dat gewaarzijn nu werkelijk willen kiezen als jouw leven?

Als je echt wist dat dit een UNIVERSUM VAN VRIJE WIL is, wat zou je dan meteen kiezen?

☙ ☙ ☙

Wat als jij heer en meester van jouw universum was?

Heb je van het idee gehoord dat we in een universum van vrije wil leven? We hebben te horen gekregen dat dat één van de universele wetten is, één van de manieren waarop deze gekke en bizarre plek functioneert.

Mijn vraag is: als dat waar is – waarom zien onze levens er dan zo uit? Waarom ziet de wereld er zo uit?

Als het een universum van vrije wil is, waarom blijven we dan geloven dat we er niet voor kunnen kiezen om te veranderen? Om onze financiële situatie te veranderen? Of hoe ons lichaam aanvoelt? Of de relaties die we alsmaar blijven creëren, steeds opnieuw, met dezelfde persoon, maar dan in een ander lichaam?

En waarom blijven we ellende en drama kiezen, en armoede, ongelukkig zijn, afscheiding, woede, haat en oordelen? Wat maakt toch dat we niet in staat lijken te zijn – of niet bereid zijn – om dat alles te veranderen?

We zijn dan wel schattig, maar we zijn niet zo slim. Mijn standpunt is dat we iets over het hoofd zien bij het idee dat het een universum van vrije wil is.

Dus wat ik zou willen doen, is het idee van een universum van vrije wil nemen en je uitnodigen om het te herkennen. Met andere woorden, laten we jouw kracht om te kiezen en jouw kracht om te veranderen gebruiken. Laten we die gebruiken om het verleden te veranderen, dat beperkt is en niet werkt voor jou, en een ander heden en een andere toekomst creëren – waar jij **jij bent, en de wereld verandert.**

Klinkt dat niet geweldig? Dat dacht ik wel!

We lijken allemaal het idee te hebben, een standpunt, over wat er precies voor nodig is om datgene te krijgen waar we naar verlangen in het leven. Wat als er iets heel anders voor nodig is? Dat moet wel zo zijn!

Als jij niet de wereld hebt waar je in zou willen leven en het leven dat je zou willen hebben, dan kan wat jij dacht dat ervoor nodig was om dat te krijgen… dus niet kloppen.

Is dat te volgen?

Zolang we vasthouden aan het standpunt dat verandering alleen maar kan plaatsvinden op die ene manier waarvan we hadden besloten dat het zou gebeuren (een manier die dus niet werkt), zullen we altijd de verkeerde kant op kijken voor de bron van verandering. Wij allemaal!

Zou jij bereid zijn om alle projecties, verwachtingen, afscheidingen, beslissingen, conclusies, oordelen, afwijzingen en standpunten die je hebt aangenomen over wat ervoor nodig zou zijn om jouw leven (en de wereld) te veranderen, los te laten, te vernietigen en te ontcreëren – in ieder geval gedurende de tijd die je nodig hebt om dit boek te lezen? Right and wrong, good and bad, POD and POC, all 9, shorts, boys, POVADs and beyonds.

Dankjewel. Wat kan er nu nog meer verschijnen? Ik bedoel, echt, wat heb je te verliezen?

✼ ✼ ✼

Het universum van vrije wil vinden
(Of in ieder geval, hoe ik het mijne begon te vinden...)

Weet je, ik had altijd een heleboel antwoorden, of ik deed althans alsof dat zo was.

Tien jaar geleden begon ik mijn tweede praktijk als chiropractor, en ik had zelfs een paar patiënten. Ik verdiende bijna genoeg om de huur te betalen: joepie! Ik had een vriendin waarvan iedereen zei dat ze perfect was voor mij. Ik had alles waarvan je hier blij zou moeten worden, behalve bakken met geld, maar dat was niet zo belangrijk voor me. Ik had elke modaliteit voor innerlijke vrede geprobeerd die ik maar kon vinden, maar ik ging nog steeds dood van binnen..

Dus ik zei tegen het universum: *"Je hebt zes maanden de tijd, en anders maak ik er een eind aan. Ik ben hier aan het werk geweest voor jou, heb geprobeerd om mensen gewaarzijn te geven, geprobeerd om hun levens en hun lichamen te veranderen, en geprobeerd om dingen te verbeteren op de planeet, en er komt niets naar me terug. Ik haat het om 's ochtends wakker te worden! Als het zo moet – prima. Maar dan maak ik er een eind aan. Ofwel de dingen gaan veranderen of ik ben hier weg."*

Ik bedoelde niet alleen maar uit mijn relatie of uit Santa Barbara, ik bedoelde weg uit dit leven.

"Er moet een vrolijkere plek zijn, een ander lichaam, een ander leven. Ik kom wel terug als een zigeuner, of als eilandbewoner in de Stille Oceaan, waar ik de hele dag op de eilanden kan rondhangen. Of misschien kom ik terug als een Rockefeller met bergen geld. Er moet iets anders zijn. Er moet iets beters zijn. Misschien een andere planeet...???"

Ik was bereid om er een punt achter te zetten, want ik was op het punt aangekomen waar datgene wat er was, niet genoeg was. Ik wist het, en het bracht me op een plek waar ik in staat was om datgene wat ik in het verleden voor waardevol had gehouden, niet meer waardevol te vinden.

Alles waarvan ik had besloten dat het waardevol was, had ik al. En het was niet waardevol. Begrijp je wat ik bedoel? Ben je daar wel eens geweest, al is het maar voor heel even, op die plek? Zo ja, dan zal dit boek vast heel logisch op je overkomen.

Precies een week nadat ik dit had geëist, zag ik een piepklein advertentietje in de krant. Er stond: *"Access: alles van het leven komt me toe met gemak en vreugde en glorie"*, en daaronder het telefoonnummer van één of ander meisje.

Mijn reactie was: *"Mevrouw de optimist heeft ook een advertentie in de krant gezet hoor!"* Ik was des duivels. *"Mijn leven is pijn, bloed, zweet en tranen! Waar héb je het over? Gemak, vreugde en glorie. Wat is dat nou weer?"* Ik probeerde de krant zowat te wurgen en smeet 'm weg. Deze krant verschijnt eens per week in Santa Barbara, en de week erop zag ik de advertentie weer: *"Access: alles van het leven komt me toe met gemak en vreugde en glorie."*

AARGHHHH!

Maar lang voordat ik deze advertentie zag, had ik me gerealiseerd dat als je ergens totaal door in de weerstand gaat, er waarschijnlijk iets voor je inzit, je weet alleen nog niet wat het is. Dus omdat ik degene die de advertentie in de krant had gezet wel de nek om kon draaien, belde ik haar op en maakte een afspraak...

Noem het goddelijke inspiratie, noem het krankzinnig, noem het grijpen naar een reddingsboot net voordat de Titanic genaamd mijn leven haar huiveringwekkende duik de afgrond in maakte... Dat telefoontje gaf me letterlijk toegang tot mijn leven, en ik heb mezelf nooit meer in het kleine hokje weten te proppen van wie ik ooit was. Ik ben zo ontzettend dankbaar.

Ik deed een sessie bij het meisje, een Access Bars® sessie, een simpel proces waarbij punten op iemands hoofd worden aangeraakt. Na die sessie had ik voor het eerst in bijna drie jaar een gewaarwording van rust en vrede. Het was de eerste keer die ik me kan herinneren dat ik wist dat alles oké was, dat altijd was geweest en dat alles altijd oké zou zijn... en ik heb nooit meer overwogen om zelfmoord te plegen.

Eén tool, één ding, een proces dat ongeveer een uur duurde... van iemand die ik nog nooit eerder had ontmoet... en het veranderde de energie van mijn hele leven en van wat ik wist dat er mogelijk was.

Dat is wat ik met jou hoop te kunnen delen in dit boek – het energetische gewaarzijn dat een andere energie ook voor jou mogelijk is.

Want het is de energie van jouw leven die je wilt veranderen.

Ik deed allerlei dingen, allemaal spirituele modaliteiten, en ik dacht: *"Ik wil dit veranderen, en dat, en dat..."* Maar zelfs als dat dan veranderde, was de energie nog steeds hetzelfde, het maakte geen verschil.

Begrijp je wat ik bedoel?

∞ ∞ ∞

De trilling van jou

Als je de energie verandert, veranderen de situaties in je leven ook, als bij toverslag. Is het je bijvoorbeeld ooit opgevallen dat mensen langzamer lijken te bewegen als je haast hebt? En is het je ook opgevallen dat als je besluit, om wat voor reden dan ook, dat je geen haast meer hebt, dat mensen dan weer sneller gaan? Dat komt omdat je jouw energie hebt veranderd.

Ben je wel eens een kamer ingelopen en heb je de energie ervan veranderd, zonder dat je dat ook maar probeerde te doen? Of met een vriend of vriendin die een rotdag had – dat jij dan met hen praatte, of ze een knuffel gaf, en dat ze opvrolijkten? Was het iets wat je zei of een bepaalde psychologische techniek – **of jouw wezen?**

Het was jouw wezen dat hen veranderde. Het is de energie die jij bent… de trilling van jou… de essentie van jou die de totaliteit van jou is, wat hetgene is dat bestaat voorbij alles wat je denkt. Jij bent het, die de hele wereld omarmt.

Eén van de dingen waarvan ik heb ontdekt dat ze waar zijn, is dat als je in iets zijn stapt, dan word je die energie gewoon. Het nodigt iedereen om je heen uit om dat ook te zijn – als ze dat willen.

Als ze dat niet willen hebben, komt die energie wel in hun wereld, zodat ze het kunnen krijgen als ze er klaar voor zijn. Wanneer ze er klaar voor zijn. Dat kan over twintig jaar zijn. Het kan over een miljard jaar zijn. Wat maakt het uit?

Je stapt gewoon in iets *zijn*. Als je een nieuw gewaarzijn ergens van hebt en het dan kiest, staat dat *iedereen* op de planeet toe om het te hebben, omdat jij bereid bent om het te zijn.

Als jij stapt in iets anders zijn, dan open je de ruimte, zodat dat anders zijn kan bestaan, daar waar er eerder geen ruimte was om het te laten bestaan.

Ik wil je graag uitnodigen tot het gewaarzijn van de energetische trillingen van zijn, het wezen dat jij bent, wat je nooit eerder hebt willen zien.

De energie die jij bent. De trilling die jij bent.

En het is waarschijnlijk iets heel anders dan wat jij ooit dacht dat het zou kunnen zijn. Heel anders.

Maar het is iets waarbij, als je het gewoon laat zijn, het gemak kan verschijnen dat je altijd al wilde in je leven. De vreugde kan verschijnen, en de mogelijkheden kunnen verschijnen – niet door inspanningen of door erover na te denken, maar gewoon omdat jij jij bent met zo'n aanwezigheid dat het niet kan worden vernietigd. Vanaf die plek, die trouwens niet echt een plek is zoals je die kent, creëer je dingen. Je verandert dingen.

Zou jij bereid zijn om erachter te komen wie je echt bent? Zou je bereid zijn om te eisen dat jij tevoorschijn komt? Zou jij bereid zijn om kennis te maken met wat er echt waar is voor jou als wezen?

Vraag het gewoon. Nu meteen.

Door dat te doen, zul je een deur openen naar een andere wereld van mogelijkheden. Je hoeft niet uit te zoeken hoe je dat moet doen!

Het is de taak van het universum om je te laten zien hoe het gaat gebeuren.

Jij hoeft het alleen maar te vragen of te eisen! En dan volg je gewoon je leven en je bestaan en gaat daarheen waar het universum je naartoe leidt. Lekker makkelijk, toch? Ik zal je later meer vertellen over het 'hoe'…

O en nog iets… IK WEET DAT JIJ HET KUNT!

De energie van mij vinden

Tien jaar geleden kreeg ik dit geweldige geschenk toen Gary Douglas, de grondlegger van Access Consciousness, mijn praktijk binnenliep en om een sessie vroeg. Ik beoefende toen een chiropractortechniek die destijds drie behandelniveaus had, en ik was net begonnen met Access cursussen.

Toen hij binnenkwam, zei Gary: *"Oké, ik weet dat er drie behandelniveaus zijn bij wat jij doet. Aan de eerste twee niveaus heb ik niet zoveel. Sorry. Je zult gelijk naar het derde niveau moeten gaan."*

Ik dacht alleen maar: *"Oh shit. Ik heb geen idee wat ik met deze vent aanmoet."* Ik had op dat moment alleen cliënten in mijn kliniek voor niveau 1 en 2, en ik had geen idee hoe ik iemand op niveau 3 moest behandelen.

Ik zat daar maar tot hij zei: *"Vraag mijn lichaam gewoon wat het wil. Volg de energie – dan weet je wat je moet doen."*

Een deel van mij kwam tot allerlei conclusies, en dacht: *"Wat?!? Ik zal weten wat ik moet doen? Weet je wel wie ik ben? Ik ben de meest sneue beoefenaar van van alles op deze planeet! Ik ben de grootste idioot die je ooit hebt ontmoet! Ik ben degene met een praktijkruimte zo groot als een kast. Ik weet helemaal niks."* Een ander deel van mij ging naar de vraag: *"Weet ik dat?"*

Maar toen ik met hem aan het werk ging, was ik in een heel ander soort ruimte. *Ik wist wat ik moest doen.* Niet cognitief, niet op een manier die ik toen kon beschrijven. Maar mijn wezen wist het. Er was een weten in mij.

Op dat moment stapte ik in een ruimte, een manier van zijn waarvan ik niet wist dat die bestond. Ik stapte in mij zijn. In die ruimte had ik toegang tot mij en tot mijn weten. Er was geen gedachte – alleen weten.

Op een bepaald moment stond ik 4,5 meter bij hem vandaan, aan de andere kant van de kamer, en hij lag op de massagetafel te spartelen als een vis. Ik bewoog mijn hand in de lucht, gewoon omdat het 'aanvoelde' alsof dat het juiste was om te doen. Elke keer dat ik mijn hand naar rechts bewoog, ging zijn hoofd ook naar rechts. Elke keer dat ik mijn hand naar links bewoog, ging zijn hoofd naar links. En hij lag met zijn hoofd naar beneden! Hij kon mij helemaal niet zien.

Die eerste sessie die ik met hem had, was de allereerste sessie die ik ooit deed van iets wat ik nu de Energetische synthese van zijn (ESB) noem. Het was het begin van een heel nieuwe manier van werken met lichamen door de energie van het lichaam en het wezen te gebruiken om beperkingen op te heffen – meestal met een blijvend resultaat.

Nu reis ik de wereld rond en faciliteer ik mensen met dit ESB-werk. Eén van de grootste geschenken die ik mag ontvangen, zijn de aanbevelingen en de dankbare brieven van mensen wiens leven erdoor is veranderd.

Weet alsjeblieft dat WIJ ALLEMAAL een vermogen hebben om de wereld tot een betere plek te maken voor onszelf en anderen – gewoon door ONS TE ZIJN en zo anders te zijn als we werkelijk zijn. We moeten er gewoon achter komen wat dat voor ons is en bereid zijn om het te kiezen. De wereld heeft jou nodig. Waar wacht je nog op?!

Wat weet jij, waarvan je hebt gedaan alsof je het niet weet of hebt ontkend dat je het weet, over wie en wat jij echt bent? Ik wist niet wat ik weet, tot ik het werd. Wat kun jij worden, als je jezelf gewoon toestaat om 'los te laten en te vertrouwen en het te zijn?'

∞ ∞ ∞

De energie van jou vinden

Als niemand jou ooit leert hoe te zijn, hoe kun je dan in het gewaarzijn stappen van hoe het is om jij te zijn?

Eén ding dat kan helpen, is kijken naar die keren in het verleden dat je ervoor koos om echt jij te zijn. Dit zijn de keren waarbij je geen gedachte had, geen oordeel, totale rust en een vreugde om gewoon te *zijn*, zonder standpunt. O ja, je had waarschijnlijk ook een gewaarwording van uitbundigheid en mogelijkheden. Dat waren de keren dat jij jou aan het zijn was.

Laat me je een voorbeeld uit mijn leven geven dat kan helpen:

Ooit deed ik als vrijwilliger mee aan de California AIDS Ride. Dat is een fietstocht van 600 mijl (bijna 1000 km) die een week duurt, en je rijdt dan van San Francisco naar Los Angeles.

De reden dat ik als vrijwilliger meereed, was dat ik me in het jaar ervoor had opgegeven om als chiropractiestudent fietsers van datzelfde evenement te behandelen. Al het geld dat door de fietsers werd opgehaald, ging naar instanties voor mensen met HIV of AIDS. Wij waren degenen die de fietsers hielpen om die week goed door te komen. Als vrijwillige chiropractors zaten we in de frontlinie en behandelden de fietsers die onze hulp hard nodig hadden.

Tijdens die week was ik meermaals tot tranen toe geroerd door de moed van de fietsers die ik mocht behandelen. Er waren oma's, opa's, broers, zussen, geliefden, ouders en vrienden, die meefietsten omdat mensen waar zij om gaven HIV hadden of op sterven lagen door AIDS.

Er waren mensen bij met HIV, die meefietsten om tegen de ziekte te zeggen: "Mij krijg je er niet onder! Misschien zul je me op een dag de das omdoen, maar niet vandaag, en niet zonder te vechten!" De moed van deze mensen en hun gebrek aan oordelen, en het gevoel van verbondenheid dat we allemaal deelden, inspireren me tot de dag van vandaag.

Tijdens deze week was ik voor het eerst bij een grote groep mensen waarin niemand een ander veroordeelde. Het was één van de eerste keren die ik heb meegemaakt waarbij iedereen er was om alle anderen te ondersteunen en te bekrachtigen. Daarin was een grootsheid mogelijk, merkte ik, en ik zei tegen mezelf: *"Weet je wat, ik wil hieraan bijdragen. Volgend jaar ga ik deze helse tocht rijden!"*

Ook al had ik sinds m'n zestiende geen fiets meer aangeraakt, toch eiste ik dat er een fiets zou komen en dat ik erop zou leren rijden. Ik kocht een fiets van een andere chiropractiestudent, een voormalig wielrenner. Ik begon erg langzaam en trainde een flink aantal maanden. Ik deed alles wat ik kon om de benodigde 2500 dollar om te kunnen starten bij elkaar te krijgen, en een paar ontzettend vrijgevige mensen doneerden geld, zodat ik deze droom kon najagen.

Eindelijk, na maanden van voorbereiding en geld inzamelen en ook weer leren fietsen, reed ik de tocht! Ik reed naast mensen die echt niet in staat hadden moeten zijn om bijna 1000 kilometer te kunnen fietsen – en ze deden mee omdat het zoveel voor hen betekende. Net als het voorgaande jaar stelde de tocht mijn wezen open voor een heel nieuw gewaarzijn van waar wij mensen toe in staat zijn als we allemaal samenwerken.

Op de hele lange stukken bergopwaarts hadden veel mensen het zwaar en gingen van: *"Ik geloof niet dat ik het ga redden, ik ga dood hier."* Op veel van zulke stukken reed ik eerst naar boven en dan weer terug naar beneden, om de mensen aan de andere kant van de weg toe te juichen, en dan reed ik weer diezelfde lange heuvel op, nog steeds juichend en schreeuwend: "Fietsers, jullie kunnen het! Deze heuvel kan jullie niet tegenhouden! Jullie krijgen 'm eronder! Zet 'm op, fietsers!"

Dit was één van de eerste keren als volwassene dat het voor mij als een paal boven water stond dat ik een bijdrage was aan anderen. Toen deze mensen zagen dat iemand genoeg om hen gaf om hen toe te juichen (en om deze ongelooflijk lange heuvels twee keer te beklimmen om dat te doen), gaf het velen van hen de kracht om door te gaan.

Eén dame, die mijn rugnummer en mijn fiets blijkbaar had onthouden, kwam bij een rustpunt naar me toe en vertelde me dat mijn terugrit naar beneden en het toejuichen van de fietsers haar had geïnspireerd om die dag te blijven fietsen. Ze zei dat ze bijna uitgeput was, en God om hulp had gevraagd, en 20 minuten later kwam ik voorbijgereden, juichend als een gek. Ze zei dat ze moest lachen en huilen en dat ze toen doorging. Ik was tot tranen toe geroerd en we omhelsden elkaar, en ik realiseerde me wat een geschenk we allemaal voor elkaar kunnen zijn als we daarvoor kiezen.

Door dat geschenk ontving ik tegelijkertijd zo'n enorme bijdrage, dat het bijna niet te beschrijven valt, dus ik hoop dat je de energie oppikt die ik probeer over te brengen. Dit is één van de voorbeelden uit mijn leven van hoe het voelt als ik echt mij aan het zijn ben, zonder oordelen, zonder standpunt, maar met een gewaarwording van uitbundigheid en mogelijkheden.

Toen ik meefietste tijdens dit evenement, en de lange heuvels voor de tweede keer beklom, *kon ik de energie van hoe het is om mij te zijn niet langer ontkennen. Hoeveel energie heb jij tegen jou gebruikt om te kunnen ontkennen hoe het is om echt jij te zijn? Alles wat dat is, ga je dat nu alsjeblieft vernietigen en ontcreëren, en claimen, je toe-eigenen en erkennen hoe geweldig jij echt bent? Right and wrong, good and bad, POD and POC, all 9, shorts, boys, POVADs and beyonds. Dankjewel.*

Die week veranderde mijn hele leven, en het heeft me ook voorgoed veranderd. Het is deels de reden dat ik de moed had om te blijven leven toen ik het liefst zelfmoord had gepleegd. Ergens wist ik dat die energie en mogelijkheid om te zijn er waren, omdat ik het nooit meer helemaal kon ontkennen na mijn ervaring in de AIDS Ride. Ik wist dat het er was. Ik kon er toen alleen niet bij.

Waarom vertel ik dit verhaal uit mijn leven? Om jou naar het jouwe te laten kijken. Wanneer was jij zo dynamisch en overduidelijk jij, met de uitbundigheid, de rust en zo zonder oordelen als jij weet dat je werkelijk bent?

Niet iedereen kan aan een AIDS Ride meedoen, laat me je dus een ander voorbeeld geven. Toen ik zes was, nam mijn moeder me mee naar Idaho om mijn grootouders en mijn tantes, ooms en andere familieleden op te zoeken. Eén van de geweldige dingen aan die jaren in een klein stadje in Idaho was dat een zesjarige in z'n eentje naar de buurtwinkel kon gaan.

Dat is precies wat ik deed! Ik ging naar de winkel, en ik nam al het geld mee dat ik op mijn laatste verjaardag had gekregen (dat ik had gespaard voor mijn reis), en ik gebruikte het allemaal om kleine potjes lipgloss te kopen voor mijn oma en voor elke tante en oom die ik ging bezoeken.

Ik werd er zo ongelooflijk blij van om ze allemaal mijn kleine cadeau te overhandigen! Blijkbaar werden zij er ook blij van. Ze glimlachten en de meesten van hen huilden, vooral toen mijn moeder, zonder dat ik dat wist, hen vertelde dat ik al mijn eigen geld had meegenomen om in mijn eentje naar de winkel te gaan en deze dingen te kopen, omdat ik hen een geschenk wilde geven.

Dit is nog een voorbeeld waar ik steeds op terugkijk als ik wil weten hoe het voelt om mij te zijn. Ik denk aan de vrijgevigheid van die zesjarige, en zijn bereidheid om zijn laatste centen uit te geven om anderen blij te maken. Ik denk daaraan als ik me vreemd voel over geld of als ik oordelen over mij heb. Op de één of andere manier herinnert het me eraan dat er iets anders beschikbaar is wat ik kan kiezen.

De superbelangrijke vraag is hier: wat is er voor jou nog meer voorhanden om te kiezen... dat je niet hebt gekozen... misschien al heel lang niet meer???

Alles wat jou niet toestaat om alles te zijn dat je echt kunt zijn, wil je dat nu alsjeblieft allemaal vernietigen en ontcreëren? Right and wrong, good and bad, POD and POC, all 9, shorts, boys, POVADs and beyonds. Dankjewel.

Jouw realiteit hebben gaat niet over iemand anders, noch vereist het andermans standpunten, en het is ook niet afhankelijk van een ander of jij het kunt hebben. Je kunt het nu hebben! (Als je dat zou eisen.)

Wil je nu eisen dat meer van jouw leven op die manier verschijnt? En alles wat niet toestaat dat het zo voor jou verschijnt, ga je dat nu alsjeblieft allemaal vernietigen en ontcreëren? Right and wrong, good and bad, POD and POC, all 9, shorts, boys, POVADs and beyonds. Dankjewel.

Kijk nu eens naar je leven – naar drie momenten waarvan je WEET dat je echt jij was, en schrijf ze dan hieronder op, met wat details om je geheugen en je gewaarzijn op te frissen. Dit zijn tijden waarin je geen oordelen had, maar totale rust en vrede, dat je blij was dat je leefde en waarschijnlijk voelde je je ook uitbundig. Hopelijk helpen de voorbeelden die ik je heb gegeven. Denk er niet te veel over na. Pak gewoon de eerste drie voorbeelden die in je opkomen. En als je er meer dan drie hebt, ga dan alsjeblieft gewoon door met schrijven. En gebruik alsjeblieft een extra vel papier als je dat nodig hebt.

1. _____

_____

_____

2. _____

_____

_____

3. _____

_____

_____

Als je deze drie voorbeelden gebruikt die je net hebt opgeschreven, dan zul je een gewaarzijn hebben van hoe het is om echt jou te zijn, zodat je iets hebt om je op te richten, iets wat je je kunt herinneren als de energie van jou, en iets waarvan je aan het universum kunt vragen om jou er meer van te schenken. Dit zijn voorbeelden van hoe het voelt als je echt jij bent. Dat gevoel, die energie, dat is je nieuwe beginpunt.

Roep komende drie dagen, elke keer dat je eraan denkt, gewoon één van deze momenten op dat je echt jij was en stel deze vraag: "Wat is ervoor nodig dat er nu meer hiervan gaat verschijnen?"

Je bent al op weg om meer van jou te hebben! Hoe wordt het nog beter dan dat?

❧ ❧ ❧

Het bestaan krijgen waarnaar je echt verlangt: jij, het universum en de energiebel

De meesten van ons hebben te horen gekregen dat we, om iets te kunnen creëren, ons verlangen 'naar buiten' moesten brengen om het te creëren. Ik heb gemerkt dat het precies omgekeerd werkt. Ik heb gemerkt dat het uitnodigen van hoe jij zou willen dat je leven is, veel effectiever is. Wil je het proberen? (En weet alsjeblieft dat dit GEEN visualisatie is. Het is creëren door het te vragen aan het universum. Het is een manier van vragen en ontvangen van het oneindig gevende universum waarin we leven, door haar taal te spreken – de taal van energie.

Ben je klaar voor iets anders???

Daar gaan we: roep de energie op van hoe jij je leven echt zou willen hebben. Als je van alles zou kunnen vragen en hebben, wat zou je dan vragen? Als er GEEN ENKELE BEPERKING zou zijn in jouw wereld wat betreft geld, creatieve en generatieve vermogens, waar zou je dan om vragen?

Als je nu een toverstaf zou hebben die van alles voor jou zou kunnen laten uitkomen, wat zou je dan onmiddellijk kiezen? En merk nu eens hoe het zou VOELEN als die dingen voor jou verschijnen.

Denk er niet te veel over na, vraag er gewoon om – wat het ook maar is.

Zou je graag een mooi huis en thuis willen hebben dat op een bepaalde manier aanvoelt? Ik heb het niet over je een plek voorstellen met vier slaapkamers en drie badkamers… *Nee, voel hoe het voor jou zou zijn om de plek te hebben waar je ontzettend graag zou willen wonen.*

Zou je graag in staat willen zijn om te reizen? Zou je werk willen doen waar je enorm van genoot? Waarbij elke dag dat je ging doen wat het dan ook maar is dat jij doet, opwindend en nieuw was, je er supervrolijk van werd, het steeds veranderde en dat het je elke dag opnieuw meer van jou gaf? Zou je daar enthousiast van worden? Voel ook hoe dat voor jou zou zijn.

Ik geef je gewoon wat mogelijkheden, je kunt er allerlei eigen mogelijkheden aan toevoegen, als je dat wilt.

Voel dus hoe dat zou zijn, zet die energie vlak voor je neer, als een soort energiebel. Wat voor relaties en/of seks zou je in die energiebel willen hebben? Als je van alles op dat gebied kon hebben, hoe zou het dan aanvoelen om dat te hebben – om daarmee wakker te worden, om dat in je leven te hebben, om het om je heen te hebben, bij je te hebben?

Wat voor relaties zou je hebben met je familie, met je vrienden, wat voor relatie zou je hebben met de planeet en met de planten? Met de dieren? Met de oceanen? Met de aarde zelf en ook met het land onder onze voeten? Wat voor plezier zou jij jezelf toestaan om te hebben en te zijn? Voel hoe dat zou zijn.

Hoe zou je je voelen als je dit dagelijks kon hebben? Stop dat er ook in.

En trek nu energie in die 'energiebel' van gevoel, vanuit het hele universum.

Blijf energie trekken. ∽ ∽ ∽ ∽ Meer. ∽ ∽ ∽ ∽ Meer. ∽ ∽ ∽ ∽ Meer. ∽ ∽ ∽ ∽ En nog meer…

Het universum is enorm groot en het verlangt ernaar om aan jou te geven, dus… trek NOG MEER energie!

Ja, zo ja!

Wat er zou moeten gebeuren, is dat je hart zich opent naarmate je meer energie trekt in deze dingen waarnaar je werkelijk verlangt. Het is een heel groot universum, dus stop nu nog niet. GROOT universum. Dankjewel.

Trek er energie in vanuit het hele universum, blijf trekken, blijf trekken, en blijf trekken tot je hart echt opengaat.

Als dat gebeurt… blijf dan even bij die energie… en dan… laat je kleine stroompjes ervan naar iedereen toe lopen die gaat helpen om het werkelijkheid te maken voor je, en naar alles dat gaat helpen om het werkelijkheid te maken voor je, van over het hele universum – mensen en dingen die jij nog niet eens kent.

Deze 'energiebel' die je hebt gecreëerd op basis van hoe het zou 'voelen' als jouw leven zou verschijnen zoals jij dat verlangt, is niet alleen maar gebaseerd op gevoelens. Het is gebaseerd op een gewaarzijn van de energie die er zou zijn als jij had waar je om vraagt. Het is alleen zo dat 'gevoel' de makkelijkste manier is om het te omschrijven.

Ga dus voor dat 'gevoel', omdat je dan gaat voor de energie van het bestaan dat je graag wilt creëren. Jij hebt het immers gekozen. Laten we het creëren! *Alles wat niet toestaat dat dat verschijnt, ga je dat alsjeblieft vernietigen en ontcreëren? Right and wrong, good and bad, POD and POC, all 9, shorts, boys, POVADs and beyonds.*

Alle projecties, verwachtingen, afscheidingen, oordelen en afwijzingen die je hebt over hoe het leven moet zijn, die jouw bestaan niet toestaan om te zijn wat het zou kunnen zijn, ga je die nu vernietigen en ontcreëren alsjeblieft? Right and wrong, good and bad, POD and POC, all 9, shorts, boys, POVADs and beyonds.

Dat is een manier om een energie te hebben die je kunt volgen, om het leven te genereren waarnaar je verlangt. Als er iets verschijnt dat diezelfde energie heeft (met andere woorden, als het voelt zoals de 'energiebel' aanvoelt), dan kun je ervoor kiezen om daarheen te gaan.

Als je bijvoorbeeld wilt kiezen uit twee verschillende banen, en eentje voelt veel meer aan als die energie, kies die dan. Of als je een keuze wilt maken tussen twee verschillende mensen om mee te daten en eentje voelt veel meer als die energiebel, spreek daar dan mee af. En ga zo maar door... met eten, auto's, reizen, huizen, cursussen die je wilt volgen, boeken die je wilt kopen, enzovoort. Op die manier zul je weten of iemand, of een cursus of een boek, zal bijdragen aan het leven dat jij echt wilt hebben, nog voordat je er ook maar een klein beetje tijd of geld in hebt gestoken! Hoe wordt het nog beter dan dat?

Het kan zijn dat je dichter bij deze energie van je bestaan komt, en misschien ga je er juist verder vandaan – maar het kan ALTIJD een gewaarzijn zijn van hoe het is om voor jou te kiezen.

Je kunt het als een graadmeter gebruiken voor iets dat je gaat kiezen:

Voelt dit als die energiebel? Gaat dit me dichter bij datgene brengen waar ik naar verlang? Geeft dit me meer van mij? Brengt dit me dichter bij meer hebben van mij, of brengt het me daar verder vandaan?

Dan zul je het tenminste weten – jij weet het! – en kan het een wegwijzer zijn voor iedere keuze die je van nu af aan maakt.

De energie van jou, de energie van jouw bestaan.

Licht = waar. Jij WEET gewoon.

Probeer het eens met de energie van de woorden van dit boek. Hoe vallen ze bij jou? Licht of zwaar?

Weet alsjeblieft dat wat waar is, altijd lichter voelt voor je. Een leugen voelt altijd zwaarder voor je.

Als het lichter voelt voor jou, is het waar voor je – hoe raar die woorden ook mogen klinken. Misschien is het niet waar voor anderen. Maar het is nog steeds waar voor jou.

Laat ik dat nog een keer zeggen:

Iets dat waar is voor jou, voelt altijd lichter voor je. Een leugen voelt altijd zwaarder.

Ja, ik heb het nu twee keer gezegd. Maar twee keer is misschien bij lange na niet genoeg voor jou om me te geloven. Weet je, één van de regels van deze realiteit is dat je niet in staat hoort te zijn om gewoon te weten.

En toch is het één van je meest fundamentele vermogens.

Dit is een manier om te weten wat er allemaal juist is, voor jou, en alles wat er 'verkeerd' is – voor JOU. Maar omdat we hebben geleerd dat we niet gewoon kunnen WETEN, zijn we ons hele leven bezig om alles uit te zoeken.

Wat als jij gewoon WEET? Wat als het veel gemakkelijker – *en veel sneller* – is dan te proberen om dingen uit te zoeken? Wat is er sneller, denken of weten? Weten, toch?

Wat als datgene wat voor jou waar is gewoon licht voelt voor je? Wat dat niet is – doet dat niet. Heb je niet al je hele leven een makkelijke manier willen hebben om een gewaarzijn te krijgen van wat er waar is voor jou? Zou dat je leven niet VEEL gemakkelijker maken? Nou, dan zeg ik het nog een keer:

De waarheid voelt altijd lichter voor je. Een leugen voelt zwaarder voor je.

Dus zelfs als wat je hier leest, ingaat tegen alles wat je dacht voordat je dit boek opensloeg – als het lichter voelt voor je, dan is het waarschijnlijk waar voor jou.

Als het zwaarder voelt, dan is het een leugen. Dus als je iets leest in dit boek wat zwaarder voelt, dan is het ofwel voor jou persoonlijk niet waar, of het is in strijd met iets waarvan je in het verleden hebt besloten dat het waar is. Als het echt niet waar voor je is, NEEM HET DAN NIET AAN! Je kunt nog steeds alle andere delen van dit boek ontvangen die wel waar zijn voor jou.

En het gekke eraan is: een paar van de grootste beperkingen die we creëren, zijn de dingen waarvan we hebben besloten dat ze waar zijn… die dat eigenlijk niet zijn.

Stel dat je hebt besloten dat je moeder je hartgrondig haat. Of stel dat je besluit dat er te weinig liefde of 'geven om' is in de wereld. Probeer die eens. Voelt dat lichter? Zo ja, dan is het waar. Als het zwaarder voelt, is het een leugen.

Weet dit alsjeblieft: als je een standpunt van iemand anders aanneemt, zelfs als het waar is voor die persoon, zal het altijd zwaarder voelen, omdat het niet waar is voor jou. Het is niet jouw standpunt, lieve, aardige, prachtige jij.

Wat waar is voor jou zal altijd lichter voelen. Altijd. Als het zwaar is, is het een leugen, of het is niet jouw standpunt. Punt. Echt. Eerlijk waar.

In dit boek gaan we kijken naar veel van de dingen die je wellicht voor jou als waar hebt aangenomen, zelfs als ze dat niet waren en zelfs als ze jou misschien niet meer dienen. Zou je bereid zijn om nu iets heel anders te kiezen? Hoe? Hier is het begin:

Gebruik deze tool alsjeblieft terwijl je dit boek leest! Opnieuw en opnieuw en steeds maar weer – stel de vraag: *licht of zwaar?*

Zelfs als je niet denkt te weten wat dat is of hoe het voelt. Als je deze vraag stelt (waarmee je werkelijk een heel simpele, maar dynamische tool toepast), zul je het gewaarzijn krijgen van waar dit licht-en-zwaar-ding om draait.

Of zoals één vrouw het zei in een cursus die ik gaf: *"Ik vroeg of dingen licht of zwaar waren – en dacht dat ik niks merkte. Tot ik het op een dag, drie weken later, gewoon WIST. Ik stelde een vraag en ik WIST het! En het ging niet weg, dat weten is alleen maar gegroeid. Oké, ik ontken het wel eens (meestal als ik een keuze wil maken waarvan ik weet dat die niet goed voor me gaat uitpakken), maar deze ene tool heeft ALLES voor mij veranderd. Dankjewel!"* – L.H., Denver, Colorado, VS

Hier is een andere manier om deze tool te gebruiken: als iets licht voor jou is wanneer je het hoort of eraan denkt om het te doen, dan is dàt meestal het resultaat dat in jouw leven zal worden gecreëerd als je dat kiest. Als het zwaar voelt als je eraan denkt om het te doen, dan is dat meestal het resultaat dat zal worden gecreëerd.

Stel bijvoorbeeld dat je in je plaatselijke koffiebar bent, waar je je triple-caff-extra-vet-viervoudige-suiker-caramel koffiebrouwsel drinkt met een dubbele portie slagroom. Je raakt in gesprek met een heel aantrekkelijke man. Ook al lijkt het of hij gruwt van jouw koffiekeuze, terwijl hij zijn non-fat decaf kruidenthee zonder suiker bestelt, toch vraagt hij je mee uit. En ook al weet je niet waarom, je neemt een vreemd zwaar gevoel waar, zodra hij de vraag stelt. Dat zware gevoel is een indicatie van wat er gaat gebeuren als je ingaat op zijn aanbod. Waarom? Omdat je, zodra je mee uit wordt gevraagd, de toekomst kunt zien van wat er gaat gebeuren als je ja of nee zegt. JIJ WEET dat – en dat is hoe dit werkt.

Jij weet het, al wil je misschien niet weten dat je deze dingen weet. Maar als je terugkijkt op je leven, heb je het dan niet altijd geweten? Was je je niet altijd gewaar van de keren dat iets niet goed voor je zou gaan? Bij dit voorbeeld hoef je niet eens mee uit te gaan om de informatie te krijgen over hoe het zal gaan worden. Iets dat lichter voelt, zal lichter blijken te zijn en te gaan – voor jou.

Bij het eerder genoemde afspraakje zou het kunnen dat de aantrekkelijke man eigenlijk niet alleen aantrekkelijk was, maar ook vol oordelen zat over de keuze van iemands eten en drinken – of misschien gewoon sowieso vol oordelen zat.

Voor het geval je het nog niet doorhebt, het is niet leuk om bij oordelende mensen te zijn. Het is altijd zwaar als je wordt beoordeeld – voor wat dan ook. (Wel leuk om te weten: tenzij ze familie van je zijn, kun je ervoor kiezen om niet in het gezelschap van oordelende mensen te zijn als je dat niet wilt.)

Nog één ding: als je een prettig leven wilt hebben, maak dan keuzes die je licht laten voelen als je eraan denkt, want dat zijn de keuzes die tot meer lichtheid zullen leiden als je ze kiest.

Voorbij

— Oordelen —

De koningen en koninginnen van de oordelen

Waarom winnen de meest beperkte mensen toch altijd op deze planeet?

Waarom geven we onze werkelijkheid en ons gewaarzijn altijd op en deinzen we terug voor degene met het meest beperkte standpunt en de meeste oordelen?

Wat maakt dat je zegt: *"O, ze moeten het wel bij het juiste eind hebben, omdat ze zo keihard over me oordelen."* Of: *"O, ze moeten het wel bij het juiste eind hebben, omdat ze zo gemeen zijn."*

Dat ze zo keihard over jou oordelen, betekent niet dat ze het bij het rechte eind hebben, mijn mooie vriend of vriendin.

Het betekent alleen maar dat ze de koning of koningin van de oordelen zijn.

– Hoofdstuk 2 –
Ik ben, daarom ben ik verkeerd. Toch?

Heb jij iemand in je leven die jou totaal niet veroordeelt of beoordeelt? Al is het er maar eentje?

Als je één iemand hebt die niet over je oordeelt, valt het je dan op hoe helend en koesterend het is om bij hen te zijn? Hoe je hele wezen en lichaam zich ontspannen na slechts 10 minuten in hun bijzijn?

Wat als jij nou eens diegene was?

Voor jou?

Hoe zou jij worden waargenomen, als iemand bereid zou zijn om jou in je geheel waar te nemen zonder oordelen? Hoe zou jij jou waarnemen, als je alles van jou zonder oordelen zou zien?

Is dat niet wat je al je hele leven wilt?

Toch zet je er altijd een voorwaarde bij. Je zegt: *"Dat kan ik hebben als... ik perfect ben."* Of: *"Dat kan ik hebben als... het aansluit bij wat alle anderen in mijn leven weten dat mogelijk is." Of: "Ik kan dat hebben als… ik eindelijk kan afrekenen met alles waarvan ik heb besloten dat het verkeerd is aan mij." Of: "Ik kan dat hebben als… ik eindelijk mijn ouders (of mijn wederhelft) blij kan maken."*

Wat als je in plaats daarvan zou zeggen: *"Oké, ik kies en eis nu dat ik ermee ophoud om over mezelf te oordelen en ik ga voor hoe het zou zijn om mij helemaal waar te nemen, te kennen, te zijn en te ontvangen zonder oordelen, perfect of niet."*

Alles wat niet toestaat dat dat verschijnt, maal een godziljoen, ga je dat nu allemaal vernietigen en ontcreëren alsjeblieft? Right and wrong, good and bad, POD and POC, all 9, shorts, boys, POVADs and beyonds. Dankjewel.

Wat als dat een mogelijkheid was? Zou je er dan meer van willen hebben? Ook al heeft niemand je geleerd hoe? Voor mij is dat een essentieel onderdeel van jij zijn – jou zonder oordelen waarnemen, kennen, zijn en ontvangen. Ik vind het één van de meest verdrietige dingen ter wereld dat niemand ons ooit leert dat dit waardevol is, laat staan hoe je het kunt zijn.

Mensen leren je hoe je je aan deze realiteit kunt aanpassen. Ze leren je hoe te oordelen. Ze leren je hoe je je kunt afscheiden van anderen, en hoe jezelf verkeerd te maken, hoe te proberen om te winnen, en hoe niet te verliezen, en zogenaamd hoe je het hier juist kunt krijgen. Maar ze leren je nooit hoe te *zijn*. Ze leren je hoe na te denken, hoe examens en tests af te leggen, hoe je kunt autorijden, hoe te lezen, hoe je wiskundesommen maakt. Maar ze leren je nooit hoe te *zijn*.

Als ik het heb over het idee van zijn, dat is niet iets wat je leert. Maar het is wel iets dat je kunt kiezen om te Zijn. Dat vraagt vaak veel AF-leren van ons. Wat als *zijn* er totaal anders uitziet dan jij denkt?

Wat als er niks mis was met jou?

Is het je ooit opgevallen hoe helend en weldadig het is om bij kleine kinderen te zijn? Weet je waarom? Omdat ze niet over je oordelen. Ze zien jou als een wezen zonder standpunt. Je staat jezelf dan toe om jou te zijn, zonder oordelen.

Kinderen hebben niet het standpunt dat jij ook maar ietsiepietsie anders zou moeten zijn dan je nu op dit moment bent. Je bent niet verkeerd in hun ogen, er is niks mis met je. Hoeveel van je leven heb jij doorgebracht met geloven dat je verkeerd bent, dat er iets mis is met jou?
Oké, dit is wat ik weet:
Er is niks mis met jou.
Jij bent niet verkeerd of mislukt.
Jij bent één van de grootste juistheden die het universum ooit heeft gezien.

Er is ons geleerd om ons hele leven te creëren door te oordelen, op die enkele momenten na dat we ruimte hebben in ons leven. 99,999999999999 procent van je leven functioneer je vanuit oordelen.

Het coole hieraan is dat zelfs als je de bovenstaande zin leest, jij denkt:

"Oh mijn God! Ik ben zo slecht! Ik ben zo verkeerd omdat ik dat doe!"

Dat, mijn mooie vriend of vriendin, is oordelen. Over jou. Alweer.

Als er niets mis was met jou, niks verkeerds, en niks om ongedaan te maken – waar zou je dan beginnen? Wat zou je kiezen?

De meesten van ons proberen het verkeerde al ongedaan te maken, nog voor we ook maar beginnen. We weten dat er één of andere enorme inherente verkeerdheid in ons moet schuilgaan, want dat kunnen we in onze botten voelen. Dat is het enige waar we zeker van zijn.

Dan denk je: *"Als ik nou maar de juiste relatie krijg, of genoeg geld, of de liefste kinderen op aarde, dan zal het allemaal niet meer verkeerd aanvoelen."* Maar dan heb je al die dingen en dan voelt het nog steeds verkeerd aan. Weet je waarom? Omdat het idee dat er iets mis is met jou een leugen is, en je kunt een leugen niet veranderen in een waarheid. Je kunt alleen maar erkennen dat het een leugen is en ermee ophouden om 'm voor waar aan te nemen.

Dus laten we eens even kijken naar wat er waardevol is in deze realiteit. Wat echt heel waardevol is in deze realiteit is oordelen – alsof dat gewaarzijn is, alsof dat een manier is om iets te creëren.

Maar elke keer als je oordeelt, scheid je je af van wat of wie je veroordeelt; maar om dat te kunnen doen, moet je je dan niet ook afscheiden van jou? *Alles wat je hebt gecreëerd en ingesteld om je af te scheiden van jou, door de leugen aan te nemen dat oordelen waar en echt zijn voor jou, ga je dat nu alsjeblieft allemaal vernietigen en ontcreëren? Right and wrong, good and bad, POD and POC, all 9, shorts, boys, POVADs and beyonds. Dankjewel.*

∽ ∽ ∽

Heeft jouw leven iets met jou te maken?

Tijdens een cursus die ik gaf in Montreal ontmoette ik een man die tien jaar daarvoor op het punt was gekomen waar hij zijn bedrijf verkocht en meer geld verdiende dan iemand ooit kon hopen te verdienen. Zijn 'kostje was gekocht'. Hij had de auto's, hij had de huizen, hij had de vrouwen, en hij had de inkomsten – en hij kon alleen maar denken: *"Is dit alles?"*

Deze realiteit zegt dat als je genoeg geld hebt, als je nou maar zo'n soort auto hebt, zo'n soort huis en zo'n soort relatie, dan zul je gelukkig en voldaan zijn. *Vraag je dit eens af: is dat waar voor mij?*

Het maakt niet uit op welk gebied je deze realiteit als standaard hebt voor een succesvol leven, als je het bereikt, is het nog steeds nooit genoeg. Waarom? *Omdat jij er geen deel van uitmaakt.*

Mensen waarmee ik werk, vertellen me: *"Ik ben wel met deze relatie bezig, maar die heeft niks met mij te maken."* Ik vraag dan: *"Hoeveel van de rest van je leven heeft iets te maken met jou?"* En dan realiseren ze zich ineens: *"O mijn God. Helemaal niks."*

De meeste mensen die hun normale, doorsnee, doodgewone leventje leven, snappen dat niet. Natuurlijk gaat het in tegen alles wat we hebben geleerd over het bevestigen van andermans standpunten en over het verdedigen van deze realiteit, tegen elke prijs.

Ik kijk om me heen, en ik zie dat de meeste mensen aan het bewijzen zijn dat wat zij kiezen, juist is, en ze zijn aan het bewijzen dat ze gelijk hebben, want ze vinden dat ze dat moeten hebben, terwijl ze in hun eigen universum vinden dat ze op de één of andere manier fout zitten en zijn. Simpel gezegd, ze doen wanhopig hun best om alles 'juist' te krijgen, terwijl ze het gevoel hebben dat ze op de één of andere manier helemaal fout moeten zitten. Dit standpunt gaat uiteindelijk hun leven beheersen. Ze weten niet eens waarom ze verkeerd zijn. Ze weten alleen *dat* ze verkeerd zijn.

Wat de reden of de rechtvaardiging ook is, het weerhoudt hen ervan om ooit zichzelf te zien. Het weerhoudt hen ervan om ooit datgene te krijgen wat ze echt zouden willen genereren en creëren in het leven. Het weerhoudt hen ervan om ooit echt kalm en tevreden te zijn, of echt gelukkig. Geldt dat ook voor jou? *Zo hoeft het niet te zijn.*

Een groot deel van de reden dat ik 11 jaar geleden overwoog om er een eind aan te maken, was omdat ik het onophoudelijke gevoel zo ontzettend beu was, het gevoel waarvan mijn hele leven doordrongen was, dat er iets mis met me was dat ik niet kon veranderen. Ik – en de duizenden mensen waar ik de laatste 11 jaar mee heb samengewerkt – zijn levend bewijs dat het niet zo hoeft te zijn. Het kan veranderen! Het is de reden waarom ik dit boek heb geschreven – zodat jij zult weten dat de mate van verandering waar je om hebt gevraagd, wel degelijk bestaat.

Dus als je je alsmaar verkeerd voelt, of als je gelooft dat je niet kunt veranderen wat je dolgraag zou willen veranderen, erken dan gewoon dat dat is waar je nu staat. Die bereidheid om je zo kwetsbaar op te stellen naar jezelf kan je hele leven veranderen.

Vraag dan:
Wat is er nog meer mogelijk?

(Is het je opgevallen dat dat ook een vraag is?)

Meneer de filmregisseur, ik ben klaar voor mijn close-up!

Hoe vaak in je leven voel je je alsof je alleen maar een rol aan het spelen bent? *"Waarom speel ik deze rol? Ik wil deze rol niet eens spelen! Waar is mijn vrije keuze gebleven?"* Ergens in je leven heb je besloten welke rol je zou gaan spelen, en toen heb je jouw personage uitgekozen, en het kostuum en de bijdrage aan die rol, in allerlei verschillende situaties. Waarom? Gewoon, omdat je het deed.

Aan de ene kant voelt het een beetje alsof je het leven van iemand anders aan het leven bent, of het standpunt van een ander, maar je blijft die rol steeds maar weer spelen, alsof dat alles is wat jij bent en het de enige keuze is die je hebt.

Er zijn vrouwen die de rol kiezen van de hoofdrolspeelster, de ster van de show. Ze zijn de ster van de show, overal waar ze heengaan en bij alles wat ze doen. Ze lopen ergens naar binnen en iedereen denkt: *"O, daar is de ster van de show."*

Hoe kan dat nou? Hoe wisten we dat allemaal? Omdat dat de rol is die ze hebben gekozen.

Zelfs als het personage dat ze voorstellen steeds anders is, op ieder moment en in elke situatie, zijn ze nog steeds de ster van de show. Jouw rol zou kunnen zijn "Ik ben de meest emotionele" of "Ik ben de rijkste" of "Ik ben de seks-ster" of "Ik ben het arme slachtoffer". Of het kan iets heel anders zijn. Jij bent de enige die dat weet.

Sommige mensen beslissen bijvoorbeeld: *"Het is mijn rol om de vuilnisophaler te zijn en een puinhoop te zijn. Dus hoe ga ik dat doen met mijn familie? O ja, ik kies een familie waarin iedereen rijk is, en ik kan onmogelijk geld verdienen, zodat ik me de hele tijd als een puinhoop kan voelen. Hoe ga ik dat in relaties doen? Ik kies iemand die mij niet aardig vindt en die me dat alsmaar vertelt! Hoe ga ik dat op m'n werk doen? Ik weet het, ik ga bij McDonalds werken en ik ga daar nooit meer weg."*

Ze spelen hun rollen – de meeste mensen lijken via hun eigen verzameling geluidsopnames of tapes te praten.

Dit is tape nummer 27:

"Hoe gaat het vandaag met je? Ik ben naar een mooie film geweest, die was geweldig. Wat vind jij van Barack Obama? Zou verandering echt mogelijk zijn? Ik denk van niet. Wat denk je van John McCain? Ik weet het met hem ook niet. Dat is vast weer zo'n politicus, een Republikein geloof ik."

Er zijn Stepford vrouwen, Stepford kinderen, Stepford mannen.* Ze zijn tape nummer 27, tape nummer 432, tape nummer 37. O, jij gaf antwoord met tape nummer 30, tape nummer 31. Tape nummer

---

* Dit verwijst naar een Amerikaanse film: *The Stepford Wives*, waarin iedereen zich voorbeeldig gedraagt, de vrouwen hun carrière hebben opgegeven voor hun mannen en iedereen zich druk maakt over wat anderen van hen zullen vinden. Mensen uit Stepford zijn perfect en oppervlakkig, net als robots.

31a. Jij antwoordde met tape nummer 36, ik zal antwoorden met tape nummer 36a.

Dat is hoe de meeste mensen communiceren. De meeste mensen zijn helemaal niet aanwezig. Alles wat ze doen is een tape afspelen, en dan de volgende tape, en de volgende. Het is alsof ze in een wervelstorm van een pratend niets zitten.

Werkt dat echt voor jou?

Of als tape nummer 31 alweer wordt afgespeeld, voelt het dan alsof je hele leven een leugen is?

Ik geloof dat de meesten van ons zich ergens zo voelen. Sommigen van ons hebben dat gevoel over het hele leven. Sommigen van ons voelen het alleen bij 90% van ons leven. Mensen die heel erg blij en gelukkig zijn, voelen het slechts bij 85% van hun leven.

Maar hoeveel van ons kijken ernaar en zeggen: *"Weet je, het voelt alsof mijn leven niks met mij van doen heeft."* In plaats daarvan blijf je zeggen: *"Nee, ik moet het juist krijgen. Ik moet het goed krijgen. Laat me dit nou gewoon onder controle krijgen. Ik moet het juist en voor elkaar krijgen. Laat me dit nou onder controle krijgen. Als ik nou gewoon dit ene ding kan veranderen, dan zal ik het echt juist en goed hebben…"* Liever dan ernaar te kijken en te zeggen: *"Weet je wat? Het voelt alsof ik zo verdomd fout zit, dat ik wil dat niemand weet hoe fout ik zit – ook ikzelf niet."*

Weet je, dit is wat je moet doorkrijgen: het voelt meestal veel echter om jezelf uit het totaalpakket en de optelsom van je leven te halen, dan dat het voelt als je er wel in aanwezig bent.

Wat als jij zo aanwezig en gewaar zou zijn van dat waar jij naar verlangt als jouw leven, dat niemand je ervandaan zou kunnen krijgen, omdat je niemands realiteit zou bevestigen, maar dat je je in plaats daarvan volledig gewaar zou zijn van de jouwe – en standvastig in jouw eis om die te creëren?

Alles wat niet toelaat dat dat nu voor jou gebeurt, ga je dat nu alsjeblieft vernietigen en ontcreëren? Right and wrong, good and bad, POD and POC, all 9, shorts, boys, POVADs and beyonds.

Dat zou raar zijn, hè?

Zou jij bereid zijn om daar wat meer van te hebben? Wat als alles dat in jouw leven niet werkte, simpelweg kwam doordat je deze rollen hebt gekozen en ze speelt, deze rollen die voor jou niet werken?

∽ ∽ ∽

Wat als je zou kunnen KIEZEN welke rol je gaat spelen?

Zou jij bereid zijn om iets anders te proberen? Ik zeg niet 'gooi je rollen weg, en je personages en je kostuums.' Ik zeg wees je ervan gewaar, en wees je ervan gewaar als je ze kiest. Wat als je, in plaats van te geloven dat jij je rol bent, je jouw rollen zou kunnen kiezen – en een leven zou kunnen genereren dat echt en waar voelt voor jou?

Het is prima om een rol te spelen als dat nodig is. Het zou gekkenwerk zijn om van je te verwachten dat je ze gewoon allemaal zou kunnen opgeven. Waarom zou je dat doen? Jij hebt rollen die je moet spelen, omdat de mensen in jouw leven bepaalde dingen van jou verwachten.

Wees je er gewoon van bewust als je een rol speelt – kies ervoor om de rol te spelen als dat nodig is. Op die manier ben jij de eigenaar van die rol en kun je 'm gebruiken om je leven aangenamer te maken, in plaats van dat de rol jou de baas is en je leven op de automatische piloot verloopt.

Hier zijn een paar vragen die je kunt gebruiken om jezelf andere keuzes en mogelijkheden te geven, de volgende keer dat je een keuze moet maken:

1. Speel ik een rol in deze situatie? Als ik werkelijk mij zou zijn in deze situatie, wat zou ik dan kiezen? *Alles wat niet toestaat dat dat verschijnt, ga je dat nu vernietigen en ontcreëren alsjeblieft? Right and wrong, good and bad, POD and POC, all 9, shorts, boys, POVADs and beyonds.*

2. *Als ik deze rol nu niet zou kiezen, wat zou ik dan in plaats daarvan kunnen kiezen? Alles wat niet toestaat dat dat verschijnt, ga je dat nu allemaal loslaten alsjeblieft? Right and wrong, good and bad, POD and POC, all 9, shorts, boys, POVADs and beyonds.*

3. Als ik mogelijkheden zou hebben die grootser zijn dan wat ik ooit in het verleden heb overwogen, wat zou ik dan kiezen? *Alles wat niet toestaat dat dat verschijnt, ga je dat nu allemaal loslaten alsjeblieft? Right and wrong, good and bad, POD and POC, all 9, shorts, boys, POVADs and beyonds.*

4. Als ik alles zou kunnen kiezen wat ik hier maar zou willen, wat zou ik dan kiezen? *Alles wat niet toestaat dat dat verschijnt, ga je dat nu allemaal loslaten alsjeblieft? Right and wrong, good and bad, POD and POC, all 9, shorts, boys, POVADs and beyonds.*

5. Als ik een toverstaf had, en ik dit net zo zou kunnen laten gaan als ik maar wil, hoe zou het dan verschijnen? *GEBRUIK JE TOVERSTAF DAN! POC EN POD alles wat niet toestaat dat het zo verschijnt. Right and wrong, good and bad, POD and POC, all 9, shorts, boys, POVADs and beyonds.*

∽ ∽ ∽

Voor iedereen van jullie die zich voelt alsof je niet van deze planeet komt

Nu volgt er iets geks. Je kunt het overslaan, als je wilt. Check alsjeblieft eerst even of het licht voelt voor jou...

Weet je, er schijnen twee verschillende soorten mensen te zijn, bijna als twee verschillende soorten op de planeet. Wij noemen ze eigenlijk anders, met een vriendelijke naam, maar laten we ze nu even koemensen en paardmensen noemen, oké?

Koemensen, dat zijn de mensen die weten dat ze het bij het juiste eind hebben. Je weet toch dat koeien bereid zijn om gewoon in de wei te staan en hun eten te herkauwen en te wachten tot ze in hamburgers worden veranderd en dat ze dat prima vinden? Ze willen eigenlijk nooit heel snel bewegen. Ze willen niks veranderen, en ze zouden veel gelukkiger zijn als ze op één plek kunnen blijven zitten, zonder echt te bewegen, zonder al te veel te doen… en nooit iets te veranderen…

Wat je moet weten over koemensen is dat ze weten dat ze het altijd bij het juiste eind hebben. Zij hebben altijd gelijk, en jij hebt het altijd bij het verkeerde eind. Zij stellen geen vragen. Dat hoeven ze niet, want ze weten dat zij altijd gelijk hebben.

Ze zijn de planeet in rap tempo aan het verbruiken, zonder ergens vraagtekens bij te zetten, en ze willen hun deel hebben voordat de planeet is opgebruikt, voordat de anderen hun deel krijgen.

Wat een koemens zou zeggen, is:

"Weet je wat, je moet echt eens ophouden met al die gekkigheid waar jij mee bezig bent! Waarom blijf je maar zoeken en rare dingen doen? Kun je daar niet eens overheen groeien? Kun je niet gewoon gelukkig zijn met hangen op de bank, zappen op tv en bier drinken? O, en de opwarming van de aarde is trouwens niet echt." Dat is het standpunt van een koemens.

De andere soort mensen – paardmensen – daarentegen, die vragen altijd: *"Wat is er nog meer mogelijk?"*

Je weet vast wel hoe graag paarden willen draven en springen en spelen en seks willen hebben en eten en draven en springen en seks willen hebben en draven en springen en spelen en seks hebben en eten en dan: *"Wat kan ik nog meer doen? Ik vraag me af of ik daar overheen kan springen? Oh wauw, dat lukte me! Zag je dat? Kom op, ga zelf eens kijken en spring daar overheen! Dat was zo leuk! Waar kunnen we nog meer overheen springen? Waar kunnen we nog meer naartoe gaan? Wat is er nog meer mogelijk?"*

Dat is het standpunt van een paardmens.
Als jij één van die mensen bent die zijn of haar hele leven al op zoek is naar iets anders, ben je een paardmens.

Ik zou je een humanoïde noemen.

Paardmensen: humanoïden. Koemensen: mensen. Het maakt niet uit wat je bent.

Mijn gok is dat je waarschijnlijk een humanoïde bent, want je hebt dit boek nog niet het raam uitgegooid.

Weet dit wel: het kan goed zijn dat ik je hier en daar nog steeds ontzettend kan irriteren. Echt enorm!

ം ം ം

Ben je bereid om net zo anders te zijn als je echt bent?

De meeste humanoïden oordelen al hun hele leven lang over zichzelf, zich afvragend waarom het niet lukt om erbij te horen, waarom ze niet tevreden zijn om hetzelfde werk 20 jaar lang doen, braaf in te klokken, een plastic te horloge krijgen, met pensioen te gaan en dan dood te gaan. Als je je ooit hebt afgevraagd: *"Waarom werkt dat niet voor mij, terwijl het voor alle anderen wel werkt?"* dan ben je een humanoïde.

Wat je moet begrijpen, is dat mensen niet willen veranderen. Ze zullen nooit willen veranderen, totdat de humanoïden (jij) snappen dat anders zijn echt waardevol is.

Dan zullen mensen een andere mogelijkheid kiezen, omdat ze net zo willen zijn als alle anderen. Dat is hun standpunt. Nu zitten alle anderen vol oordelen, ze zijn gemeen, onvriendelijk, scheiden zich af van alle anderen en ze proberen om alles op te eten en te gebruiken. Da's dus de meerderheid op deze planeet.

Dus raad eens – totdat jij ervoor kiest om het verschil te zijn dat je bent – zonder oordelen, met vriendelijkheid, zorg, vreugde, rust en vrede, de verbinding en het gewaarzijn van een andere mogelijkheid, zullen mensen geen enkele reden hebben om dat ook te doen.

Ik zeg niet dat humanoïden beter zijn, of dat mensen slecht of inferieur zijn; wat ik zeg, is dat ze anders zijn. **Jij bent anders!**

Hoe vaak voelt het alsof je er niet bij hoort?

Hoe denk je dat dat komt? Het komt doordat je een ander soort iemand bent – misschien zelfs wel een heel andere soort. Jij past bij geen enkele status quo, nooit, en als het je wel lukt, dan verzet je je er enorm tegen en reageer je er ontzettend op, omdat je het eigenlijk haat om erbij te horen – terwijl je doet alsof je ernaar verlangt.

Toch?

Stop!

Sommigen van jullie begonnen zich ongemakkelijk te voelen. Sommigen van jullie denken: "Hij veroordeelt mensen. *Hij veroordeelt al die mensen waarmee ik ben opgegroeid, die nog steeds in dezelfde stad wonen, in dezelfde straat, en die hetzelfde baantje nog hebben waarmee ze direct na de middelbare school zijn begonnen.*"

Dat is iets dat jij niet zult doen: iemand anders veroordelen... Natuurlijk vind je het wel helemaal oké om jezelf te veroordelen. Jij bent absoluut bereid om toe te laten dat dezelfde mensen die jij niet zou veroordelen, jou wel veroordelen. Dat doe je de hele tijd, dag in dag uit. Maar jij zou nooit iemand anders willen veroordelen... want dat zou niet aardig zijn.

Wat als dit hele gesprek niet ging over het oordelen over mensen? Wat als het erom ging om jou uit het oordelen over jezelf te krijgen, wat je alleen maar doet omdat je anders bent? Wat als het gaat om het erkennen van een verschil in hoe iedereen ervoor <u>kiest</u> om te functioneren? Dat is alles wat het is.

Wat als je gewoon zou kunnen erkennen: *"Het is oké om mij te zijn. Ik ben gewoon anders. En nu?"*

Laten we het testen: zit jij echt vol oordelen?

Hoe vaak bekroop jou tijdens je leven, of misschien zelfs terwijl je dit boek aan het lezen bent, zo'n vervelende rotgedachte dat jij eigenlijk wel eens boordevol oordelen zou kunnen zitten? Zo'n vreselijk slecht persoon vol oordelen.

Laat me je wat zeggen (en zorg er alsjeblieft voor dat dit in je geheugen gegrift komt te staan):

Als je OOIT dacht dat je heel oordelend bent – dat ben je NIET.

Iemand die alsmaar aan het oordelen is, denkt nooit dat hij alsmaar aan het oordelen is – die weet gewoon dat hij het bij het rechte eind heeft en dat hij gelijk heeft.

Dus alles wat je hebt gedaan om de leugen aan te nemen dat jij vol zit met oordelen, terwijl de enige waarover je ooit oordeelt jijzelf bent, ga je dat nu allemaal vernietigen en ontcreëren, en ophouden met het veroordelen van jou? Alsjeblieft. Right and wrong, good and bad, POD and POC, all 9, shorts, boys, POVADs and beyonds. Dankjewel.

Stel dat je langs iemand loopt die oordelen heeft over zijn of haar lichaam en jij kijkt naar dat lichaam en neemt al die oordelen waar waarmee diegene z'n lichaam toetakelt, en de oordelen die hij of zij over zichzelf heeft, en dan denk jij dat dat jouw oordelen zijn, omdat je ze kunt waarnemen. Op dat moment denk jij: *"O, ik heb zoveel oordelen over de lichamen van anderen. Ik kan niet geloven dat ik zó over iemands lichaam aan het oordelen ben!"*

Veroordeel jij hun lichaam echt of ben je in toelating van hun oordelen over hun lichaam en de projecties van anderen op hun lichaam? En betekent dat dat je veroordelend bent, of betekent het dat je je gewaar bent? Maak je klaar om te gaan oefenen met in toelating zijn: ben jij wel eens langs iemand met overgewicht gelopen en had je toen oordelen over de afmetingen van hun lichaam? Veroordeelde je jezelf toen, omdat je zo vol oordelen zat?

Hier is nog iets waar je normaal gesproken nooit aan zou denken: heb je ooit wel eens iemand gezien die jij heel erg sexy vond, en waar je erg graag bij zou willen zijn? Ja natuurlijk, toch? Heb je ooit gevraagd: "Is dit mijn standpunt? Of neem ik hun projectie waar van wat zij willen dat ik (en meestal alle anderen ook) van hen vind?"

Probeer het eens. Je zult je verbaasd realiseren dat veel mensen op je projecteren wat zij willen dat jij denkt over hen en hun lichamen.

Een vrouw vertelde me eens: "Ik vroeg me steeds af hoe ik zo vol oordelen kon zitten, terwijl ik zoveel om mensen gaf. Pas toen ik deze vragen ging stellen, realiseerde ik me dat ik helemaal niet vol oordelen zit; ik ben heel, heel erg gewaar.

Maar dat gaat vast niet op voor jou. Jij zit vast net zo vol oordelen als je denkt.

(Voelde je je daardoor lichter of zwaarder? Begin je door te krijgen hoe het hele licht/zwaar werkt???)

Wil je dus alsjeblieft alles loslaten dat je hebt gedaan om aan te nemen dat je vol oordelen zit, omdat je de beperkingen kunt waarnemen van waaruit anderen functioneren, en omdat je dat altijd al hebt gekund, je hele leven lang? Dat je om je heen keek en je realiseerde: "Diegene doet heel erg uit de hoogte. Deze is egoïstisch. Die is onaardig tegen mensen." En dan denk je: "O mijn God, ik ben mensen aan het veroordelen!" Nee, hoogstwaarschijnlijk ben je niet aan het veroordelen. Hoogstwaarschijnlijk ben je je gewaar van hoe zij ervoor kiezen om in hun leven te functioneren.

Mensen vroegen me: "Wat als het gewoon iets is dat ik wil horen? Wat als dat de reden is dat het lichter voelt?" Laat me je dan nog een ander voorbeeld geven.

Jaren geleden lag de moeder van mijn vriend Gary in het ziekenhuis en ze had niet lang meer te leven. Op een dag overviel hem tijdens de lunch een raar gevoel, en hij dacht dat zijn moeder misschien was overleden. Dus hij keek op zijn horloge en zag dat het 13u40 was. Toen hij in zichzelf vroeg of ze was gestorven, voelde het lichter bij "ja."

Zijn zus belde hem een paar uur later op om hem te laten weten dat hun moeder die middag om 13u40 was overleden – net toen hij aan het lunchen was en dat gevoel opkwam. Ook al was het niet iets dat hij graag wilde horen, hij voelde zich wel lichter toen hij vroeg of zijn moeder was heengegaan.

Dat is de mate van gewaarzijn die je kunt hebben als je voorbijgaat aan oordelen. Omdat Gary niet hoefde te oordelen of het goed of slecht was dat zijn moeder was overleden, zat er geen lading op en kon hij met iets van gemak het gewaarzijn hebben dat ze was overleden.

∾ ∾ ∾

Verkeerd – het nieuwe juist?

Eén van de grootste geschenken die je jezelf kunt geven, is de bereidheid om verkeerd te zijn en het mis te hebben – zonder dat je jezelf ervoor hoeft te veroordelen. Dan kun je ermee ophouden om tevergeefs te bewijzen dat je perfect bent door alsmaar gelijk te moeten hebben en het bij het juiste eind te moeten hebben.

Laten we dit eens even proberen. Het is een tool die ik van mijn vriend Gary heb gekregen. Zeg dit hardop, alle tien de keren.

Jij hebt gelijk, ik heb het mis.

Jij hebt gelijk, ik heb het mis.

Jij hebt gelijk, ik heb het mis.

Jij hebt gelijk, ik heb het mis.

Jij hebt gelijk, ik heb het mis.

Jij hebt gelijk, ik heb het mis.

Jij hebt gelijk, ik heb het mis.

Jij hebt gelijk, ik heb het mis.

Jij hebt gelijk, ik heb het mis.

Jij hebt gelijk, ik heb het mis.

Voel je je lichter of zwaarder? 99% van de mensen voelt zich lichter als ik ze dit laat doen. Waarom? Omdat het zo fijn is om bereid te zijn om verkeerd te zijn en het mis te hebben en niet alsmaar te hoeven bewijzen dat je het juist hebt en dat je gelijk hebt.

Er was een vrouw die al een tijdje Access deed en die haar moeder ging opzoeken in haar ouderlijk huis. De normale gang van zaken tussen hen was dat haar moeder constant stekelige opmerkingen maakte, verbale oordelen had over haar dochter over alle dingen die ze verkeerd deed (zoals naar de kerk gaan, gaan trouwen, kinderen krijgen, dat soort dingen). Dus ze belde Gary op en vroeg hem wat ze kon doen. Gary antwoordde: "Zeg tegen haar: 'Je hebt gelijk, mam, ik doe het verkeerd.' Drie keer."

De vrouw zei dat ze dat niet kon, omdat ze niks verkeerd had gedaan. Gary zei: "Ik weet dat je niks verkeerd hebt gedaan. Zeg het gewoon en kijk hoe het gaat."

Dus dat deed ze. Ze belde Gary op, in de wolken. Ze had gedaan wat Gary haar had opgedragen. En na de derde keer dat ze het zei, trok haar moeder haar naar zich toe en zei: "Je doet het niet verkeerd, liefje. Je hebt je gewoon vergist."

De vrouw zei dat het niet alleen de eerste keer was in 10 jaar dat ze een prettig bezoek had gehad aan haar ouderlijk huis, maar dat haar moeder haar ook een cheque had gegeven van 5000 dollar toen ze wegging! Dat is de kracht van de bereidheid om verkeerd te zijn, en het bij het verkeerde eind te hebben.

Je kunt deze geweldige tool ook gebruiken om jouw relaties te veranderen. Als je weet dat je iets hebt gedaan waardoor iemand waar jij om geeft overstuur is, kun je zeggen: *"Je hebt gelijk. Ik heb het verkeerd gedaan. Wat kan ik doen om het goed te maken?"* Als je dit zegt vanuit kwetsbaarheid, met totale aanwezigheid en oprechtheid, dan kan het de katalysator zijn om een heel andere mogelijkheid te creëren in jullie relatie, en het kan het vermeende onrecht voor jullie allebei ongedaan maken.

De enige manier waarop de meeste mensen bereid zijn om iets te veranderen, is als ze geloven dat wat ze nu kiezen, verkeerd is. Ze zijn zo druk bezig te bewijzen dat ze niet verkeerd zijn, omdat ze al geloven dat ze verkeerd zijn. Dus gaan ze niks veranderen, want als ze iets veranderen, betekent het dat wat ze in het verleden hebben gekozen, verkeerd was, maar ze zijn niet bereid om verkeerd te zijn, ook al zien ze zichzelf op elk moment van hun leven als fout.

Zijn er nog meer mensen die dat gestoord vinden klinken?

In het universum is er geen 'goed' of 'fout', 'juist' of 'verkeerd'. Het is een doorlopende stroom van ontvangen en schenken. Deze realiteit is dat niet. Deze realiteit probeert jou zover te krijgen dat je alles wat geweldig aan jou is, beoordeelt als verkeerd, zodat je erbij kunt horen en niet grootser zult zijn dan 'normaal'.

Wat als er een grootsheid is die jij bent, die schuilgaat achter elke verkeerdheid die jij probeert te verbergen?

Wat als alles wat er mis is met jou of verkeerd is aan jou, eigenlijk niet verkeerd is? Wat als het eigenlijk een kracht is die je hebt, die niet past in deze realiteit, maar dat niemand ooit in staat is geweest om je dat te laten zien?

Ga je nu eisen dat je werkelijk alles gaat laten zien wat waar is voor jou, ook als het anders is dan wat waar is voor alle anderen? Ongeacht hoe het eruitziet? Wat er ook maar voor nodig is? Jij bent de enige die dat kan.

Het is raar om anders te zijn. Maar wat als het leuk is?

Wat als het niet verkeerd is, maar gewoon anders?
Wat als de aarde je hierheen liet komen vanwege dat verschil?
Wat als het ervoor *heeft gezorgd* dat je hiernaartoe kwam vanwege dat verschil?
Wat als *jij* jezelf hiernaartoe liet komen vanwege dat verschil?
Wat als er van alles mis was met jou en er niks mis was met jou, allemaal tegelijkertijd?

Wat als alles waarvan jij dacht dat het mis was met jou nou juist de ruimte en de mogelijkheid zijn die jij bereid bent te zijn, wat <u>voorbijgaat aan deze realiteit</u>?

Wat als het de vriendelijkheid, het geven om, de zachtaardigheid, het liefdevolle, de vreugde en het gewaarzijn van iets anders zouden zijn, die jij bent en die niemand anders ooit begreep, en jij hebt besloten dat het er niet kan zijn en dat het niet kan bestaan en dat het er niet toe doet, en dat alleen deze beperkte realiteit ertoe doet?

Wat als jij er nu mee zou kunnen beginnen om heel anders te zijn? Door jou te zijn?

Alles wat niet toelaat dat dat verschijnt, ga je dat nu allemaal vernietigen en ontcreëren alsjeblieft? Right and wrong, good and bad, POD and POC, all 9, shorts, boys, POVADs and beyonds.

Alle veranderingen die je niet hebt willen kiezen, omdat het inhield dat je op de één of andere manier verkeerd was door wat je in het verleden hebt gekozen, ga je dat nu allemaal vernietigen en ontcreëren alsjeblieft, en ga je die veranderingen toestaan om nu met totaal gemak te verschijnen? Right and wrong, good and bad, POD and POC, all 9, shorts, boys, POVADs and beyonds. Dankjewel.

Hoe weet je het?

Hoe weet je of je aan het oordelen bent – of dat je gewoon gewaar bent? Dat is de hamvraag, nietwaar?

Kijk naar deze zinnen: *Hij is een erg aantrekkelijke man.*
Dat zou een oordeel kunnen zijn, toch? Of een gewaarzijn.

Zij is een gemene vrouw.
Dat zou ook een oordeel kunnen zijn. Of een gewaarzijn.

Dus wat is het verschil?

Wat is het dan?

De meeste mensen denken dat als ze iets waarnemen wat 'negatief' is, dat ze dan aan het oordelen zijn. Ze denken dat als zij iets waarnemen wat 'positief' is, dat ze dan niet aan het oordelen zijn. In werkelijkheid is het verschil tussen een oordeel en een gewaarzijn de energetische lading die dat onderwerp voor jou heeft – de trilling van jouw standpunt.

Het is de energetische lading van een oordeel die jou vastzet in de polariteit van juist en verkeerd, van conclusies en van de on-bereidheid om vragen te stellen en te veranderen.

Als het een gewaarzijn is, dan heb je er geen lading op zitten!

Je bent bereid om je standpunt op ieder moment te veranderen en je hoeft het niet te verdedigen, je eraan vast te houden of het uit te leggen.

Op wat voor manier dan ook.

Het is gewoon iets waar je je gewaar van bent, in deze tien seconden. *Hoe wordt het nog lichter dan dat?*

Van wie is dit?

Hoe vaak heb je de verkeerdheid in anderen waargenomen, de plekken waarvan zij geloven dat ze fout zitten, en denken dat ze het bij het verkeerde eind hebben, waar ze alleen maar het slechte en het verkeerde van zichzelf kunnen ontvangen en weten dat ze fout zijn, zonder enige twijfel?

Hoe vaak heb je geloofd dat het gevoel van verkeerd en fout zijn dat je waarnam, echt van jou was, terwijl het in werkelijkheid iets is waar je je gewaar van bent in de wereld om je heen?

Dus, waarheid, is het van jou of van iemand anders? Of een HELEBOEL anderen?

Het voelt net als jij. Je maag draait zich om, en je voelt de juistheidsknoppen aangaan waar jij je slecht en verkeerd voelt en waar je gelijk wilt hebben, en deze persoon heeft het verkeerd en het voelt net alsof het van jou is...

Dus is het nu tijd om deze vraag te stellen:

VAN WIE IS DIT?

Is het van mij of van iemand anders? *Als je je ineens lichter voelt, komt dat omdat het niet van jou is.* Het is niet van jou, lieve, mooie jij. Niet van jou! Je kunt het retour afzender sturen.

Ja! Stuur het gewoon retour afzender. Stuur het terug. Weg ermee. Smeer 'm... oordelen van iemand anders.

Onthoud: je kunt geen probleem aanpakken dat niet van jou is. Je kunt geen gedachten, gevoelens of emoties veranderen die niet van jou zijn. Maar je kunt iets veel makkelijkers doen. Je kunt het simpelweg terugsturen naar degene van wie het is, wie dat dan ook is – zelfs als je niet weet wie dat is.

Je hoeft er niks mee te doen. Je kunt het gewoon terugsturen naar de oorspronkelijke maker ervan, ZELFS ALS JE GEEN IDEE HEBT WIE DAT IS. Stuur het gewoon retour afzender.

Als het niet van jou is, geef het dan gewoon terug – met bewustzijn erbij. Jij denkt alsmaar: *"O mijn God, dat voelde net als ik."*

Weet je wat? Het voelt altijd net alsof het van jou is – omdat jouw gewaarzijn zó briljant is en zo intens en zo groots. Het voelt ALTIJD als iets van jou, anders zou je het nooit aannemen als zijnde van jou!

Onthoud dit alsjeblieft: 98 procent van al je gevoelens, emoties en gedachten zijn niet van jou! Ze zijn van iemand anders. Maar waar jij je gewaar van bent, voelt net als jij – ook al is dat niet zo.

De enige manier waarop je het verschil ooit zult weten, is door de vraag te stellen:

VAN WIE IS DIT?

Vraag het, en als het ook maar een klein beetje lichter wordt, is het niet van jou.

Als je jij bent, is het licht.

Als je iemand anders probeert te zijn, is het zwaar.

Ver, ver voorbij je

Lichaam

Zou je dit willen proberen?

Leg je handen maar op je gezicht.
Sluit je ogen.

Voel je handen op je gezicht.
Voel je gezicht in je handen, je handen op je gezicht.

Adem diep in.

Merk hoe het voelt om aanwezig te zijn met je lichaam.

Maak contact met je lichaam en zeg:
"Dankjewel voor jou. Hoeveel plezier kunnen we vandaag hebben?"

– Hoofdstuk 3 –
Wat jouw lichaam weet

Wat als jij een oneindig wezen bent? Een wezen dat het vermogen heeft om ALLES waar te nemen, te weten, te zijn en te ontvangen?

Voelt dat licht voor jou?

Voor mij ook.

Ik raakte meestal behoorlijk overstuur als mensen in de spirituele wereld tegen me zeiden dat ik een oneindig wezen was. Ze zeiden dat meestal alsof het de oplossing zou zijn voor alle problemen die ik toen had. Hoe bedoel je FRUSTREREND? Ik dacht toen meestal: "Als ik een oneindig wezen ben, waarom kan ik dan niks voor elkaar krijgen? Als ik oneindig ben – waarom moet ik dan zo hard knokken, alleen maar om genoeg geld te verdienen om elke maand de huur te kunnen betalen?"

Wat als je gewoon niet de juiste hulpmiddelen hebt gekregen?

Wat als we allemaal zijn meegevoerd in een realiteit die niet werkt?

Wat als dit de allereerste keer is dat je de kans hebt om jou werkelijk te claimen en te erkennen?

Als het oneindige wezen dat je werkelijk bent. Ben je daartoe bereid?

Alles wat dat nu niet toelaat, ga je dat nu alsjeblieft allemaal vernietigen en ontcreëren? Right and wrong, good and bad, POD and POC, all 9, shorts, boys, POVADs and beyonds.

∽ ∽ ∽

Een kiezel in de oceaan

Elke keer dat je ergens dynamisch, extreem en intens door wordt geraakt, neem je niet genoeg ruimte in. Als we proberen om ergens achter te komen of iets uit te vissen, dan komen we heel dicht bij onze lichamen. Te dichtbij.

Als je je 200.000 of 300.000 kilometer zou uitbreiden, in alle richtingen, en daar zou blijven, in plaats van dicht bij je lichaam proberen te komen om alle gedachten, gevoelens en emoties uit te zoeken, dan zouden het net kiezelsteentjes in de oceaan zijn.

Een kiezelsteentje heeft maar weinig impact op de oceaan, toch? Maar als je een kiezelsteentje in een vingerhoed laat vallen, heeft het een grote impact. Wat jij jammer genoeg hebt gedaan, is jezelf energetisch in een vingerhoed te veranderen, in plaats van de oceaan te zijn die je ook zou kunnen kiezen om te zijn.

Dat is één van de 'beste' dingen die we doen om onszelf alsmaar te beperken: we doen alsof we klein zijn… terwijl we echt heel erg GROOT zijn. Laten we beginnen met één ding voorgoed helder te krijgen:

Jij bent niet je lichaam.
Jij bent een oneindig wezen, geen lichaam.
Je bent zoveel groter dan je lichaam.

Zal ik het je laten zien?

Neem nu even de tijd, sluit je ogen, breid je uit en raak de buitenste randen van jou aan. Niet van je lichaam, maar van jou, het wezen.

Ga nu 100 meter verder, in alle richtingen. Ben je daar ook?

Ga nu 150 km verder, in alle richtingen… Ben je daar ook?

Ga nu 1500 km verder, in alle richtingen.

Ben je daar ook?

Ga nu 150.000 km verder, in alle richtingen. Ben je daar ook?

Viel het je op dat waar ik je ook maar vroeg om heen te gaan, je daar meteen was? Zou een wezen dat zo groot is, in een lichaam passen dat zo klein is als het jouwe?

Hint: NEE!

Zou je dus een compleet andere mogelijkheid willen overwegen?

Jij bent niet je lichaam. Je bent een oneindig wezen. Je lichaam is je lichaam. Jij bent jij. Je moet wel een verbinding hebben (een geweldige verbinding, trouwens). Maar jullie zijn niet één en hetzelfde ding.

Als je een wezen dat zo groot is in zo'n klein lijf probeert te proppen, dan doet dat pijn.

Creëer je trouwens pijn en lijden in je lichaam omdat je jezelf erin probeert te proppen, omdat jij gelooft dat je niet groter bent dan je lichaam? En ben je andermans werkelijkheden aan het bevestigen dat je niet zo groot bent?

Ga je dat nu alsjeblieft allemaal vernietigen en ontcreëren? Right and wrong, good and bad, POD and POC, all 9, shorts, boys, POVADs and beyonds.

Wat als er een heel andere manier was om met je lichaam te zijn?

✆ ✆ ✆

Je lichaam heeft z'n eigen standpunt. Jij hebt het jouwe.

Het is zoiets geks – je lichaam heeft een eigen bewustzijn. De wetenschap zegt dat elke molecule bewustzijn heeft, en ieder atoom ook. Als je ze samenvoegt in de vorm van een lichaam, heeft het nog steeds bewustzijn.

Alles wat jij hebt gedaan om het feit compleet te negeren dat jouw lichaam z'n eigen standpunten heeft, z'n eigen gewaarzijn en eigen vaardigheid om dingen te veranderen, ongeacht jouw pogingen om in de weg te gaan staan, ga je dat nu allemaal opgeven en vernietigen en ontcreëren alsjeblieft? Right and wrong, good and bad, POD and POC, all 9, shorts, boys, POVADs and beyonds.

De eerste stap naar het ontwikkelen van een andere mogelijkheid met jouw lichaam, is door ermee te gaan communiceren. Begin daarmee door jouw lichaam vragen te stellen over alles dat je lichaam aangaat.

Heb je wel eens een relatie gehad waarin jullie elkaar gewoon negeerden en niet met elkaar praatten? Was dat leuk? Als diegene naar je toekwam en je om een gunst vroeg, wilde je dat dan graag doen of niet?

Zo werkt het ook met jouw lichaam!

Wil je jezelf dus alsjeblieft toestaan om een geweldige relatie te ontwikkelen met jouw lichaam? Hoe? Begin ermee om je lichaam vragen te stellen over alles dat het aangaat. Als jij jouw lichaam geeft wat het wil, voelt het zich op z'n gemak en is het rustig. En als je dat doet, zal het je geven waar je naar verlangt. Echt.

Als je iets wilt veranderen, vraag het dan aan je lichaam: wat is ervoor nodig om dit te veranderen? Dus in plaats van: *"O mijn God, ik kan niet geloven dat mijn kont zo dik is!"*, vraag dan: *"Lichaam, wat is ervoor nodig om het strakke, prachtige, kleine achterwerk te hebben dat ik echt zou willen hebben? Lichaam, wat kunnen we doen om dit te veranderen?"*

Je lichaam zal het je vertellen. Natuurlijk zou je ook alles kunnen vernietigen en ontcreëren wat niet toelaat dat het verandert, maar dat zou het te gemakkelijk maken. De vele, vele mensen die dit al hebben gedaan, lieten weten dat het echt werkt!

Blijf je lichaam vragen stellen bij alles wat het aangaat.

Lichaam, wat zou je willen eten? Lichaam, wie zou je willen eten?
Lichaam, aan wat voor lichaamsbeweging zou je graag willen doen?
Lichaam, wat voor kleren zou je willen dragen?
Lichaam, met wat voor iemand zou het leuk zijn om seks te hebben?

☙ ☙ ☙

Bewust eten

Laten we eens naar de eerste vraag kijken: lichaam, wat zou je willen eten?

Sluit in een restaurant je ogen, sla de menukaart open, kijk naar beneden en doe dan je ogen open. Het eerste waar je ogen op focussen, is wat je lichaam zou willen eten. Hoe weet je of je het juiste hebt besteld? Het zal licht zijn als je het bestelt en orgasmisch als je het eet!

Neem dan de eerste drie hapjes van alles wat er op je bord ligt, met totaal bewustzijn.

Dus met andere woorden: je neemt een hapje met totaal bewustzijn van hoe en waar het elke smaakpapil op je tong activeert.

Neem gewoon even de tijd, stop het in je mond en eet alleen dat op wat echt orgasmisch voelt.

Dat is waar je lichaam van houdt.

Als je het eenmaal doorhebt, zul je het weten, en het zal lastig worden om iets te eten waar je lichaam niet van houdt.

Is het mogelijk dat je het talloze keren gaat verklooien en het niet precies 'juist' krijgt? Heel goed mogelijk! En wat als dat oké is?

∞ ∞ ∞

Oefen met lichaamsfluisteren

De communicatie van jouw lichaam begrijpen is iets dat je mettertijd stukje bij beetje doorkrijgt. Wat ervoor nodig is, is oefenen. Je bent letterlijk een nieuwe, energetische taal aan het leren. Je natuurlijke neiging is om over jezelf te oordelen als fout, verkeerd en slecht, en alsof je het niet snapt. Begin dus met het erkennen van de kleine successen.

Ik probeerde dit tijdens één van de eerste Access cursussen die ik ooit heb gevolgd. Ik ging lunchen en vroeg mijn lichaam wat het wilde eten. Ik kreeg een salade bij mijn eten, en de serveerster vroeg of ik Thousand Island, Ranch, blauwe kaas, honing mosterd of Italiaanse salade wilde.

Mijn lichaam zei *"jammie"* bij honing mosterd. Iets ging van "jammie", al kan ik het niet echt in woorden vatten. Laten we zeggen dat het iets vrediger voelde. Maar mijn standpunt was: *"Ik hou van Ranch"*, dus ik vroeg om Ranch.

Ik kreeg de salade en er zat honing mosterd op. Blijkbaar had mijn lichaam me omzeild en was gelijk naar het lichaam van de serveerster gegaan en het kreeg wat het wilde. Dus ik proefde het, stopte het in mijn mond, en het was één van de heerlijkste dingen die ik ooit heb gegeten. Compleet orgasmisch! Honing mosterd dressing? En ik hield niet van honing mosterd dressing! Mijn lichaam ging van: *"Ik wel! En ik ben degene die hier eet!"*

Dus wat je moet snappen, is dat je lichaam degene is die eet, die met iemand naar bed gaat, die beweegt, die kleren draagt – **jij niet.**

Ontzettend dankbaar zijn voor dat prachtige lichaam van jou

Hoe vaak kies jij ervoor om teder, vriendelijk en verrukkelijk te zijn met je lichaam?

Het lastige is, nogmaals, om andermans werkelijkheden over belichaming te kunnen bevestigen, negeer je je lichaam, schop je het aan de kant, en je komt pas terug om het op te rapen als jij daar klaar voor bent… maar verder negeer je het en je praat er helemaal nooit mee.

Wat dacht je ervan om dankbaar te zijn voor jouw lichaam, precies zoals het nu is? Wat dacht je daarvan? Als je er iets aan zou willen veranderen, zeg dan: *"Lichaam, ik wist niet hoe het is om dankbaar voor jou te zijn, en het spijt me, en vanuit deze ruimte zou ik wat dingen willen veranderen. Is dat mogelijk?"*

Voelt dat anders? Is dat een totaal ander soort relatie dan de meeste mensen hebben met hun lichaam?

Hoeveel mensen op deze planeet zijn er gelukkig in hun lichaam? Kijk eens even uit het raam, als dat kan – hoeveel mensen zie je daarbuiten die genieten van hun lichaam? Niet veel, helaas…

∽ ∽ ∽

Oordeel jij wel eens over jouw lichaam?
Al is het maar een klein beetje?

Word jij wel eens wakker en begin je dan je dag met een stortvloed aan oordelen als je voor de spiegel staat? Ik weet dat je het niet graag wilt toegeven, zo bewust en gewaar en spiritueel als jij bent… Maar heb je wel eens zo'n dag? Ik vraag het maar. Met je lichaam krijg je altijd meer van wat je als verkeerd beoordeelt.

"Deze beginnen te hangen, God, ik dacht dat ik hier meer had, en dit begint grijs te worden, en deze zijn te klein en ze beginnen te hangen, en… O, laten we het dáár niet eens over hebben!"

Maar… hoeveel mensen hebben een 'normaal' lichaam? Bestaat er zoiets als een normaal lichaam? Echt? Waarheid?

De standaard voor wat 100 jaar geleden normaal en wenselijk was, is anders dan die van vandaag. De vollere versie van lichamen was eeuwenlang het meest waardevol; dat betekende dat je gezond was; het betekende dat je genoeg te eten had. Je was niet 'één van die magere sprieten die ieder moment het loodje kon leggen of omver kon worden geblazen door de wind' doordat je niet genoeg te eten had. Dus de standaarden veranderen met de jaren. Wat is een standaard?

Oordelen – een voortdurende stroom oordelen.

Zou jij bereid zijn om ermee op te houden andermans werkelijkheid te bevestigen van hoe lichamen eruit horen te zien? Zou je bereid zijn om jouw eigen standpunt te gaan eren? En dat van jouw lichaam? Alles wat dat niet toelaat, ga je dat nu vernietigen en ontcreëren alsjeblieft? Right and wrong, good and bad, POD and POC, all 9, shorts, boys, POVADs and beyonds. Dankjewel.

Alles wat je hebt gedaan om een stortvloed aan oordelen te creëren over je lichaam als manier om je dag mee te beginnen, ga je dat nu alsjeblieft vernietigen en ontcreëren? Right and wrong, good and bad, POD and POC, all 9, shorts, boys, POVADs and beyonds. Dankjewel.

ॐ ॐ ॐ

Hoe wil jouw lichaam er GRAAG uitzien?

Jouw lichaam heeft een standpunt over hoe het er graag uit wil zien. Als jij het iets wilt opleggen, op basis van je beslissingen en oordelen – gaan jullie tweetjes elkaar dan ooit tegemoet komen? Als je lichaam er op een bepaalde manier wil uitzien en het gaat dat doen, en jij wilt dat het er anders gaat uitzien, en jij probeert het dat te laten doen, wat gebeurt er dan in het midden van die twee? Daar ontstaan de oordelen.

Wat als je jouw standpunt kon laten varen en gewoon dankbaar kon zijn voor je lichaam zoals het is? Wat zou er van daaruit nog meer mogelijk zijn? Zou dat misschien een bron kunnen zijn voor meer dankbaarheid voor het feit dat je leeft? En dankbaarheid voor jouw lieve lichaam?

Alles wat niet toestaat dat dat verschijnt, ga je dat nu allemaal vernietigen en ontcreëren alsjeblieft? Right and wrong, good and bad, POD and POC, all 9, shorts, boys, POVADs and beyonds. Dankjewel.

༄ ༄ ༄

Sneeuwbaleffect van oordelen

Een paar jaar geleden stond er op de voorkant van *Time Magazine*: *"Waarom DNA je lichaam niet bepaalt."*

Wacht eens even! Ze hebben ons steeds verteld dat je DNA alles bepaalt! Wat als dat niet zo is? Wat als het in werkelijkheid iets heel anders is?

Wat als we, in plaats van dat we niet in staat zouden zijn om te veranderen, werkelijk onze lichamen kunnen veranderen door energetisch anders te functioneren?

Jij en je lichaam zijn van nature energetisch.

Wat bedoel ik daarmee?

Laten we eens naar één van die dagen kijken waarop je de dag begint met oordelen. Je weet wel wat ik bedoel, toch? Zo eentje waarop je wakker wordt en het voelt alsof je hoofd vastzit in de zuidkant van een olifant die naar het noorden gaat – en dat die olifant nu op je hoofd is gaan zitten.

Je begint met oordelen, en het is als een grote, zwarte sneeuwbal die alsmaar groeit en groeit en groeit en die jou zwaarder en zwaarder maakt… Da's een bepaalde energie, toch?

Heb je daarentegen wel eens zo'n dag in je leven gehad waarop je wakker werd en alles mooi en geweldig en fenomenaal was, en je de dag niet begon met oordelen? Begon je in plaats daarvan met een vraag of een mogelijkheid in gedachten? Een vraag als: *"Wauw, hoe wordt het nog beter dan dit?"* of: *"Wat is er nog meer mogelijk?"* In plaats van er meer oordelen aan toe te voegen, begon je met meer mogelijkheden toe te voegen.

Is dat een andere energie dan het eerste voorbeeld? Natuurlijk.

We leren letterlijk om oordelen op te dringen aan onszelf en onze lichamen. Wat als je wakker kon worden en jouw leven kon leven en je je lichaam kon creëren, meer vanuit die tweede energie dan vanuit de eerste? Wat als dat een mogelijkheid was? Wat als het alleen maar komt doordat niemand je ooit heeft verteld dat je van daaruit zou kunnen functioneren? Als je dat zou kiezen, zou je lichaam dan anders aanvoelen? En je leven? Wat zou je liever kiezen?

Alles wat jou niet toestaat om een leven en een bestaan vanuit die tweede energie te creëren en te genereren (dus alle projecties, verwachtingen, afscheidingen, oordelen en afwijzingen dat het niet mogelijk is), ga je dat nu allemaal vernietigen en ontcreëren alsjeblieft? Right and wrong, good and bad, POD and POC, all 9, shorts, boys, POVADs and beyonds. Dankjewel.

ᘯᘝ ᘯᘝ ᘯᘝ

Zelfs de wetenschap weet dit...

Hier is nog iets interessants dat de wetenschap al heel lang weet: **elke keer als je naar een molecule of een atoom kijkt, verander je 'm.** Jouw bewustzijn heeft een interactie met het bewustzijn van het atoom, de molecule of het subatomaire deeltje, en verandert het.

Wat als het idee dat je je lichaam niet kunt veranderen gewoon een leugen is, die jou is opgelegd? Wat als het gewoon een leugen is die je heel lang geleden van iemand hebt aangenomen, en wat als je die niet meer zou hoeven houden? Als je één atoom kunt veranderen, zou je er dan niet meer dan één moeten kunnen veranderen... bijvoorbeeld die in jouw lichaam?

Want als je werkelijk een oneindig wezen bent, dan komt alles van jou dat op een beperking lijkt, voort uit een leugen. Geen enkele beperking is oneindig – of anders gezegd – alle beperkingen zijn eindig.

ᘯᘝ ᘯᘝ ᘯᘝ

Is pijn echt?

Eén van de laatste mogelijkheden die jouw lichaam heeft om je aandacht te trekken, is het creëren van pijn. Dat is het enige waarvan het zeker weet dat jij ernaar zult luisteren. Het heeft gefluister geprobeerd, een vederlichte aanraking, en de hand die over je gezicht strijkt...

Tot het uiteindelijk zegt: *"Hé! Het is me niet gelukt om je op een andere manier naar me te laten luisteren. Je luisterde niet naar het genot, want jij gelooft niet dat dat nog bestaat. Je luisterde niet naar het supercoole gevoel dat ik je gaf om je te laten weten dat er iets anders aan de hand was. Dus nu ga ik voor pijn. Probeer dat maar eens te negeren! Stom wezen – zogenaamd heel bewust – stomme idioot!"*

Weet je, jouw lichaam is een gevoelig, zintuiglijk organisme dat is ontworpen om jou de hele tijd informatie te geven! Als het jou niet kan bereiken, begint het te schreeuwen – wat wij interpreteren als pijn. Dat is jouw lichaam dat tegen je praat. Je lichaam is het zat dat jij er niet naar luistert. Het heeft vanaf de eerste dag geprobeerd om jou informatie te geven, en jij interpreteert het altijd als: *"O mijn God, ik voel me zo en zo. Dit doet pijn!"*

Wat jij kunt vragen:

"Hé lichaam, wat ben je hier aan het communiceren dat ik niet snap? En laat het me alsjeblieft op zo'n manier weten dat ik het makkelijk kan snappen, want ik ben niet zo snugger."

Elk gevoel is een gewaarzijn dat je niet wilt hebben.

"Nee, het is een gevoel! Ik zweer het! Het is heel sterk en intens!"

Ja, natuurlijk is het dat. Je hebt gelijk. Het is absoluut echt. Wat als het nou eens een intens gewaarzijn was? Wat als het sterk en intens is omdat het een gewaarzijn is waarvan je je heel sterk en intens gewaar bent? Is dat een mogelijkheid?

Probeer het maar eens. *Check het gewoon – is het licht voor jou?*

∽ ∽ ∽

Hou je goed vast! Ik ga je een beetje in de war brengen.

Er zijn nog wat andere mogelijkheden die van jou vereisen dat je EEN VRAAG STELT.

Je zou je nu al wel gewaar moeten zijn dat er ALTIJD andere mogelijkheden zijn en meer vragen om te stellen. Hoe wordt het nog beter dan dat?

(Gooi het boek alsjeblieft niet door de kamer heen. Lief, lief boek. Schreeuw maar gewoon. Dat werkt meestal wel.)

Ik zei het al eerder, 98 procent van je gedachten, gevoelens en emoties zijn niet van jou.

Laat dit even tot je doordringen: Tussen de 50 en 100 procent van wat in je lichaam gebeurt, is ook niet van jou!

Vraag: *"Is dit van mij, van iemand anders of van iets anders?"*

Eentje ervan zal lichter voor je voelen. Dat is het gewaarzijn van het 'antwoord' waar je naar op zoek bent. Laten we nu doorgaan naar nog wat andere vragen…

1. Als het lichter wordt van "Is dit van mij?", vraag dan:

Welk gewaarzijn ben ik hier niet bereid te hebben? Stop dan gewoon, en luister.

Dit is vrij belangrijk: **stop en luister eens.**

Geef je lichaam de kans om het je te vertellen.

Welk gewaarzijn wil je hier niet hebben?

2. Als het lichter wordt van "Is het van iemand anders?", stuur het dan alsjeblieft retour afzender!

Stuur het gewoon 'retour afzender' en eis dan dat jij het laat gaan, overal waar je het hebt aangenomen als van jou. POD en POC het dan. (POD en POC is de afkorting voor *Right and wrong, good and bad, POD and POC, all 9, shorts, boys, POVADs and beyonds.*)

Waarom? Omdat je er niks mee kunt als het van iemand anders is.

Weet alsjeblieft dat jouw lichaam je alles zal vertellen wat er speelt bij alle lichamen rondom het jouwe. Altijd.

Dus als je schouder pijn begint te doen, is het handig om een vraag te stellen:

"Wat is er hier aan de hand, lichaam? Is dit van mij, van iemand anders of van iets anders?"

Laat me je een paar voorbeelden geven:

Op het werk
Eén dame gebruikte "Van wie is dit?" en "Is dit van mij?", elke keer dat ze op haar werk zin had in donuts. Binnen 6 weken was ze 10 kilo kwijt, want ze at steeds donuts voor alle anderen op haar werk.

In mijn praktijk
Lang geleden, begin 2000, toen ik voor het eerst in aanraking kwam met deze tool, veranderde dat mijn leven, en het veranderde ook mijn chiropractie praktijk. Door deze tool te gebruiken kwam ik erachter dat ik een verandering kon creëren bij 50 tot 90% van de problemen in menselijke lichamen, die ik eerder niet kon veranderen. Het gaf resultaten die mij nogal verrasten.

Er kwam ook een vrouw naar me toe met vreselijke pijn in haar linkerknie. Ze had al een operatie aan haar rechterknie gehad en ze kwam naar mij toe, omdat ze haar linkerknie onlangs nog op een soortgelijke manier had bezeerd en ze hoopte op wat verlichting van de pijn.

Na er 20 minuten aan te hebben gewerkt, waarbij ik vooral de tool "Van wie is dit?" heb gebruikt, was haar pijn met 80% afgenomen. Na er nog 40 minuten samen aan te hebben gewerkt, liet ze me weten dat 99% van de pijn was verdwenen. Om nooit meer terug te keren!

Ik zeg niet dat dit het geval is bij alle kniepijn, maar het was wel zo in dit ene geval. Met deze tool, en de bereidheid om 'm te gebruiken, werd deze vrouw een hoop pijn bespaard en het creëerde het gewaarzijn in haar wereld dat wat zij dacht dat nou eenmaal zo zou zijn (leven met een pijnlijke knie), niet per se zo hoefde te zijn.

In de supermarkt

Een man die aan een Access-cursus had deelgenomen en die deze informatie had gekregen, liep door de supermarkt. Hij liep langs een oudere vrouw die hem vroeg of hij een pak wc-papier voor haar wilde pakken, omdat haar rug zo'n pijn deed. Zonder nadenken vroeg hij aan haar: "Van wie is dat?" en zij zei: "Van mijn man." En ze bukte gelijk en pakte het wc-papier. Raar, maar waar.

In de sportschool

Ik ging altijd naar de sportschool om te trainen, want ik had bergen oordelen over mijn lichaam. Dus trainde ik me te pletter. Ik woog toen 12,5 kilo meer dan ik nu doe, en ik had 3% minder lichaamsvet. Ik was ENORM. En het maakte niet uit hoeveel ik trainde, ik voelde me nog steeds ellendig over mijn lichaam.

Nadat ik was begonnen met Access, ging ik op een dag trainen. Ik ging de deur uit en voelde me geweldig over mijn lichaam, geweldig over mezelf, en op het moment dat ik over de drempel van de sportschool stapte, schoten er allerlei standpunten door mijn hoofd: *"O mijn God, mijn lichaam is vreselijk, mijn biceps zijn te klein, ik heb niet genoeg gedaan, ik moet beter eten, ik moet vet eten schrappen, ik moet geen Big Macs en cola meer nemen."* Ik dacht: *"Jemig, ik ben vreselijk."*

Dus stelde ik deze vraag:

Van wie is dit? Is het van mij?
En zoef – het ging weg. Onmiddellijk. Het was niet eens van mij. Ik moet je zeggen dat ik het ook vreemd vond! Ik dacht ook dat het te makkelijk was. Feit is dat het gewoon werkte. Ik stond er versteld van.

Je bent net een grote, paranormale radio-ontvanger, je pikt de hele tijd rotzooi op van alle anderen om je heen, en iedereen pikt het op van alle anderen en verspreidt het alle kanten op...

Wat als er maar één iemand op de planeet iets dacht en alle anderen het gewoon oppikken?

Hoeveel van de pijn en het lijden waarvan jij gelooft dat het in jouw lichaam zit, is eigenlijk niet van jou? Is het in plaats daarvan jouw lichaam dat je gewaarzijn geeft van andermans pijn, lijden en oordelen?

Ben je bereid om daar nu naar te kijken? Wil je alsjeblieft beginnen te vragen:

"Is dit van mij, van iemand anders, of van iets anders?"

Dus hier gaan we dan... Nummer drie.

3. Als het lichter wordt bij "Is het van iets anders?", dan betekent het dat het van de aarde is!

De aarde vraagt om jouw ondersteuning door haar te faciliteren. En net als je lichaam kent de aarde maar één manier om jouw aandacht te trekken, en dat is door je pijn te geven.

Jij (ja, JIJ!) hebt vermogens om de aarde te faciliteren, en jouw lichaam heeft vermogens om de aarde te faciliteren. Als je die niet gebruikt wanneer de aarde daarom vraagt, zal je lichaam pijn gaan doen.

Bijvoorbeeld: na de Fukushima aardbeving in 2011 en het teveel aan straling dat daarop volgde, belden veel mensen me op met ademhalingsproblemen. Het enige dat het hoesten verminderde, was hen deze vragen te stellen en daarna te erkennen dat hun lichamen bezig waren een bijdrage te leveren aan de pogingen om de problemen te veranderen die er waren voor de aarde, de oceanen en de mensen die last hadden van de straling.

Ja, je kunt de mannen met de witte jassen nu wel gaan bellen. Vind me maar raar, vind me gestoord. Het verbaasde mij ook ECHT, toen ik deze informatie voor het eerst kreeg, en het WERKTE om de symptomen van mensen te veranderen. Ik weet dat er velen van jullie zijn die het een 'placebo-effect' zullen noemen, of het afdoen als één of ander trucje.

Aan de andere kant zijn er vast velen van jullie die dit lezen en die nu erkennen: *"O mijn God, ik ben niet gestoord! Iemand anders heeft net woorden gegeven aan wat ik al jarenlang weet."* En voor jou is dit boek geschreven. Bekrompen mensen gaan de wereld niet veranderen. Zij zullen alles blijven doen wat de beperkingen hier in stand houdt. De koemensen van deze wereld komen er al veel te lang mee weg dat ze de rest van ons verkeerd maken.

En in mijn ogen is het tijd dat de dromers zoals jij, die er werkelijk naar verlangen om de wereld te veranderen, de tools krijgen om dat te doen – ongeacht hoe vreemd dat in eerste instantie ook mag lijken.

Hoeveel pijn, stijfheid of afwezigheid heb je momenteel in je lichaam, wat eigenlijk van de aarde komt – of van de mensen die erop leven – die jouw ondersteuning vereisen of vragen? Alles wat maakt dat dat vast blijft zitten, ga je dat nu alsjeblieft vernietigen en ontcreëren? Right and wrong, good and bad, POD and POC, all 9, shorts, boys, POVADs and beyonds.

De aarde schenkt ons al duizenden jaren van alles. Is het nu tijd om het te gaan ontvangen?

En wat terug te geven?

---- TOOL ----

Oefen met jouw lichaam

Weten waar jouw lichaam werkelijk naar verlangt, vergt oefening. Eraan denken om het aan jouw lichaam te vragen, vergt oefening.

En erachter komen wat te vragen, vergt ook oefening.

Wist je dat het erg veel energie uit je eten kost om het alleen maar te verteren? Dat eten je energie geeft, is eigenlijk een leugen. Jij en jouw lichaam hebben in werkelijkheid veel minder voedsel nodig dan we hebben geleerd.

Ben je bereid om de komende paar dagen te spelen met wat vragen, elke keer dat je je hongerig 'voelt', zonder je druk te maken of je het wel goed doet?

Begin met ja/nee-vragen – dat is veel makkelijker. Weet dit alsjeblieft: het antwoord waarbij het 'lichter' wordt, dat is wat er waar is voor jouw lichaam. Hier zijn een paar voorbeelden:

Lichaam...

Heb je iets nodig? Ja/Nee
Is dat van jou of van een ander lichaam?

Heb je eten nodig? Ja/Nee
Zo ja, is dat van jou of van een ander lichaam?

Heb je iets te drinken nodig? Ja/Nee
Is dat van jou of van een ander lichaam?

Is er iets in de koelkast waar je naar verlangt? Ja/Nee
Is dat van jou of van een ander lichaam?

Heb je... broccoli... nodig? Ja/Nee
(Vul daar alsjeblieft in wat jij overweegt te eten.) Is dat van jou of van een ander lichaam?

Zou je iets anders willen? Ja/Nee
Is dat van jou of van een ander lichaam?

Heb je beweging nodig? Ja/Nee
Is dat van jou of van een ander lichaam?

Heb je het nodig om te worden aangeraakt? Ja/Nee
Is dat van jou of van een ander lichaam?

Heb je seks nodig? Ja/Nee
Is dat van jou of van een ander lichaam?

Weet dit alsjeblieft: we eten vaak om niet DE RUIMTE TE ZIJN die we echt zijn, en de lichtheid die we echt zijn. We herkennen die ruimte niet als onszelf, dus nemen we het waar als iets verkeerds en doen we er alles aan om terug te gaan naar de zwaarte die we veel beter kennen. In dit geval door te eten.

Maar wat als wat jij BENT, RUIMTE is? En lichtheid?

Alles wat je hebt gedaan om niet de ruimte van jou te hoeven zijn door te eten, of de ruimte van jij zijn op te vullen met eten, of het te vullen met iets anders, ga je dat nu alsjeblieft allemaal vernietigen en ontcreëren? Right and wrong, good and bad, POD and POC, all 9, shorts, boys, POVADs and beyonds. Dankjewel.

Beginnen met

— Ontvangen —

Vraag het aan de stoel

Ik wil je graag even iets laten zien...

Hoe zou het zijn als je nu aan het bewustzijn van de stoel zou vragen om het voor jouw lichaam wat aangenamer te maken?

Vraag het.
Werd het aangenamer?
Voor de meeste mensen wel.

Is dat niet raar?
Zou je willen dat iemand je dat eerder had verteld?

Bewustzijn maakt deel uit van alles. Ook al wil jij het meestal niet weten, jij bent één met alles.

Jij bent die ruimte tussen de moleculen (en atomen) van jouw lichaam. Het deel van een atoom dat stevig en solide lijkt, is maar 0,0001 procent van het hele atoom.

De rest is ruimte en mogelijkheden en bewustzijn... Jij...

Wat als de ruimte tussen de moleculen en het bewustzijn van jouw lichaam hetzelfde is als de ruimte tussen de moleculen van de stoel?

Wat hetzelfde is als de ruimte tussen de moleculen van de lucht. Wat hetzelfde is als de ruimte tussen de moleculen van de muren.

Wat hetzelfde is als de ruimte tussen de moleculen van het gebouw.

Wat hetzelfde is als de ruimte tussen de moleculen van de straat, en de aarde om je heen en het hele zonnestelsel, het hele sterrenstelsel, en het hele universum.

Wat betekent dat?

Het betekent dat je veel grootser bent, veel meer verbonden, veel meer in verbinding en verbondenheid met alles, en dat je veel meer opties hebt dan je ooit hebt erkend.

Ooit.

En als je het toelaat, zouden die verbinding en verbondenheid kunnen leiden tot meer gemak dan je ooit voor mogelijk hebt gehouden...

– Hoofdstuk 4 –
Vraag en je zult ontvangen

Wat is jouw standpunt over deze wereld? Is er genoeg voor iedereen? Genoeg eten? Genoeg geld? Genoeg liefde? Genoeg ruimte? Genoeg plezier? Of is er een beperkte hoeveelheid, zodat als jij bijvoorbeeld liefde hebt, iemand anders het zonder moet doen?

Wil je hier alsjeblieft even naar kijken?

Jouw standpunt creëert je realiteit. De realiteit creëert je standpunt niet. Dus als jij het standpunt hebt dat we leven in een universum van gemis en tekort, welke realiteit ben je dan aan het creëren?

Mijn standpunt en mijn weten is dat we leven in een universum van totale overvloed. De Bijbel had gelijk over één ding: *Vraag en je zult ontvangen.* Is het niet gek – je vraagt er gewoon om en je ontvangt het?

Maar hoe? Als er al een hoe is, is het gewoon aanwezig zijn in jouw leven en bereid zijn om de energieën van een andere mogelijkheid te ontvangen. Als je de totaliteit van ontvangen bent, doe je al je barrières naar beneden en ontvang je alles. Je sluit niets buiten. Met gemak, vreugde en glorie ontvang je het goede, het slechte en het lelijke.

En dan nu nog iets wat voor velen van ons een beetje lastig is...

Als we vandaag om een miljoen dollar vragen, en het verschijnt morgen niet, denken wij:
"O, het universum werkt niet, ik ben zo fout, ik doe het verkeerd."

Maar wat er moet gebeuren, is dat het universum zich letterlijk moet herschikken om ervoor te zorgen dat jij kunt hebben waar je om hebt gevraagd. Dat is het aan het doen vanaf het moment dat jij ergens om vraagt. Maar wat er gebeurt als het niet verschijnt, is dat wij gaan naar *"O, het verschijnt niet"* – en dàn stopt het natuurlijk, omdat wij hebben besloten en geconcludeerd dat het niet gaat gebeuren. Dat standpunt creëert de realiteit die verschijnt.

We hebben onze conclusie het universum in geschreeuwd: "Het verschijnt niet!" en het universum luistert ernaar en gehoorzaamt, heel vriendelijk en beleefd.

In plaats daarvan zouden we dit kunnen vragen (daar zijn die vreselijke vragen weer): *"Verschijnt het nu op een heel andere manier dan ik me ooit zou kunnen voorstellen? Hoe wordt het nog beter dan dat?"*
Weet dit alsjeblieft mijn mooie vrienden...

Het gaat er altijd anders uitzien dan jij denkt. Altijd!

Hoe jij dacht dat het eruit zou zien, is gebaseerd op al je oordelen over hoe het eruit zou moeten zien, niet op gewaarzijn van hoe het eruit zou kunnen zien, omdat jouw oordelen over hoe het eruit zou moeten zien ervoor zorgen dat je je niet gewaar kan zijn van hoe eruit zou kunnen zien. En al die standpunten over hoe het eruit zou moeten zien, zijn nou net de reden waarom het tot nu toe niet kon verschijnen.

Kun je me volgen? Wil je dat stukje nog eens lezen?

Wat als JIJ nou eens ging ontvangen? Ja, lieverd – jij.

Waar verlang je naar? Om te worden gezien? Te worden gehoord? Te worden ontvangen, in z'n totaliteit? O ja! Ik kan je al horen in mijn hoofd:

"Natuurlijk, stomme vraag. Als je me gewoon ontvangt, zal alles goedkomen; ik zal bevestiging krijgen en waardevol zijn. Dan zal ik bestaan."

Hier komt mijn vraag. Ik denk dat ik 'm eerst maar even ga fluisteren: Wat dacht je van ontvangen? Luider?

WAT DACHT JE VAN ONTVANGEN?

"O, maar ik ontvang wel", zeg je. "Natuurlijk doe ik dat. Ik bedoel, ontvangen is geen probleem. Als iemand me iets wil geven, ontvang ik het, natuurlijk doe ik dat. Ik hou van ontvangen, nee, nee, nee, ik heb geen moeite met ontvangen."

Is er nog iemand voor wie dit een ietsiepietsie zwaar is? De meeste mensen ontvangen niet veel op deze planeet. Is je dat opgevallen? Geloof het of niet, maar dat geldt ook voor velen van jullie die op dit moment dit boek aan het lezen zijn.

Kijk hier alsjeblieft even naar:

Jij was altijd al de meest bekwame persoon in de buurt, die probeerde te bewijzen dat je dat niet was. Maar je wist altijd dat niemand zo bekwaam en vaardig was als jij, dus was jij altijd al degene die steeds bereid was om alleen te zijn, en alles alleen te doen, zelfs terwijl je dacht dat je anderen nodig had, wat zelden zo is.

Dat laat niet echt ruimte om veel te ontvangen. Wat het wel toelaat, is veel controle en veel krampachtig forceren om te proberen dingen zo te creëren, dat ze zullen bestaan.

Ontvangen is een heel andere tak van sport.

Laten we bijvoorbeeld zeggen dat je in een klein land woont in Noord-Europa. De ene helft van het jaar is het pikkedonker en ijskoud. Laten we het land Zweden noemen, gewoon voor de lol.

Stel je nu eens voor dat je wakker wordt en het is **de eerste lentedag**, in Zweden.

Hoe is dat?

Na 6 maanden in het pikkedonker voel je je waarschijnlijk springlevend, levendiger dan wanneer dan ook in het hele universum, of niet? Je denkt: "O, zon… Zon. Wauw!"

Je gaat naar buiten in de vrieskou en drinkt cappuccino met je hoofd richting het waterige zonnetje, en je lacht. Het is zo koud dat je je adem kunt zien… en wat maakt het uit? Je hebt weer een winter overleefd! Dat is het gevoel van: *"O mijn God, ik leef! Laat maar komen, hoor, laat alles maar komen! Ik heb het warm!"*

Zet dat nu eens af tegen **een ochtend middenin de winter.**

Je wordt wakker en je denkt: *"Waarom moet ik hier zijn? Kan ik nog 27 keer op de snooze-knop van mijn wekker slaan? Kan ik me vandaag ziek melden? Nee, het is mijn eigen bedrijf. De eigenaar heeft het door als ik lieg."*

En als je je huis verlaat, wil je niet dat iemand je ziet of tegen je praat. Je haar zit trouwens ook voor geen meter.

Zie je dat het twee compleet verschillende manieren zijn om te zijn in deze wereld? Waar zou jij liever meer van hebben?

De eerste is oneindig ontvangen. Met de eerste energie kun je al het geld ontvangen, alle mensen, liefde, seks en relaties waar je ooit maar naar kunt verlangen.

Maar het is die andere die we veel vaker geneigd zijn om te kiezen, het standpunt van: *"Nee, ik ga van niemand iets ontvangen. Ik zit in mijn eigen kleine coconnetje, en daarmee uit. Ik blijf hier rondhangen, en ga hier een barrière opwerpen, en dan deze hier, en dan ga ik mijn lichaam en mijn gezicht helemaal uitschakelen. Lekker puh... ik ben veilig."*

Er wordt niet veel ontvangen in deze realiteit. Eigenlijk is deze realiteit gewijd aan het volledig buitensluiten ervan. Alles hier is gebaseerd op *"Als ik jou dit geef, wat krijg ik dan?"* en *"Als ik dit aanneem, wat moet ik jou dan geven?"*

Er is een alternatief. Als oneindig wezen – dat is wat je echt bent – kun je alles ontvangen. Alles! Voelde dat iets lichter? Het punt is... Je moet het wel KIEZEN.

Alles wat niet toelaat dat jij het kiest, ga je dat nu vernietigen en ontcreëren alsjeblieft? Right and wrong, good and bad, POD and POC, all 9, shorts, boys, POVADs and beyonds.

O trouwens, er bestaat helemaal niet zoiets als een geldprobleem. Alle 'geldproblemen' worden gecreëerd door wat jij weigert te ontvangen.

༄ ༄ ༄

Eén van mijn grootste leraren

In deze realiteit moet je jezelf eraan blijven herinneren om ervoor te kiezen om te ontvangen. We doen het niet, omdat het iets is wat ons niet is geleerd.

Laat me je een kort verhaal vertellen. Ik heb een paard dat één van de meest fenomenale wezens is die ik ooit ben tegengekomen. Zijn naam is Playboy.

Hij is een ex-racepaard, en hij was eerder van mijn vriend, Gary. Omdat ik geen goede ruiter was toen ik Gary (en Playboy) ontmoette, was het nooit in me opgekomen om hem te berijden. Maar hij rende alsmaar rond waar Gary zijn paarden hield, om dan bij mij te stoppen en zijn hoofd te buigen. Dan rende hij nog wat langer rond, kwam terug en boog zijn hoofd weer – recht voor mijn neus.

Gary probeerde hem te verkopen, maar de verkoop ging steeds niet door. Uiteindelijk reden we op een dag op een ruiterpad en ik vroeg: *"Gary, mag ik op hem rijden?"*

We reden op een route ver van de bewoonde wereld en Playboy rende meestal weg als hij iemand op zijn rug had. Doordat ik nog maar net kon paardrijden, had Gary een beetje zijn twijfels of hij me op hem zou laten rijden. Oké, hij twijfelde echt enorm, maar uiteindelijk gaf hij toe en zei ja.

Dus ik klim erop, en ik laat de teugels zo'n beetje tot op de grond zakken, dus ik heb geen enkele controle over de mond van het paard.

Playboy kijkt naar me om en gaat van: *"Mijn man."* Ik kijk naar hem en denk: *"Mijn paard."*

Ik zet hem aan tot een draf en we gaan van kloppetie, kloppetie, klop… Het was een korte, fijne, rustige draf, waarbij hij volledig voor me zorgde. Ergens gingen we de bocht om, en ik begon uit het zadel te glijden. Playboy bewoog zijn kont onder mij, zodat hij me niet zou verliezen. Geweldig paard.

En bij mij liepen de tranen over m'n wangen terwijl we reden. Het was anders dan alles wat ik ooit eerder had ervaren, en ik weet niet eens hoe ik er woorden aan moet geven.

Stel je voor dat je iemand hebt waarvan je weet dat je hem helemaal kunt vertrouwen, die in je ziel kijkt en die elk aspect van jou als wezen volledig erkent – zonder ook maar enig oordeel of een projectie van verkeerdheid. Het was alsof ik volledig geliefd was, volledig verzorgd, volledig erkend, en niet werd beoordeeld, in zoverre dat het alle oordelen uit mijn wereld liet verdwijnen. Alle gedachten verdwenen. Alle behoeften verdwenen.

Nu weet ik dat ik die dag een ervaring van *zijn* had. Ik had een ervaring van eenheid, waarbij alles bestaat en niets wordt veroordeeld. Maar het was niet alleen maar tranen en ruimte. HET WAS LEUK! Het was heftig! Het was als een rit op een oordeelvrije raket naar een universum van eenvoudig, heftig, ruimtelijk, oordeelvrij, vreugdevol *zijn*. Ik weet niet HOE het is gebeurd (en dat maakt me ook niet uit). Ik weet alleen DAT het is gebeurd.

Sinds deze ervaring weet ik dat alles mogelijk is in het leven, en in verbinding met de dingen in het universum die graag iets aan ons willen schenken. We hoeven het alleen maar te kiezen – **en bereid te zijn om het te ontvangen** – en het dan toe te staan om te verschijnen.

Alles wat niet toelaat dat dat VANAF NU voor jou verschijnt, ga je dat nu allemaal vernietigen en ontcreëren alsjeblieft? Right and wrong, good and bad, POD and POC, all 9, shorts, boys, POVADs and beyonds. Dankjewel.

Maar zelfs met die verbondenheid die Playboy en ik hadden – en hebben – was ik nog lange tijd niet bereid om van hem te ontvangen, niet helemaal. Er was altijd een deel van mij dat ik erbuiten liet, alsof dat de enige manier was om mij te hebben zoals ik mij had gedefinieerd. Ik weet zeker dat jij dat nergens in jouw leven doet, toch???

Een paar jaar geleden kreeg hij kanker. Met mijn reisschema en mijn weigering om van hem te ontvangen, besloot hij dat hij er liever uitstapte dan het leven te leiden dat hij nu had.

Weet je, hij wilde niemand anders op hem laten rijden. Hij is mijn paard, en ik ben zijn man. Zo is dat. Eén keer, lang nadat hij mijn paard was geworden, liet Playboy Gary op hem rijden om mij te laten zien hoe ik op een bepaalde manier kon rijden. Hij nam Gary drie rondjes mee door de ring en stopte er toen mee. Het was alsof hij tegen Gary zei: *"Je kunt nu afstijgen. Laat Dain er nu maar weer op."*

Dus toen Playboy kanker kreeg, vroegen ik en nog een paar andere mensen aan hem: *"Is er iets dat we hier kunnen doen?"* Hij zei: *"Ja, ik zou heel graag willen dat Dain één keer per week op me rijdt. Maar ik zal de trainer één keer per week op me laten rijden, als Dain één keer per maand op me rijdt."* Ik zei: *"Oké, doen we."* Hij zei: *"O, en nog iets, je moet wel beginnen met van me te ontvangen, anders ben ik weg."* Alleen wist ik toen niet precies wat hij daarmee bedoelde. Dus van alle Access tools die ik heb, heb ik er eentje gebruikt. **IK VROEG OF IK TE ZIEN KON KRIJGEN wat hij bedoelde, omdat ik geen idee had.**

Kort daarna ging ik op reis naar Europa. Ik deed sessie na sessie, na vergadering, na sessie, na vergadering, na cursus, na cursus, na vergadering, na sessie, na vergadering, enzovoort. Ik luisterde niet naar mijn lichaam, ik begon ziek te worden. Meestal functioneer ik als de zon, een zesjarige en een Duracell-konijn, op een gekke manier verenigd – en alleen omdat je dat kunt doen, wil dat niet zeggen dat het je beste optie is.

Mijn lichaam vertelde me luid en duidelijk wat er nodig was. Ik moest gaan ontvangen. Dus al mijn barrières omlaag doen en ontvangen van mijn paard, van de aarde, van de mensen en al het andere om me heen dat bereid was om iets te schenken aan mijn lichaam en aan mij.

Ik lag in bed, legde mijn handen op mijn lichaam en praatte met mijn paard. Ik weet dat het heel gek klinkt. Maar dat deed ik, en ik ging van: *"Oké Playboy, je wilt me duidelijk iets schenken, wat is het dat ik heb geweigerd te ontvangen?"* En toen POC en PODde ik alles wat me niet toestond om wat dan ook te ontvangen.

Een energie van zijn en aanwezigheid en vriendelijkheid en zorgzaamheid en zachtheid en vreugde van belichaming vulde mijn lichaam en ik ging van: *"O sh*t, is dit wat ik de afgelopen 8 jaar heb geweigerd!?!?!"*

Geweigerd.

De afgelopen 10 jaar heb ik eraan gewerkt om voortdurend te ontvangen, bij alle dingen die ik heb gedaan. Het gaat allemaal om meer ontvangen, meer weten, meer zijn en meer waarnemen.

Toch realiseerde ik me niet hoeveel ik nog steeds weigerde te ontvangen.

Is het mogelijk dat er iets is (of dat er misschien een heleboel dingen zijn) die jij nog steeds weigert te ontvangen?

Ben jij bereid om het niet meer te weigeren? Nu meteen?
Van het universum?
Van diegenen om je heen die jou echt dolgraag iets willen schenken?
Van mij?

Zelfs als je niet weet hoe het eruitziet of wat ervoor nodig is?

Alles wat dat niet toelaat, ga je dat nu alsjeblieft allemaal vernietigen en ontcreëren? Right and wrong, good and bad, POD and POC, all 9, shorts, boys, POVADs and beyonds. Dankjewel.

Het universum is er voor je

Zou jij bereid zijn om elke ochtend te beginnen met het stellen van deze vraag:

Wie ben ik vandaag en wat voor grootse en geweldige avonturen ga ik vandaag hebben en ONTVANGEN?

Wat zou ervoor nodig zijn om datgene te hebben waar je naar verlangt in je leven? Zoek niet naar een antwoord, *ontvang de energie ervan gewoon.* Vraag jezelf nu of je bereid bent om te ontvangen zonder dat je vooraf bedenkt wat je zou moeten ontvangen om te kunnen hebben wat je verlangt.

Ben je bereid om te ontvangen, zonder projecties, verwachtingen, afscheidingen, conclusies, oordelen, afwijzingen of antwoorden over wat het moet zijn of hoe het eruit moet zien?

Alles wat dat niet toelaat, ga je dat alsjeblieft nu allemaal vernietigen en ontcreëren? Good and bad, POD and POC, all 9, shorts, boys, POVADs and beyonds. Dankjewel.

Wat is er dan echt mogelijk voor jou? Wat zou jij veranderen als je wist dat het universum aan jouw kant staat?

Want dat is zo. **Het universum staat helemaal aan jouw kant.** Het is er voor je.

Diep van binnen weet je dat. Dat heb je altijd geweten. (Zelfs als het ergens ver weg verscholen ligt in een duistere, zelden gebruikte, nauwelijks gemeubileerde, oneindige gang van jou.)

Zou je bereid zijn om de energie van dat WETEN nu te ontvangen?

Alles wat dat niet toestaat, laten we dat nu ontcreëren en vernietigen.

1 … 2 … 3! Right and wrong, good and bad, POD and POC, all 9, shorts, boys, POVADs and beyonds.

Het universum staat achter je en is er voor je. Het wil jou graag van alles schenken. Ja, jou.

Wat als er iets juist was aan alles wat je hebt gekozen?

Misschien denk je erover om nu te stoppen met lezen.

Als dat is wat je kiest, ga daar dan voor!

Wat als er iets juist was aan alles wat je ooit hebt gekozen? Wat als dat nou net het juiste ding is voor jou, om hier te stoppen met lezen?

Ik heb er geen standpunt over.
Ik weet dat je denkt van wel. Maar dat is niet zo.

Het coole eraan is dat je op ieder moment weer verder kunt lezen, misschien over 10 jaar, misschien morgen.

Hoe wordt het nog beter dan dat?

Je kunt dit boek zelfs door de papierversnipperaar halen, en er nog steeds voor kiezen om de ENERGIE ERVAN op een ander moment in je leven op te halen.

Hoe wordt het nog gekker dan dat?

De kracht van

Zorgzaamheid

Wat als we allemaal slapende reuzen zijn?

Wat als we een GEWELDIGE kracht en een GEWELDIG vermogen hebben – en het er alleen maar totaal anders uitziet dan we dachten dat het eruit zou zien?

Wat als jouw grootste kracht niet het geweld, de wreedheid en boosheid is die je kunt bezorgen?

Wat als jouw grootste kracht de zachtaardigheid is die jij kunt zijn, de vriendelijkheid die jij kunt zijn, hoe zorgzaam je bent, en de ruimte van oneindig toelaten die jij kunt zijn?

Ben je je ervan gewaar dat als je ervoor kiest om dat te zijn, het niet toestaat dat oordelen bestaan?

Klinkt dat meer als jou?

Wat als we allemaal slapende reuzen zijn? **Ja, jij ook.**

Stel deze vraag alsjeblieft elke dag:

Als ik vandaag echt zorgzaam zou zijn voor mij en voor de wereld, wat zou ik dan meteen kiezen?

Je leven zal veranderen.

– Hoofdstuk 5 –
Wat als zorgzaamheid jouw kern is?

Neem mijn hand en laten we even jouw herinneringen induiken… Je bent weer een tiener… met een lichaam dat niet helemaal past… je komt niet echt goed uit je woorden… en het is een eindeloos bruisende heksenketel van gevoelens en emoties. Die heerlijke jaren van totale gelukzaligheid, gemak en vreugde die we allemaal hebben ervaren…

Herinner je je deze vijf woorden nog: "Het kan me niet schelen."

Kies één van de vele keren dat je ze hebt gezegd tegen jezelf, tegen je vrienden, ouders, leraren, een leuke jongen, een leuk meisje, die jou afwezen, alweer…

Was het waar dat het je niet kon schelen? Natuurlijk niet.

Het kon je veel meer schelen dan je ooit zou toegeven – zelfs aan jezelf. Dat weten we allemaal van tieners.

Wat als dat nog steeds waar is?

Wat als het je veel meer kan schelen en je er veel meer om geeft dan je ooit wilde weten? Wat als je veel meer om van alles geeft dan je ooit wilde toegeven aan wie dan ook, zelfs aan jezelf? En hoezeer heb je besloten dat het dat geven om en die zorgzaamheid zijn die je steeds in de problemen brengen? Dat jouw intense zorgzaamheid je zwak maakt? En jou pijn en verdriet bezorgt?

Mijn vriend of vriendin, het is niet jouw zorgzaamheid die zorgt voor je verdriet en je pijn. Het is waar jij je afsnijdt van jouw zorgzaamheid, voor jou en voor hen, dàt veroorzaakt je pijn en verdriet.

Onze zorgzaamheid voor anderen is altijd het eerste dat we uit het raam willen gooien als we denken dat iemand ons pijn wil doen.

Het voelt makkelijker om over iemand te oordelen en te denken aan wat zij verkeerd hebben gedaan (zodat jij een goede reden hebt om hen niet dichtbij te laten komen) dan om je barrières omlaag te doen en tegen hen te zeggen: *"Weet je wat, het is hartstikke moeilijk om dit te zeggen, maar ik vind jou gewoon geweldig. Ik vind jou zo leuk, en het doet zo'n pijn dat jij mij niet zo dichtbij wilt hebben als ik bij jou zou willen zijn. Dat is wat er echt aan de hand is, en waarom ik over je wil oordelen, en je verkeerd wil maken, en waarom ik me van jou wil afscheiden."*

Heb je ooit wel eens geprobeerd om dat tegen iemand te zeggen? Wat zou er gebeuren? Ze zouden helemaal de kluts kwijt zijn; ze zouden naar je kijken alsof je van een andere planeet kwam. En ze zouden zomaar kunnen smelten – naar de zachtheid die ze altijd wilden zijn en waarvoor ze zich nooit veilig genoeg voelden om het te zijn.

Helaas doet niemand anders dat hier. Niet dat we het niet kunnen, we hebben alleen geleerd om het niet te doen. Het voelt alsof we niet kunnen geven om mensen die ervoor kiezen om dat niet te ontvangen. Het probleem is dat je toch al om ze geeft, en daar kun je niet mee ophouden. Je gelooft in een leugen als je denkt: "O, ik geef niet om hen."

Wie ben je om zeep aan het helpen als je dat doet? Jou. Je bent zojuist gestopt met om jou te geven door te geloven in de leugen dat je jouw zorgzaamheid voor een ander, jouw geven om anderen kunt laten ophouden. Als je wilt stoppen met om hen te geven, zul je moeten stoppen met om iedereen te geven, dus ook om JOU. En... het werkt toch niet!

Wat als je dat niet zou doen? Wat als jouw standpunt was: *"Wat er ook gebeurt, ik blijf om mij geven. En ik blijf om mensen geven, ongeacht wat de mensen om me heen kiezen."* Dat is de enige manier waarop jij jezelf kunt toestaan de vreugde van jouw werkelijkheid te hebben – door bereid te zijn om echt zoveel om mensen te geven als je werkelijk doet, en dat niet af te snijden – ongeacht wat anderen kiezen.

Omdat daar daadwerkelijk geven om jou bij komt kijken.

Alles wat jij hebt gedaan om te proberen aan jezelf te bewijzen dat het jou niet kan schelen en jij er niet om geeft, en om niet te erkennen hoe enorm veel je erom geeft – zelfs om mensen die jou pijn hebben gedaan, ga je dat nu alsjeblieft allemaal vernietigen en ontcreëren? Right and wrong, good and bad, POD and POC, all 9, shorts, boys, POVADs and beyonds.

☙ ☙ ☙

Wij zijn wezens van eenheid

Je moet op een gegeven moment over de leugen heen komen dat het je niet kan schelen, prachtig wezen. Het is niet dat je verkeerd en slecht bent omdat je gelooft dat het je niet kan schelen. Het is gewoon wat je van kleins af aan hebt geleerd. Het is gewoon wat de meeste mensen kiezen, zodat ze nooit hoeven te zien hoe waarlijk anders ze zijn en hoe waarlijk anders ze zouden willen dat de wereld is.

Veel mensen zijn in hun hele leven niet aanwezig door dit ene ding: *ze willen niet erkennen hoeveel ze om van alles geven en hoeveel mensen het hier vertikken om dat geven om en die zorgzaamheid te ontvangen – en te geven.*

Hoeveel zorgzaamheid en 'geven om' heb jij geweigerd te ontvangen?
Hoeveel zorgzaamheid en geven om heb jij geweigerd te zijn?
Ga je dat nu erkennen?
Ga je nu erkennen dat dat niet de echte jij is?
En dat het niet waar is voor jou?

Jij verlangt naar iets anders.

Zo niet, dan was je dit boek niet aan het lezen. Jij verlangt naar iets anders, maar om in deze realiteit te kunnen blijven, sluit je je af voor jouw zorgzaamheid. Je verlangt naar iets anders dan dat; jij weet dat er iets groters mogelijk is.

Ga je dat nu erkennen? Wat er ook maar voor nodig is. Ga je dat nu doen?

Alles wat dat niet toestaat, ga je dat nu vernietigen en ontcreëren alsjeblieft? Right and wrong, good and bad, POD and POC, all 9, shorts, boys, POVADs and beyonds.

Trouwens, om jou geven en plezier hebben gaan hand in hand. Je afsluiten voor jouw zorgzaamheid voor jou en anderen werkt niet.

Het werkt niet!

We kunnen dat niet doen én tegelijkertijd vreugde hebben. We kunnen dat niet doen en overvloed hebben. We kunnen dat niet doen en verbonden zijn. We kunnen dat niet doen en mogelijkheden creëren. Zorgzaamheid is één van de belangrijkste dingen die ontbreken in deze realiteit – zorgzaamheid en geven om. Als iedereen op de planeet nu volledig zou geven om zichzelf en elkaar, zou onze planeet dan functioneren zoals ze dat doet? Zou ze zo aanvoelen als nu? Zou er massamoord zijn? Oorlog?

Hoe zou het zijn als jij zou eisen dat jouw zorgzaamheid zich in z'n geheel aan je zou laten zien, wat er ook maar voor nodig is? Eis het, zelfs als het duizend jaar gaat duren… een week… of als het zich nu manifesteert?

Nu meteen.

En alles wat jou niet toestaat om echte zorgzaamheid voor jou te ontvangen – en te zijn – wat het vreugdevol zou maken om in leven te zijn, ga je dat nu allemaal vernietigen en ontcreëren alsjeblieft? Right and wrong, good and bad, POD and POC, all 9, shorts, boys, POVADs and beyonds.

∽∽ ∽∽ ∽∽

Heb je geleerd om boos te zijn op mensen?

Begrijp dit alsjeblieft: jij bent eenheid (waar alles bestaat en niets wordt beoordeeld). Dat ben je. Als jij je afscheidt van jouw wezen, dan besta je niet langer als jij.

En laat me je dit zeggen: ik werk hier nog steeds aan. Ik ben niet het rolmodel voor bewustzijn, als je dat soms dacht.

Laat me je een voorbeeld geven, een heel stom voorbeeld, vooral als je het over eenheid hebt…

Ik zou koffie gaan drinken met een vriendin. Toen belde ze niet. Ik had tijd vrijgemaakt en ze belde me niet. In plaats daarvan belde ze de volgende ochtend: *"Sorry dat ik gisteravond niet heb gebeld. Ik heb overgewerkt, en daarna was ik hartstikke moe."*

Het eerste wat ik wilde doen, was reageren met:
*"B*TCH! Hoe durf je mijn heilige tijd te schenden?!?!"*

Dat was het eerste dat ik wilde doen. En toen, omdat het niet goed voelde, stelde ik een vraag: *"Wat zou MIJN standpunt nou echt zijn in deze situatie?"* (Hint: Als je kiest wat waar is voor jou, voelt het 'goed' of 'licht'. Als je niet kiest wat waar is voor jou, voelt het altijd 'zwaar'.) Even later realiseerde ik me: "Dit ben ik niet. Ik vind het fijn als iemand de keuze heeft om te doen wat ze ook maar willen doen, of ik daar nou bij betrokken ben of niet."

Vreemd. Ik was verbaasd over wat mijn echte standpunt was. Toen keek ik naar mijn verleden en ik realiseerde me dat dit altijd mijn standpunt was geweest toen ik jonger was, en daardoor ZEIDEN MENSEN TEGEN ME dat ik er niet genoeg om gaf.

Ze vertelden me dat er over me heen werd gelopen – en ik geloofde het.

Ze zeiden dat mensen misbruik van me maakten. **Dus leerde ik om boos te worden op mensen. Ik leerde dat je niet gewoon de hele tijd aardig kunt zijn tegen mensen, alleen maar omdat dat voor je werkt.** Ik leerde dat je overstuur moet zijn in de bijbehorende situaties.

Heb jij dat ook geleerd?

Waarheid?
Voel je je daar lichter door?
Voel je je daardoor meer verbonden met jou?
Voel je je daardoor dichter bij iemand anders staan?

Als jouw antwoorden op al deze vragen ook 'nee' zijn, dan zou je kunnen overwegen om jezelf deze vragen te stellen:

Heb ik geleerd om te oordelen, alsof dat 'geven om' en zorgzaamheid is?
Heb ik geleerd om te oordelen in plaats van te geven om iets of iemand?

Heb ik geleerd dat me afscheiden van anderen en hen verkeerd maken werkelijk geven om mij is?

Welke andere keuzes heb ik die me lichter en blijer zouden maken dan wat ik tot nu toe heb gekozen?

Er zijn andere keuzes voorhanden waar geven om jou wél bij komt kijken. Je hoeft alleen maar bereid te zijn om ze te kiezen. Als je bereid bent om ze te kiezen, dan zul je in staat zijn om ze te zien.

Alles wat niet toelaat dat jij weet wat die keuzes zijn, en dat je ook in staat bent om ze te kiezen, ga je dat nu alsjeblieft allemaal vernietigen en ontcreëren? Right and wrong, good and bad, POD and POC, all 9, shorts, boys, POVADs and beyonds.

ထ ထ ထ

Hier is nog iets anders voor je: Weet jij wat één van de meest intimiderende dingen is voor mensen die willen intimideren?

Dat is als jij niet kunt worden gemanipuleerd tot boosheid, woede, oordelen en afscheiding. Eén van de meest intimiderende dingen voor mensen die jou proberen te intimideren is als jij je niet van hen afscheidt, wat zij ook doen. Daar zijn ze bang voor.

Dan weten ze niet hoe ze jou moeten manipuleren, en ze weten niet hoe ze op jouw knoppen moeten drukken en je naar hun pijpen kunnen laten dansen.

Dus laten we even teruggaan naar het moment waarop mijn lieve vriendin me belt na me de vorige avond te hebben laten zitten. Ik hoor nu boos te zijn volgens alles wat ik heb geleerd, maar ik kies iets anders. Ik kies ervoor om mij te zijn. (En dit alles duurt trouwens ongeveer 10 seconden.) Vanuit die plek van mij zeg ik: "Hé schoonheid, hoe gaat het?"

"O goed, en het spijt me ontzettend dat ik er gisteravond niet was. Ik wilde je zo graag zien", antwoordt ze.

Ik kon voelen dat mijn hele wezen zich ontspande. Want dat was het echte probleem. Ik was gekwetst omdat ik dacht dat ze me niet wilde zien. Ik voelde me gekwetst, dus ik werd boos om het te verbergen, zodat niemand zou zien dat ik me minder waard voelde en minder gewenst.

Ik was erg dankbaar dat ik ertoe in staat was om me zo kwetsbaar op te stellen tegenover mezelf en om iets anders te kiezen. Ik realiseerde me toen dat zo boos zijn gewoon niet werkte voor mij. Ik ging het boos zijn niet uit de weg omdat het niet zou werken voor haar, of omdat het voor haar slecht zou zijn. Het werkte niet voor mij, voor wie ik zou willen zijn.

Hoeveel keuzes maak je, die niet echt werken voor jou, omdat dat is wat je hebt geleerd dat je zou moeten kiezen? Ga je dat nu alsjeblieft allemaal vernietigen en ontcreëren? Right and wrong, good and bad, POD and POC, all 9, shorts, boys, POVADs and beyonds. Dankjewel.

∽∂ ∽∂ ∽∂

En nu een nog interessanter standpunt: het doet pijn omdat ze je niet willen ontvangen.

Wees je er alsjeblieft van bewust dat als er iemand gemeen tegen je doet, dat pijn doet omdat ze je niet willen ontvangen, en ze jouw zorgzaamheid niet willen ontvangen, en die van henzelf ook niet, en dat doet jou pijn.

Het is niet dat zij jou proberen te kwetsen. Dat interesseert je helemaal niet. Het is dat je zo graag de pijn en het lijden zou willen wegnemen dat je in de wereld waarneemt. Ongeacht wat iemand jou aandoet, jij blijft nog steeds om hen geven. Het maakt niet uit of er geweld in het spel is of verkrachting of oordelen of onvriendelijkheid of stelen of dat ze gemeen tegen je doen of wat dan ook, jij geeft nog steeds om hen.

Je denkt dat je dat niet moet doen.

Zo van: *"O, zij deden me iets vreselijks aan, dus nu hoor ik niet meer om ze te geven."*

Je hele leven probeer je om niet om ze te geven… maar dat doe je wel. Dat doe je nog steeds.

Dus alles wat je hebt gedaan om aan te nemen dat jij zou kunnen stoppen met geven om iemand, terwijl je dat gewoonweg niet kunt, ga je dat nu alsjeblieft loslaten? Right and wrong, good and bad, POD and POC, all 9, shorts, boys, POVADs and beyonds. Dankjewel.

Ik vraag je dus of je alsjeblieft bereid wilt zijn om in 'geen oordeel' te stappen… waar alles alleen maar een interessant standpunt is. Dit staat ook wel bekend als toelating, waarbij alles wat iemand kiest (ook jij) alleen maar een interessant standpunt is. Dan kun je het verschil zijn dat zal toestaan dat dingen veranderen.

Jij geeft er te veel om en je bent veel te groot om iets of iemand buiten te sluiten!

Als je dat wel doet, als je mensen buitensluit en doet alsof het je niet kan schelen, dan sluit je jou ook buiten. *Daarom voelt het zo afschuwelijk.*

Zou jij bereid zijn om zo enorm veel om jou te geven, en zou je bereid zijn om zo anders te zijn dat je zo'n intensiteit zou worden van geven om en ruimte, dat je de wereld zou laten zien dat het mogelijk is?

Hoe zou het zijn als je zo'n intensiteit had van zorgzaamheid en dankbaarheid, dat je HET WERD? Is het mogelijk dat je graag op ieder moment dankbaarheid en zorgzaamheid voor je leven en bestaan zou willen hebben? Om dankbaar te zijn voor wat ieder moment je bracht, waar en met wie je ook was?

Is dat niet waar je je hele leven naar op zoek bent geweest?
Ons is geleerd om ons niet kwetsbaar op te stellen.
We hebben geleerd om nergens om te geven.
We hebben geleerd om niet aanwezig te zijn. We hebben geleerd om niet te geven.
We hebben geleerd om ons af te schermen van alles en iedereen en om te proberen om de wereld om ons heen onder controle te hebben, zodat we ons deel kunnen proberen te krijgen voordat iemand anders dat doet – *en voor 99% van de mensen die dit boek lezen, werkt het simpelweg niet.*

Als het voor jou niet werkt, ben je dan bereid om nu iets anders te kiezen?

Wat als jij, als je jij bent, de zorgzaamheid bent, en de dankbaarheid, het geven, de aanwezigheid en kwetsbaarheid waar de wereld om zit te springen?

Kijk er gewoon eens naar...

ᔑ ᔑ ᔑ ᔑ ᔑ ᔑ

Wat als jij, als je jij bent, zorgzaamheid bent, en dankbaarheid, geven, aanwezigheid en kwetsbaarheid?

ᔑ ᔑ ᔑ ᔑ ᔑ ᔑ

Is het licht voor jou?
Is het waar voor jou?
Wat weet jij?
Wat zou JIJ willen kiezen?

ᔑ ᔑ ᔑ

Wil je weten HOE je dat kunt zijn?

Er is geen hoe.

Ik weet het. Heel irritant.

Je moet gewoon eisen dat je het bent en dan een vraag stellen. (Ja, een vraag. Alweer.)

Eerst de eis:
"Ik eis dat ik om mij geef en dat ik dankbaar ben voor mij, wat er ook maar voor nodig is. Het maakt niet uit hoe het eruitziet of hoe lang het duurt totdat ik bereid ben om dat te hebben, ik eis dat het gebeurt – en <u>het begint nu.</u>"

Dan vraag je:
"Hé universum, wat is ervoor nodig? Want ik weet niet wat ervoor nodig is om in een constante staat van dankbaarheid en zorgzaamheid en ruimte te zijn, omdat ik niemand ken die van daaruit leeft en omdat niemand me ooit heeft geleerd hoe."

Je vraagt het aan het universum, omdat je geen idee hebt. En echt, het is jouw taak niet om een idee te hebben, lieve, mooie jij. Jouw taak is simpelweg om oprecht te vragen dàt het gebeurt, en dan de vraag te stellen.

'POC en POD' daarna alles wat niet toestaat dat het verschijnt:
Alles wat niet toestaat dat dit verschijnt, vernietig en ontcreëer het. Right and wrong, good and bad, POD and POC, all 9, shorts, boys, POVADs and beyonds.

En het universum hoort jou en zegt:

"Jaaa!!! Eindelijk stel je een vraag! Joehoeoeoe, dit gaat zo leuk worden!!! Nu kunnen we samen spelen! Ik weet wel dat je geen idee hebt, dus kijk hier eens naar: ik ga je een paar heel makkelijke stappen geven om mee te beginnen. Oké?"

Sommige dagen zal het makkelijk zijn, en sommige dagen zal het zo moeilijk zijn dat je gewoon van de planeet af wilt springen... maar nu ben je op weg...

Geef niet op...
Het is nu tijd...
Blijf gewoon vragen stellen...
En blijf kiezen...
En blijf doorgaan...
En waar je om vraagt, zal gebeuren...
(Alsjeblieft... alsjeblieft... wat er ook gebeurt, als je de moed kunt opbrengen om gewoon in beweging te blijven... dan zal niets je ooit nog tegenhouden... Het kan je hooguit wat vertragen, maar het zal je niet meer echt kunnen laten stoppen, nooit meer...)

Als ik één ding voor jou zou kunnen wensen – en ik je één ding zou kunnen schenken – dan zou het zijn dat niets en niemand jou ooit nog zou kunnen tegenhouden om het leven – en de wereld – te creëren die jij echt graag zou willen creëren en hebben, en waar je graag deel van zou willen uitmaken.

Alles wat niet toestaat dat dat verschijnt, en alles wat er in de weg zit om het te kunnen ontvangen, ga je dat nu allemaal vernietigen en ontcreëren alsjeblieft? Right and wrong, good and bad, POD and POC, all 9, shorts, boys, POVADs and beyonds.

Maak het niet belangrijk

Laten we eens kijken naar een paar van die keren waarbij jij dacht dat het je niks kon schelen…

Mijn vraag is of het je echt niet kon schelen – of dat je gewoon slim genoeg bent om HET NIET BELANGRIJK TE MAKEN.

Wat als je echt veel meer gewaar bent dan je ooit hebt erkend?

Alles wat je belangrijk maakt en iedereen die jij belangrijk maakt, zet jou vast. Je moet beoordelen of het goed of slecht is, juist of verkeerd, of je gaat blijven of vertrekken, geven of nemen…

Nou leuk hoor!

Je kunt ontzettend veel om iemand geven en diegene nog steeds niet belangrijk maken in jouw leven.

Geven om staat niet gelijk aan nodig hebben. Of belangrijk maken. Werkelijk geven om iets of iemand is totale vrijheid.

Vraag: WAARHEID?

Hier is één van de meest eenvoudige tools van Access.

Ik gebruik het elke dag – bij het faciliteren van cursussen, het managen van mijn business en in al mijn relaties.

Alsjeblieft:

Wil jij de leugens kunnen herkennen die mensen vertellen als ze bij jou in de buurt zijn?

ZELFS ALS ZIJ NIET WETEN DAT ZE LIEGEN?

Vraag dan gewoon "Waarheid?" voordat je een vraag stelt.

Dat kan hardop of in je hoofd. Het maakt niet uit. Jij en alle anderen in de ruimte zullen weten of deze persoon liegt of niet.

Of ze liegen tegen jou – en tegen zichzelf. Het is een erg handige, kleine tool.

Het draagt enorm bij aan het veranderen van de wereld.

Het zou slecht zijn als je het probeerde. Het zou absoluut jouw gewaarzijn verhogen van wat er gaande is om je heen en in jouw leven.

En dat wil je niet. Toch?

Fenomenale?

—— Relaties ——

Eén van de grote dingen...

...die we allemaal doen, is ervoor zorgen dat we niet veranderen zodat we onze verbinding met anderen niet kwijtraken.

Het is één van de grootste beperkingen die we onszelf hebben opgelegd. Wees je daarvan bewust.

Wat je je zou kunnen realiseren, is dat door te kiezen voor verandering, je een uitnodiging gaat zijn voor de mensen die verlangen naar verandering.

Zelfs als dat jouw verbinding met hen verandert.

Merk op dat ik 'verandert' zeg. **Het zal anders zijn.** Het zou kunnen betekenen dat je ze kwijtraakt, of niet.

De mensen die geen behoefte hebben aan verandering zullen vaak gewoon weggaan, of ze zullen jou verkeerd maken en zich van je distantiëren.

De mensen die werkelijk verlangen naar verandering zullen je geen schuld in de schoenen schuiven. Zij zullen zeggen: *"Wauw, wat ben jij aan het doen? Je bent zo anders. Mag ik daar ook wat van?"*

O, en je zou dit kunnen overwegen:

Met wie wil je liever spelen, en in wie zou je je tijd, energie en aandacht liever steken?

Degenen die zich ertegen verzetten dat jij verandert – of degenen die geïnspireerd raken doordat jij verandert?

– Hoofdstuk 6 –

Ben jij bereid om anders genoeg te zijn om een geweldige relatie te hebben?

Op deze planeet stoppen we veel – HEEL VEEL – tijd en energie in liefde en relaties. We zijn zo schattig, wij mooie wezens op deze planeet.

We hebben zoveel oordelen, conclusies en standpunten over wat *ware liefde* is, en wat het niet is. We zijn bijna allemaal op zoek naar de perfecte relatie – zelfs als we doen alsof dat niet zo is.

Maar zoals ik het zie, zijn er zoveel andere mogelijkheden om samen te zijn! Zo ontzettend veel.

Het is ons alleen niet geleerd om zoiets hier te aanvaarden – zulke mogelijkheden horen niet bij deze realiteit.

Wat als we het hele paradigma van relaties nou eens zouden kunnen veranderen? Wat als we het zouden kunnen veranderen in iets dat echt werkt voor ons allemaal? Wat als het niet meer hoefde te gaan over controle en jaloezie en afgunst en juist en verkeerd? Wat als het kon gaan over het geschenk dat we kunnen zijn aan – en voor – elkaar?

Weet alsjeblieft dat ik je niet verkeerd probeer te maken. Nooit.

Mijn enige intentie is om je uit te nodigen tot een totaal andere manier van zijn.

Alleen jij weet of het licht is voor jou.

Alleen jij weet of het waar is voor jou.

☙ ☙ ☙

Een heel andere kijk op relaties

Persoonlijk weet ik hoe je relaties heel slecht kunt aanpakken. Dus heb ik dit gebied heel uitgebreid moeten onderzoeken om te zien wat er nog meer mogelijk zou kunnen zijn.

Laten we beginnen met een andere definitie van relaties. Ik weet dat deze heel anders is. Ik weet het, je gaat me hierdoor waarschijnlijk nogal vreemd vinden. Welkom bij de club.

Ik definieer een relatie als 'de mate van afstand (of afscheiding) tussen twee objecten.'

Waarom? Als twee objecten zich tot elkaar willen verhouden, dan zullen ze apart van elkaar moeten zijn; anders zijn ze in eenheid en dan hebben ze geen relatie meer, omdat ze niet van elkaar gescheiden zijn. Is dat te volgen?

Ik heb gekeken en gekeken en nog eens gekeken naar wat nou een geweldige relatie creëert en ik moet je zeggen, het is totaal niet wat ik dacht dat een geweldige relatie zou creëren. Door naar dit onderwerp te kijken, heb ik me gerealiseerd dat we iets anders doen dan het ideaal dat we allemaal lijken na te streven. Vandaar mijn andere definitie van het woord relatie.

Laat me proberen om het uit te leggen...

Als we in een relatie zitten, moeten we van elkaar gescheiden zijn, apart en duidelijk van elkaar te onderscheiden. Dus als je iets moet creëren waarbij je apart van elkaar bent en duidelijk te onderscheiden, moet je je dan niet afscheiden van elkaar om dat in stand te houden?

Hier is nog iets geks: juist door het concept van relaties in deze realiteit probeer je dit te hebben met MAAR ÉÉN persoon, wat jou per definitie uitsluit, omdat er altijd twee mensen in de relatie zijn. Jij zult de ander niet buitensluiten, totdat je het zat bent om alsmaar te proberen te geven en te geven en te geven en te geven en dan merkt dat dat niet werkt.

Begrijp je wat ik bedoel? Jij zou jou vaker buitensluiten dan dat je hen zou buitensluiten. Dit is hoe het meestal werkt:

TEN EERSTE:
Je ziet degene waarvan je denkt dat je er één mee kunt worden. Tien seconden zie je elkaars potentiële grootsheid. Jaaa!!!

TEN TWEEDE:
Tien seconden later ben je aan het oordelen en probeer je ieder deel van jou dat niet past bij hun oordelen (of tenminste, wat jij denkt dat hun oordelen zijn) overboord te gooien en je ervan af te scheiden.

TEN DERDE:
Je scheidt je verder en verder af en nog verder en verder, waarbij je steeds meer en meer en meer van jou overboord gooit om te proberen bij hun oordelen te passen, terwijl zij meer en meer en meer van hen overboord gooien om te proberen zich aan jouw oordelen aan te passen, en jij vraagt je af waarom het uiteindelijk misgaat. Het gaat mis omdat geen van jullie degene is die je was toen je aan de relatie begon!

Dat is waar de meeste relaties over gaan.

Ik zou het ook graag anders zien. Vandaar dat ik je deze andere manier van kijken naar dit specifieke onderwerp voorschotel.

IK WEET dat we ervoor kunnen kiezen om iets anders te creëren!

Maar voordat dat kan gebeuren, zullen we moeten erkennen wat er nu is en wat we nu aan het creëren zijn. We moeten erkennen waar we staan – zelfs als het moeilijk, pijnlijk of onmogelijk te veranderen lijkt – willen we ooit op een andere plek komen.

 споро споро споро

Ken jij iemand die een echt zorgzame en geweldige relatie heeft?

Waarheid? Denk er eens kort over na. Ken jij zo iemand? Zo ja, dan heb je geluk. Wist je dat 90% van de mensen liever een slechte relatie heeft dan geen relatie? (Als jij hoort bij het kleine percentage van de bevolking met een geweldige relatie, dan geldt dit niet voor jou.)

Dat komt omdat mensen erbij horen als ze een relatie hebben. In deze realiteit is iedereen bezig om erbij te horen, bezig om te proberen voordeel te behalen, bezig om te winnen, en om ervoor te zorgen dat ze niet verliezen.

In deze fantastische realiteit hoor je erbij als je een relatie hebt. Jij hebt er baat bij als mensen niet denken dat je een mislukkeling bent. Als je iemand hebt om seks mee te hebben, dan win je. Je bent een winnaar! Gek genoeg is het daarbij niet belangrijk of je werkelijk seks hebt of niet...

Als je iemand hebt om seks mee te hebben, als je iemand hebt waarmee je kunt copuleren, dan ben je per definitie een winnaar in deze realiteit. Iedereen wil een winnaar zijn, nietwaar? Is dat één van de redenen waarom je je best hebt gedaan om met iemand samen te zijn, zelfs als je niet eens zo nodig met iemand samen wilt zijn???

Er is dus weinig eerlijkheid over dit onderwerp, want mensen willen bewijzen dat ze niet aan het verliezen zijn. Ze willen bewijzen dat ze bij alle anderen horen, en ze willen bewijzen dat ze aan het winnen zijn... Geweldige strategie. Het is een belangrijke factor waardoor we allemaal blijven liegen tegen onszelf en elkaar over wat er werkelijk bij ons speelt.

Wat als je daar niet langer aan mee hoefde te doen? Welke andere mogelijkheden zouden er dan voor jou ontstaan? Voor ons allemaal? Hoeveel relaties heb je gekozen die geen bijdrage waren aan jouw leven, maar die je wel toestonden om een einde te maken aan de schande van alleen zijn? Niet meer alleen zijn is trouwens een andere reden waarom 90% van de mensen liever een slechte relatie heeft dan geen relatie.

Hoe gestoord is dat?

Wiens realiteit zijn we allemaal aan het bevestigen? In wiens realiteit leven we überhaupt?

Wie gaat de eerste zijn die durft te zeggen: *"Hé, ik kies iets anders. Ik kies voor mij."* Dit is het gekke eraan: de mensen die dat hebben gekozen, waren daarna vaak in staat om eindelijk de relatie te creëren die voor hen werkte — *zelfs als het anders was dan wat hen was verteld dat ze hadden moeten kiezen volgens het standpunt van alle anderen.*

Is dat interessant voor jou? Zo ja... *alles wat niet toestaat dat dat voor jou verschijnt, ga je dat nu vernietigen en ontcreëren alsjeblieft? Right and wrong, good and bad, POD and POC, all 9, shorts, boys, POVADs and beyonds.*

Alles wat je hebt aangenomen over het moeten hebben van een relatie en seks, zodat je erbij kunt horen, er baat bij kunt hebben, kunt winnen en je je eindelijk geen mislukkeling meer hoeft te voelen, ga je dat nu allemaal vernietigen en ontcreëren alsjeblieft? Right and wrong, good and bad, POD and POC, all 9, shorts, boys, POVADs and beyonds.

Dankjewel. (Hint: deze clearing kun je de komende 30 dagen het beste 30 keer per dag laten lopen; het is een erg diepe put.)

Bestaat er misschien iets dat nog geweldiger is dan liefde?

Wat als je, in plaats van te streven naar liefde, bereid zou zijn om dankbaarheid, zorgzaamheid en geen oordelen te hebben? Als je bereid zou zijn om dat te kiezen, zou het je uit alle oordelen halen die vastzitten aan dat programma van liefde...

Wat zei ik daar nou net?

Jou uit het programma van LIEFDE halen? *(Heiligschennis!)*

Ik weet dat dit voor velen van jullie tegen jullie allerbelangrijkste overtuigingen ingaat.

Liefde is schoonheid.
Liefde is God.
Liefde is wat ons zal redden.
Liefde is de kern van ons hele wezen.

Toch?

Maar hoeveel definities van liefde zijn er? Realiseer je je dat het woord liefde meer definities heeft dan bijna ieder ander woord?

Dus als ik zeg: *"Ik hou van je"*, wat betekent dat dan voor jou? Is het zoiets:

"Ik hou van jou en alleen van jou, en ik wil nooit meer bij iemand anders zijn, en ik denk nooit aan iemand anders, en ik wil ook niets meer van iemand anders ontvangen, noch wil ik iets aan iemand anders geven. Jij bent de enige voor mij! Ik hou van je! O, en trouwens... ik verwacht hetzelfde van jou."

En is dat hetzelfde als wat het voor mij betekent? Nee…

Het betekent voor ons allemaal iets anders.

En toch verwachten we dat als we tegen iemand zeggen *"Ik hou van jou"* dat dat voor hem of haar hetzelfde betekent als voor ons! Dat kan niet! Zij hebben een heel ander leven, een heel andere opvoeding en heel andere ervaringen gehad dan wij.

Het is een grote bron van verwarring! Omdat we allemaal zo hard op zoek zijn naar het ideaal van onvoorwaardelijke liefde, hebben we het niet door!

Wat als 'liefde' een programmering van de maatschappij is, die is ontworpen om ervoor te zorgen dat wat jij weet dat er mogelijk zou moeten zijn als onvoorwaardelijke liefde (liefde zonder oordeel van juist, verkeerd, goed, slecht, of iets anders) nooit verschijnt?

Waar ter wereld zie jij onvoorwaardelijke liefde? Waar ter wereld zie je iemand dat kiezen? *Behalve jij dan!*

Je probeert het de hele tijd te doen, en het lukt je nooit, dus je oordeelt constant over jezelf: *"Waarom lukt het me niet? Waarom kan ik deze verandering er niet doorkrijgen in de wereld? Waarom kan ik dit niet laten gebeuren? Waarom ben ik de enige die lijkt te weten dat dit mogelijk is?"*

Hoe weet ik dat? Omdat ik één van die mensen was.

Ik WIST dat het mogelijk moest zijn. Ik had altijd oordelen over mezelf vanwege alle plekken waar ik het niet kon creëren. (Maar ik weet zeker dat jij dat nog nooit hebt gedaan…)

Jij blijft proberen om het ideaal hoog te houden van wat liefde zou moeten zijn, terwijl je ziet dat niemand om je heen het kiest. Op dat punt zou je uit liefde willen komen en ze gewoon vermoorden, omdat ze niet zien wat er mogelijk is. Schattig, maar niet echt je slimste keuze, mijn vriend of vriendin.

Ben je geprogrammeerd om liefde als de ultieme mogelijkheid te zien? Is het dat wel? OF BEN *JIJ* DAT? Liefde is bedoeld om jou zover te krijgen dat je uitreikt naar iets buiten jou, en het is niet mogelijk om op die manier te creëren wat liefde zou moeten creëren. Maar het is wel mogelijk door jou te zijn.

Wat als je, in plaats van alleen maar liefde te hebben, bereid zou zijn om dankbaarheid, zorgzaamheid en geen oordelen te hebben – VOOR JOU?

Als jij bereid zou zijn om dat te kiezen, zou het je uit alle oordelen halen die vastzitten aan het programma van liefde... En het is echt mogelijk om al die dingen – dankbaarheid, zorgzaamheid en geen oordelen – te hebben en te zijn! En daarvoor is het niet nodig om iets buiten jezelf te gaan zoeken wat onvindbaar is. Als jij bereid zou zijn om die dingen te hebben voor jou, dan zouden ze op bijna magische wijze ook beschikbaar zijn voor alle anderen.

Wat jij dacht te krijgen van de liefde: is het mogelijk dat de combinatie van dankbaarheid, zorgzaamheid en geen oordelen veel dichter bij die energie komt?

Zo ja, dan zou je er wel eens achter kunnen komen dat je nu eindelijk kunt gaan creëren wat je dacht dat liefde jou zou gaan geven.

∽∽ ∽∽ ∽∽

Mijn vrienden, wisten jullie dat jullie paranormaal begaafd zijn?

Heb je wel eens een relatie gehad? Of iets in die richting? Ik ga er (even) van uit van wel.

Laten we zeggen dat je je partner ging bellen – wist je dan al voordat ze opnamen dat ze boos waren? Of dat ze verdrietig waren?

Of wanneer ze het hard nodig hadden dat je zou bellen? Of wanneer ze vonden dat 'jullie moesten praten'?

Je wist het elke keer. (Of je dat nou wilt toegeven of niet.) In feite durf ik te wedden dat je ze juist ging bellen omdat je wist dat ze in de knoop zaten of dat ze iets van je nodig hadden. Neem het niet zomaar van me aan. Kijk gewoon eens in jouw leven om na te gaan of het klopt.

Hoe weet je die dingen? *Omdat je paranormaal begaafd bent! Je bent je gewaar van dat soort energieën.*

Je bent je daar je hele leven al gewaar van geweest. Let op: als ik paranormaal begaafd zeg, heb ik het niet over madam Rosinka die je handpalm leest of mademoiselle Chloë die jouw kaarten leest. Ik heb het over iemand die zich bewust is van energieën. Als je bereid zou zijn om die vaardigheid te verfijnen, dan zou je er allerlei dingen mee kunnen doen.

Maar voor nu heb ik het over iemand (JIJ) die zich gewaar is van de energieën om je heen (bijvoorbeeld de gedachten, gevoelens en emoties van de mensen waar je om geeft).

Vanaf het moment dat je werd verwekt, heb je de gedachten, gevoelens en emoties en de seksuele standpunten opgepikt van alle mensen om je heen. In het begin heb je geprobeerd om erachter te komen hoe je met deze realiteit moest omgaan.

Hoe doet mamma deze realiteit?
Hoe doet pappa deze realiteit?
Hoe doen mijn broers en zussen deze realiteit?
Hoe doen mijn familieleden deze realiteit?
Hoe doen mijn vrienden deze realiteit?

Dat zoog je allemaal op als een spons en toen ging je meedoen met het verspreiden van de standpunten van al deze mensen over wat deze realiteit is… maar daar zat eigenlijk niets van jou bij, omdat jij niet vroeg: "*Wat voor werkelijkheid zou ik willen hebben?*" Jij vroeg: "*Hoe doen ze het hier op deze rare planeet? Hoe pas ik me hier aan en hoe hoor ik er hier bij? Hoe pak ik het goed aan? Hoe doe ik het net als alle anderen hier? Hoe moet ik hier winnen en niet verliezen?*"

Dus loop je rond en doe je het net als alle anderen, alsof dat de enige manier is waarop het kan worden gedaan (een deel van wat je is wijsgemaakt is dit geweldige idee over hoe relaties werken...). Dat is alleen maar omdat je zo paranormaal begaafd bent als je bent, lieve lezer. Omdat jij de hoop, dromen, realiteiten en idioterie van iedereen kon oppikken.

Ik weet het, dat wilde je niet horen!

Maar als je huidige relatie dezelfde oude, bekende richting op lijkt te gaan als elke andere relatie daarvoor, ben je je dan gewaar dat JIJ WEL DEGENE MOET ZIJN die deze weg heeft gekozen?

Is dat ergens niet cool? Want als elke andere relatie die je hebt gehad dezelfde kant opging, wat is dan de gemene deler in die relaties, datgene wat hetzelfde is? JIJ!

Wie is de enige die iets anders kan kiezen? JIJ!

Ik weet het, net als ik hoopte je waarschijnlijk om iemand (of iets) te vinden die (of dat) anders was... iemand die JOU BEGRIJPT... iemand die alles kan laten werken waarvan jij hebt besloten dat het waar moet zijn. Maar raad eens? Dat gaat alleen gebeuren als jij besluit om alleen nog maar te kiezen voor alles wat werkt voor jou, ongeacht de standpunten van anderen en ongeacht of iemand anders jou begrijpt of niet.

Het gaat nooit werken om deze realiteit te kiezen als basis voor jouw realiteit, omdat het JOU erbuiten laat. Het gaat altijd over de beperkingen, verkeerdheden en oordelen – niet over mogelijkheden.

Dus alles wat je hebt gedaan om deze realiteit te verkiezen boven jouw gewaarzijn van wat jij echt zou willen kiezen, ga je dat nu allemaal vernietigen en ontcreëren alsjeblieft? Right and wrong, good and bad, POD and POC, all 9, shorts, boys, POVADs and beyonds. Dankjewel.

⤲ ⤲ ⤲

Die armen en benen had je toch niet nodig, hè?

Ben je je ervan bewust dat de meeste relaties vereisen dat je het merendeel van jou opgeeft? Hier volgt mijn favoriete beschrijving ervan...

Je bent thuis en jouw spetter van een vriend of vriendin komt eraan gereden. Hij of zij rijdt in een heel kleine auto, een soort Mini, toetert op het grappige, kleine toetertje en zegt: *"Hé! Hoe gaat het? Ga je mee, ga je mee... Wil je een relatie beginnen?"* En jij antwoordt: "O mijn God, jij bent zo'n spetter, en je rijdt in dat schattige kleine autootje! Ik ben er meer dan klaar voor, kom op, laten we dat doen!"

En daar ga je. Zij zitten natuurlijk achter het stuur, want het is hun leven – en jij gaat een relatie aan met hen. Dus je wurmt je in de passagiersstoel, waar je hoort.

Je trekt je voeten binnenboord en realiseert je dat de auto te klein is voor jouw benen... Dus je hakt ze er maar af en gooit ze naar buiten, omdat je ze toch niet echt nodig zult hebben, want jij wilt mee op de rit van je leven, toch? Die spetter rijdt toevallig in dit piepkleine autootje. Dus jij gaat van... oké!

Dan wil je de deur dichtdoen – *"Ik ben er klaar voor, mijn benen zijn eraf, zodat ik goed in de auto van jouw leven kan passen, geen probleem! Oké, laten we gaan!"* Je wilt de deur dichtdoen en dan merk je: *"O nee, mijn schouders en armen zijn te breed om erin te passen!"* Dus je hakt één arm eraf en vervolgens bijt je de andere eraf – en met je kin doe je de deur dicht – en nu ben je er klaar voor!

Je hebt geen armen en geen benen meer en eindelijk kun je mee op de rit van hun leven! In een relatie met hen, op de passagiersstoel van hun piepkleine autootje! Dat is zo cool. Veel plezier! Kom op, we gaan!

Dat is wat we doen in relaties, wij lieve, schattige wezens. Hoe wordt het nog beter dan wij?

Vergis je niet, op dit vlak ben ik een expert, mijn vrienden. Dus ik zeg je niet dat je verkeerd bent omdat je dit doet – alleen maar dat het waarschijnlijk niet je slimste keuze is.

∽ ∽ ∽

Zomaar een klein vraagje dat dit zou kunnen laten veranderen...

Wat als – wanneer je iemand ontmoet waarmee je misschien wel een relatie wilt beginnen – je deze vraag zou stellen:

Zal deze persoon een bijdrage zijn aan mijn leven en bestaan?

HOU DAN JE MOND en luister naar wat je weet. Je zult het gewaarzijn van het antwoord al krijgen, nog voordat je klaar bent met het stellen van je vraag.

Maakt dat je licht? Dan is het een ja.

Zwaar? Nee. Ga daar niet mee in zee!!! Stel een andere vraag:

Wat is ervoor nodig dat ik iemand ontmoet die een bijdrage is aan mijn leven en bestaan?

∽ ∽ ∽

En wat is er nog meer mogelijk?

Ken je tenminste één iemand in jouw leven die zichzelf niet aan de kant zal zetten voor een ander?

Het is interessant – als je bekijkt hoe anderen diegene zien, zullen velen zeggen: *"O mijn God, zij is zo'n b*tch!"* Natuurlijk wil jij dat niet zijn, dus je zorgt ervoor dat je je van jezelf verwijdert, zodat mensen niet zullen denken dat jij een bitch bent.

Maar anderen zullen hen aanzien voor wat ze echt zijn: **een leider.** Naar mijn idee weet een ware leider waar ze heengaan, die heeft geen volgelingen nodig en is bereid om daarheen te gaan waar ze naartoe moeten gaan, of iemand anders nou meegaat of niet.

Wie trouw is aan zichzelf en zich werkelijk niet afscheidt van zichzelf, kan een leider worden in de wereld. Op z'n minst kunnen zulke mensen een leider worden in hun eigen leven, in plaats van een volgeling.

Als twee leiders een relatie hebben, werkt dat heel goed, omdat ze allebei bereid zijn om de ander precies te laten zijn wie ze zijn. Ze willen allebei dat de ander groeit, meer is, en uitbreidt, omdat ze zich daardoor niet bedreigd of geïntimideerd voelen. <u>Ze worden er juist door geïnspireerd.</u>

Welk percentage van jou heb je afgesneden om je huidige of meest recente relatie te creëren? Meer dan 100% of minder? Of HEEL VEEL MEER? Voor de meeste mensen is het HEEL VEEL MEER. Alles wat je hebt gedaan om te scheiden van jou, ga je dat nu allemaal vernietigen en ontcreëren alsjeblieft, en neem je alle delen van jou terug waarvan je dacht dat je ze moest wegdoen? Right and wrong, good and bad, POD and POC, all 9, shorts, boys, POVADs en beyonds. Dankjewel.

Wat als jij het grootste geschenk aan jouw relatie zou zijn – bereid om zo briljant, mooi, verbazingwekkend, bizar, gek, intens en vreugdevol anders te zijn als je werkelijk bent, zonder ook maar iets van jou achter te hoeven laten? Alles wat jou niet toestaat om dat met gemak te kiezen, ga je dat nu allemaal vernietigen en ontcreëren alsjeblieft? Right and wrong, good and bad, POD and POC, all 9, shorts, boys, POVADs and beyonds. Dankjewel.

De mensen met de beste relaties hebben hun eigen leven.

Zij zoeken geen bevestiging bij de ander, en ze hebben de ander niet nodig om hen volledig te maken. Ze weten dat ze zelf compleet en heel zijn in hun eigen leven en bestaan. Zij zijn ook bereid om de ander als een toevoeging aan hun leven en bestaan te hebben en als een bijdrage eraan – niet een vervanging ervan.

Wat als jij bereid zou zijn om dat te hebben? Alles wat niet toelaat dat dat voor jou verschijnt, ga je dat nu allemaal vernietigen en ontcreëren alsjeblieft? Right and wrong, good and bad, POD and POC, all 9, shorts, boys, POVADs and beyonds. Dankjewel.

∽ ∽ ∽

Ben jij bereid om nu op een nieuwe manier relaties aan te gaan met alles en iedereen?

Er is een klein dingetje genaamd INTIMITEIT – waarbij je in verbondenheid of eenheid bent. Waar alles bestaat en niets wordt beoordeeld. In eenheid kan ik jou zijn en jij kunt mij zijn.

Ware intimiteit heeft vijf elementen:

Eren, vertrouwen, toelating, kwetsbaarheid en dankbaarheid.

Valt het je op dat copulatie er niet bij staat? Verbaast dat je?

Intimiteit is iets dat je met iedereen kunt hebben, als je dat wilt. Daar is helemaal geen seks (copulatie) voor nodig.

Gek genoeg is er één iemand die hierbij het verschil maakt... Als jij bereid zou zijn om intiem te zijn met deze ene persoon – dan zou dat je de keuze geven om het met alle anderen in je leven ook te zijn, op een manier die voor jou werkt en zoals jij dat graag wilt.

Door intiem te zijn met jou.

Laten we eens naar de vijf elementen kijken:

#1 Eren

Dit betekent dat je jou in ere houdt, en dat je je partner in ere houdt. Eren betekent met respect behandelen. Op alle manieren. Altijd.

Heb je je bijvoorbeeld wel eens aangetrokken gevoeld tot iemand of voelde iemand zich tot jou aangetrokken vanwege jouw sensualiteit? Maar als jij een relatie hebt, dan besluit jij: *"O mijn God, ik kan niet gaan flirten met iemand anders, dat kan ik niet maken, want dat zou respectloos zijn richting mijn partner!"*

Alleen, wat als dat niet respectloos is voor je partner? Wat als je partner dat nou juist zo geweldig vindt aan jou? Wat als dat deel afsluiten nou juist respectloos is voor jouw partner? En respectloos voor jou? Alleen omdat je aan het flirten bent, wil dat nog niet zeggen dat je met iemand mee naar huis gaat... ooit. Dat je aan het flirten bent, betekent dat je van flirten houdt! Het zou zomaar kunnen betekenen dat je wat levendiger bent!

Het zou wel eens kunnen betekenen dat jij leuker bent! Je zou je partner kunnen vragen hoe die erover denkt, voordat je een deel van jou gaat weglaten waar hij of zij hartstikke gek op is.

Ik weet het, het is een iets andere manier van kijken naar eren. Mijn vraag is: *is het licht voor jou?*

Een deel van deze informatie kregen we van een 95-jarige vrouw genaamd Mary. Toen mijn vriend Gary haar vroeg of haar echtgenoot Bill, die een handelsreiziger was, ooit wel eens overspelig was geweest terwijl hij weg was, verraste ze ons allebei met haar antwoord. Ze zei: "Dat weet ik niet. Als hij dat moest doen om zichzelf te eren, zou hij mij en onze relatie nooit onteren door thuis te komen en me erover te vertellen. Jullie jonge mensen denken dat je je vuile ondergoed in het gezicht van je partner moeten wrijven en dan eisen dat ze desondanks van je houden. Dat is idioot!"

Pardon?? Haar antwoord gaf Gary en mij urenlange gespreksstof voor wat eren nou werkelijk is. We realiseerden ons dat ze ons allebei net een groot geschenk had gegeven door haar standpunt met ons te delen. En dat van een vrouw die was opgevoed door haar Victoriaanse grootmoeder! Na dat gesprek realiseerde ik me dat iemand eren en wat dat betekent er heel anders uitziet dan ik dacht.

Misschien zou jij eens kunnen kijken naar wat het voor jou zou betekenen om jou te eren en om je partner te eren – niet vanuit de definities die je hebt gekregen, maar vanuit wat er werkt voor jou, zelfs als het daarvan afwijkt.

Alles wat jou niet toestaat om je gewaar te zijn van, en echt te kiezen voor wat waarlijk eren is VOOR JOU EN JOUW PARTNER, ga je dat nu vernietigen en ontcreëren alsjeblieft? Right and wrong, good and bad, POD and POC, all 9, shorts, boys, POVADs and beyonds.

#2 Vertrouwen

De meeste mensen denken dat vertrouwen blindelings vertrouwen betekent, maar dat klopt niet. Veel mensen met een relatie hebben het idee: *"Nou, ik weet wel dat ze een alcoholist waren voordat ze bij mij waren, maar nu ze met mij samen zijn, en als ze eenmaal doorhebben hoeveel ik van ze houd, vertrouw ik erop dat ze daarmee ophouden."* Nee, lieverd, ze gaan er niet mee ophouden.

Waar jij op moet vertrouwen, is dat iemand precies zo gaat zijn als op het moment dat je hem of haar voor het eerst ontmoette.

Als jij erop gaat vertrouwen dat zij gaan veranderen omdat ze zoveel van je houden, creëer je nu al de voorwaarden voor een ellendige, afgrijselijke mislukking in de relatie. Dat is blind vertrouwen (met de nadruk op blind) en het werkt niet. Is dat te volgen?

Vertrouw er dus maar op dat degene waarmee je een relatie hebt zichzelf gaat zijn, met al hun gebreken, en dat ze morgen net zo gaan zijn als vandaag. Waarom? Omdat het jouw leven makkelijker zal maken. Het zal hun leven ook makkelijker maken. Het zal de mogelijkheid creëren voor een geweldige relatie. En als ze dan 'ten goede' veranderen, dan kan het een aangename verrassing zijn voor jullie allebei, eentje die de relatie beter laat zijn – niet iets dat je verwacht, zodat je ze eindelijk in de perfecte partner kunt veranderen.

Het andere aspect van vertrouwen is jou vertrouwen. Om jou te kunnen vertrouwen, moet je bereid zijn om te weten dat je weet, en te weten dat jij zult kiezen wat het beste is voor jou.

Alles wat niet toestaat dat dat voor jou verschijnt, ga je dat nu alsjeblieft vernietigen en ontcreëren? Right and wrong, good and bad, POD and POC, all 9, shorts, boys, POVADs and beyonds.

#3 Toelating

Toelating is er als alles wat de ander – of eigenlijk iedereen – kiest, gewoon een interessant standpunt is. Het is alleen maar een keuze, en het is gewoon een interessant standpunt.

De meesten van ons hebben geleerd om bij ieder standpunt dat we tegenkomen, het ermee eens te zijn en ons erop af te stemmen, of ons ertegen te verzetten en erop te reageren. Afstemmen op en het ermee eens zijn is in wezen het standpunt beoordelen als juist, accuraat en echt. Je ergens tegen verzetten en erop reageren is datgene veroordelen als iets verkeerds dat moet worden vermeden of waar je koste wat kost voor moet wegrennen.

Zodra je gaat oordelen, ben je niet meer in toelating en intimiteit. Je kunt intimiteit hebben òf oordelen. Aan jou de keus.

Valt het je op dat oordelen niet erend is? En het nodigt ook geen dankbaarheid uit, het kweekt ook geen vertrouwen, het staat geen kwetsbaarheid toe, en het is ook geen toelating.

Bij toelating is alles een interessant standpunt. Ongeacht wat jij kiest of wat andere mensen kiezen – het is gewoon een interessant standpunt. Wat als al je standpunten gewoon interessante standpunten zouden kunnen zijn? Zouden jij en je partner dan meer gemak hebben? Meer vrijheid? Minder oordelen? Het is in feite één van de sleutels om oordelen uit je leven te verwijderen en eraan voorbij te gaan.

Alles wat niet toelaat dat totale toelating werkelijkheid wordt voor jou, ga je dat nu alsjeblieft vernietigen en ontcreëren? Right and wrong, good and bad, POD and POC, all 9, shorts, boys, POVADs and beyonds.

#4 Kwetsbaarheid

Het volgende onderdeel van intimiteit is kwetsbaarheid.

Kwetsbaarheid is als de open wond. Het is waar je absoluut geen barrières hebt tegen wat de ander ook maar doet, tegen iets wat jij doet, en waar je niets hoeft te bewijzen over wie je bent. Je kunt er gewoon zijn, en jij zijn.

Heb je wel eens een open wond op je lichaam gehad, en dat het zo intens is dat als er een briesje overheen waait, het is van... *poehee!* Dat is hoe kwetsbaarheid is. Waarom is dat iets goeds ?

In deze realiteit wordt je verteld dat kwetsbaarheid iets slechts is. *"O, deze relatie doet me zo'n pijn, dus ik ga barrières opwerpen en muren optrekken, zodat dat nooit meer gebeurt."* Zodra je genoeg van die muren en barrières hebt opgeworpen, wie is dan degene die erachter gevangen zit?

Jij, door de muren die je hebt opgetrokken.

Dus hoeveel barrières heb je opgeworpen om niet meer kwetsbaar te hoeven zijn?

Wat heeft ervoor gezorgd dat je geloofde dat je niet meer zou worden gekwetst, wat er in plaats daarvan voor zorgt dat jij jou constant pijn doet, en je over jou en je partner oordeelt? Ga je dat nu allemaal vernietigen en ontcreëren alsjeblieft? Right and wrong, good and bad, POD and POC, all 9, shorts, boys, POVADs and beyonds.

Voor elke barrière die je opwerpt, moet je beoordelen of je het goed doet of niet, en of het werkt of niet, en of het dat slechte kwaadaardige ding dat jij weg wilt houden dan ook echt buiten de deur houdt – wat jou in een constante staat van oordelen houdt – en een enorme berg energie vreet.

Als je werkelijk bereid bent om met iemand te zijn zonder barrières, creëert dat een totaal andere mogelijkheid. Het creëert een zachtheid in jou, een ontvangen van alles, en het is voor hen ook een uitnodiging daartoe.

Kwetsbaarheid is geen zwakte, in tegenstelling tot wat je is verteld. Het is juist de plek van ware kracht en waar vermogen. Waarom? Omdat als je geen barrières en geen oordelen hebt, je totaal gewaarzijn kunt hebben van alles, omdat je niets hebt dat het buitensluit en je dan totale kracht en totaal vermogen tot je beschikking hebt.

Alles wat jou niet toestaat om de kracht te hebben die ware kwetsbaarheid voor jou is, ga je dat nu vernietigen en ontcreëren alsjeblieft? Right and wrong, good and bad, POD and POC, all 9, shorts, boys, POVADs and beyonds. Dankjewel.

#5 Dankbaarheid

Denk aan iemand waarvan je zegt te houden. Neem die energie eens waar. En kijk nu eens hoe het is om in plaats daarvan dankbaar te zijn voor hem of haar. *Is dat lichter voor je?*

Is het je opgevallen dat je liefde en oordelen heel goed tegelijkertijd kunt hebben? Je oordeelt trouwens ook over jezelf.

Je oordeelt om te zien hoeveel je van iemand houdt en hoe zij van jou houden, of niet van jou houden, en hoe jij eraan voldoet, of er niet aan voldoet...

Wat is hier de ultieme intieme liefde? De ultieme intieme liefde is er als je alle anderen uit je leven gooit om met maar één iemand samen te kunnen zijn. Daarom geven zoveel mensen hun vrienden op als ze in een relatie stappen. Hoeveel oordelen zijn daarvoor nodig? In deze realiteit gaan liefde en oordelen echt hand in hand.

Als je langer dan 10 seconden bij iemand bent, ben je hem of haar al aan het beoordelen. Dat is ook de reden dat je je steeds verder verwijderd voelt van iemand naarmate je langer bij ze bent. Je bouwt hoge muren van oordelen om jou heen en zij bouwen muren van oordelen om hen heen, en dan kun je niet dichter bij elkaar komen dan die muren van oordelen toelaten.

Alles wat je hebt gedaan om die muren van oordelen om je heen te bouwen, die je weghouden van volledige dankbaarheid, zorgzaamheid en ontvangen, ga je dat nu allemaal vernietigen en ontcreëren alsjeblieft? Right and wrong, good and bad, POD and POC, all 9, shorts, boys, POVADs and beyonds. Dankjewel.

Het is ontzettend triest. Maar dat is het paradigma van relaties dat aan ons is doorgegeven.

Wat als dankbaarheid het nieuwe paradigma zou zijn?

Je kunt geen dankbaarheid en oordelen tegelijk hebben. Je kunt ofwel dankbaar zijn, of oordelen hebben: ze gaan niet samen. Welke zou jij willen kiezen?

Wat daar echt geweldig aan is, is dat iemand anders oordelen kan hebben over jou – en jij kunt nog steeds dankbaar zijn voor hem of haar en zelfs voor zijn of haar oordelen over jou. Da's best gaaf! Waarom? Omdat het jou jou geeft – en er geen noodzaak meer is om je ooit nog van iemand af te scheiden. Niet eens van jou. Het creëert de mogelijkheid om dankbaar te zijn voor alles wat jouw partner kiest.

Alles wat niet toestaat dat dat voor jou werkelijkheid wordt, ga je dat nu alsjeblieft vernietigen en ontcreëren? Right and wrong, good and bad, POD and POC, all 9, shorts, boys, POVADs and beyonds. Dankjewel.

✍ ✍ ✍

Liefde: Deel twee
Ben jij bereid om intimiteit met jezelf te kiezen?

En nu, lieve lezer, als je deze vijf onderdelen in je relaties zou hebben – met mannen, vrouwen, vrienden, ouders, kinderen – zou dat nieuwe mogelijkheden voor je creëren?

Als jij kijkt naar wat je eigenlijk wilt als je het hebt over **liefde**, lijkt het dan meer op dankbaarheid, eren, vertrouwen, toelating en kwetsbaarheid? En wat als we daar nog eens zorgzaamheid, koestering en vriendelijkheid en geen oordelen aan toevoegen?

Waarheid? Is dat wat je graag wilt voor anderen?

Is het wat je graag wilt voor jou?

Zou jij bereid zijn om intimiteit met jezelf te kiezen? Of er nou liefde is of niet?

Weet dit alsjeblieft: alleen omdat jij intiem bent met jou, wil dat nog niet zeggen dat je er niet voor zou kiezen om iemand anders in je leven te hebben. Het betekent niet dat je alsmaar alleen moet zijn...

Integendeel, wat het betekent, is in plaats van iemand te kiezen die jou wil beperken en die afbreuk wil doen aan jou, jij nou juist iemand zal kiezen die een bijdrage is aan jouw leven. Je zult niet meer geloven dat je iemand nodig hebt om jou te vervolmaken, en je zult ook niet meer geloven dat hun oordelen juist zijn.

Alles wat niet toestaat dat dat met totaal gemak gaat verschijnen, ga je dat nu allemaal vernietigen en ontcreëren alsjeblieft? Right and wrong, good and bad, POD and POC, all 9, shorts, boys, POVADs and beyonds. Dankjewel.

Mijn standpunt is: als je een relatie wilt hebben, dan zou je er eentje moeten hebben die geweldig en fenomenaal is!

Ik zie het zo: waarom zou je genoegen nemen met iemand die jouw behoefte gaat vervullen om bij de rest van de beperkte wereld te horen die andere mensen zo waardevol vinden? Relaties zijn geweldig, zolang ze een bijdrage zijn aan je leven.

Alles wat jou niet toestaat om dat als een mogelijkheid waar te nemen, te weten, te zijn en te ontvangen – en hoe je het kunt creëren – laat je dat nu gaan en vernietig en ontcreëer je het alsjeblieft allemaal? Right and wrong, good and bad, POD and POC, all 9, shorts, boys, POVADs and beyonds. Dankjewel.

Nu weet je dat dit een mogelijkheid is.

Je hoeft alleen maar te zeggen: *"Oké, ik kies daarvoor."*

Alles wat niet toestaat dat dat verschijnt, ga je dat nu allemaal vernietigen en ontcreëren alsjeblieft? Right and wrong, good and bad, POD and POC, all 9, shorts, boys, POVADs and beyonds. Dankjewel.

Je relaties elke dag vernietigen

Hier is nog een rare tool. Eentje die de manier waarop jouw leven loopt, kan veranderen. We zitten allemaal in en aan elkaar vast.

We hebben verwachtingen gedeeld, en projecties, illusies, waanideeën, herinneringen, rollen die we met elkaar zijn. We zitten erin vast.

Hoe kunnen we het mogelijk maken om bij elkaar te zijn zonder al die bagage?

Zou jouw manier van zijn en samenzijn met je partner, je moeder, vader, kind of je collega dan anders zijn?

Wat als je elke ochtend zou beginnen met al je relaties te ontcreëren en te vernietigen? In volledige dankbaarheid voor alles wat is geweest – en voor wat er nog gaat komen? Waarom? Zodat je alsmaar kunt doorgaan met creëren en genereren, samen met de mensen waarmee je een relatie hebt, in plaats van gebukt te gaan onder het verleden dat je met je meedraagt.

En als je kijkt naar mijn andere definitie van relaties – wat in wezen 'niet eenheid' betekent – dan zou je het kunnen zien als het vernietigen van al die plekken waar je niet in staat was om in toelating en in eenheid te zijn en zonder oordelen over degenen waarmee je een relatie hebt.

Hoe? Het is makkelijk. Zo:

Ik vernietig en ontcreëer nu mijn relatie met [naam van mijn partner]. Right and wrong, good and bad, POD and POC, all 9, shorts, boys, POVADs and beyonds. Dankjewel.

Ik vernietig en ontcreëer nu mijn relatie met mijn familie. Right and wrong, good and bad, POD and POC, all 9, shorts, boys, POVADs and beyonds. Dankjewel.

Ik vernietig en ontcreëer nu mijn relatie met mijn beroep, mijn werk en iedereen waarmee ik samenwerk. Right and wrong, good and bad, POD and POC, all 9, shorts, boys, POVADs and beyonds. Dankjewel.

Ik vernietig en ontcreëer nu mijn relatie met mij. Right and wrong, good and bad, POD and POC, all 9, shorts, boys, POVADs and beyonds. Dankjewel.

(Als jij één van die mensen bent die van woorden houdt, kun je de volgende woorden toevoegen aan bovenstaande processen. Zo niet, sla dit deel dan maar over.)

Ik vernietig en ontcreëer nu mijn relatie met [de naam van mijn partner], en iedere projectie, verwachting, afscheiding, elk oordeel en elke afwijzing die ieder van ons beiden heeft over elkaar of onze relatie, vanuit het verleden, het heden of de toekomst. Right and wrong, good and bad, POD and POC, all 9, shorts, boys, POVADs and beyonds.

En begin dan nu aan een echte NIEUWE DAG.

Met minder bagage en meer toekomstige mogelijkheden.

Een nieuw paradigma voor verandering

Hier is een korte GIDS OM IN 5 STAPPEN ALLES IN JE LEVEN TE VERANDEREN! Bijvoorbeeld een relatie. Die kan met wie of wat dan ook zijn – je geliefde, je baas, je partner… het universum.

1. Allereerst – stel een eis.

Zo van: "Hé, dit gaat veranderen en er gaat iets anders verschijnen!"

Is het je ooit opgevallen dat als je in een relatie zit en je weet dat die moet veranderen, maar je bent niet bereid om te eisen dat het verandert, maar je weet dat dat moet, maar je bent niet echt bereid om het te eisen, maar je weet dat het wel moet, dat je uiteindelijk op een punt komt van: *"Genoeg! Ik ben klaar met weten dat het moet, dit gaat nu veranderen, het maakt me niet uit of ik eraan doodga, het maakt me niet uit of zij eraan doodgaan, het doet er niet toe, het maakt me niet uit of de wereld ophoudt te bestaan, dit gaat nu veranderen!"*

Herinner je je hoe snel het dan verandert? **Dat is een eis.**

2. Volgende stap – stel een vraag.

Elke vraag die je stelt, brengt een heel andere mogelijkheid en een nieuw potentieel.

Je stelt deze eis, en dan vraag je: *"Hé, wat is ervoor nodig dat dit op een andere manier verschijnt?"* Ineens gaat er een deur open die je nog nooit eerder had gezien, je steekt je hoofd door de deuropening, en daar zie je allerlei verschillende wegen die je kunt kiezen.

Die kon je niet zien, totdat je de eis en daarna de vraag stelde.

3. Derde stap – zwaai met de toverstaf.

Laat alles gaan wat je hebt gecreëerd of aangenomen en wat niet toestaat dat dat zo snel mogelijk verschijnt, en vraag om het te vernietigen en ontcreëren. Gebruik dan de clearing statement: *Right and wrong, good and bad, POD and POC, all 9, shorts, boys, POVADs and beyonds. (Of POC en POD het gewoon allemaal!)*

4. En nu – KIES (en KOM IN ACTIE)!

Jouw keuze bepaalt de mogelijkheden die zullen verschijnen. Met andere woorden, je hebt de eis, de vraag en het loslaten van de beperking – en het is die keuze die een andere mogelijkheid voor de toekomst creëert. Je moet kiezen (en ACTIE ONDERNEMEN)!

Dit is een realiteit waarin 'doen' vaak vereist is om dingen te creëren. Met andere woorden, je kunt niet alleen maar op je krent zitten en verwachten dat er iets gaat veranderen! De mensen die geloven dat je ALLEEN MAAR hoeft te vragen en te ontvangen, hebben ons iets heel onvriendelijks aangepraat. In deze realiteit moet je OOK nog steeds dingen DOEN! Beperk alsjeblieft niet wat er voor jou kan verschijnen door te weigeren om in actie te komen als dat nodig is. Vragen stellen is één heel belangrijke stap in het proces – het is niet het einde ervan.

Als je wilt weten welke acties je moet ondernemen, stel dan gewoon elke dag deze vraag: *"Wat kan ik vandaag doen wat zal toestaan dat dit meteen verschijnt?"*

Eén van jouw grootste vermogens als wezen is het vermogen om te kiezen. Wat de meesten van ons graag willen doen, is één keuze hebben die de rest van ons leven gaat bepalen. (Ik noem dat graag de *Lord of the Rings*-keuze: "Eén keuze om over alle keuzes te regeren!"). Wij denken dat we alleen maar de goede (juiste) dingen moeten kiezen en niet de slechte (verkeerde) dingen. Maar dat vraagt EEN HELEBOEL oordelen – van ons.

Wat als er geen oordelen waren van: *"O, dit is iets goeds"*, of *"O, dit is iets slechts"*? Wat als het alleen maar was van: *"Wauw, ik heb die keuze gemaakt."* En als het goed wordt, kies daar dan meer van. Als het slecht uitpakt, nou, wat als je dan gewoon opnieuw zou kunnen kiezen?

Dat is een ander aspect van de magie van jou – het vermogen om altijd opnieuw te kunnen kiezen.

Nu.

∽ ∽ ∽ ∽ ∽ ∽

En nu.

∽ ∽ ∽ ∽ ∽ ∽

En nu.

Hierbij is het net als met alle dingen: als je iets ziet waarnaar je verlangt, zou je dan bereid zijn om de kant op te gaan bewegen waarbij het vandaag kan verschijnen? Of nog beter, NU. Begin met verandering te eisen, stel vragen, wees bereid om je beperkingen te laten gaan, KIES iets anders, en KOM dan IN ACTIE!

5. En tenslotte – ONTVANG alles.

Om dit te laten werken, om dingen te laten veranderen, moet je bereid zijn om alles te ontvangen dat verschijnt, zonder oordelen of uitsluiting. Vertrouw op het universum.

Weet dit alsjeblieft: jij bepaalt niet wanneer er iets verschijnt, of hoe het er precies uitziet. Het universum wel. Het universum is zich gewaar van ONEINDIGE mogelijkheden – mogelijkheden die veel, veel, VEEL verder gaan dan wat voor fantasie jij ook maar mag hebben van hoe de perfecte – bijvoorbeeld: relatie – eruit moet zien.

Want je bent niet alleen op deze wereld, het universum moet een heleboel universa van anderen herschikken om een flinke verschuiving in de wereld te bewerkstelligen. Je kunt het vandaag vragen en het over 10 jaar ontvangen – of al over 10 seconden.

Dus als het morgen niet meteen verschijnt – dan ben je NIET verkeerd, lieve lezer.

Het zal gebeuren. Je bent begonnen! Nu, op dit moment... nu je dit leest...

En weet dit alsjeblieft – het zal er waarschijnlijk heel anders uitzien dan je je ooit had voorgesteld.

— Sex —

ualness

Weet dit alsjeblieft...

Eén van de meest verleidelijke dingen ter wereld is als iemand naar je kijkt zonder oordelen.

Als dat gebeurt, gaat je hele wezen van:
"Ga alsjeblieft niet weg.
Verdwijn alsjeblieft niet. Blijf alsjeblieft hier."

Ben jij bereid om dat te zijn?

Voor jou?

– Hoofdstuk 7 –

Laten we het over seks hebben, schat…

Mijn lieve, prachtige vrienden, een deel van de reden dat we onze lichamen veroordelen en ons er niet mee verbonden voelen en ons ervan afgescheiden voelen, is omdat we met onze lichamen zelden of nooit veel vriendelijkheid of zorgzaamheid hebben ontvangen.

Het is één van de grootste aanfluitingen van het leven. Het is één van de meest verdrietige dingen van deze realiteit. We hebben geen plek of ruimte waar onze lichamen gewoon worden gekoesterd en verzorgd.

Meestal blokkeren we seks vanwege de ervaringen die we hebben gehad die onterend en onvriendelijk waren en die niet het mooie en het plezier en de sensaties, de vreugde en lichtheid en mogelijkheden waren die twee lichamen die samenkomen kunnen (en konden) zijn. En in ons verlangen om seks buiten te sluiten, houden we die energie van ontvangen en schenken die zou kunnen plaatsvinden tussen *al onze lichamen* buiten de deur.

Zou jij in plaats daarvan willen overwegen om jouw **sexualness** te omarmen?

Sexualness omvat: **koesterende, helende, zorgzame, vreugdevolle, generatieve, creatieve, uitbreidende en orgasmische energie.**

Alles wat niet toestaat dat die geweldig mooie energie van sexualness werkelijkheid wordt voor jou, ga je dat nu alsjeblieft allemaal vernietigen en ontcreëren? Right and wrong, good and bad, POD and POC, all 9, shorts, boys, POVADs and beyonds.

Het is één van die energieën die we in ons leven om zeep hebben geholpen – de energie van sexualness. Let op, ik zeg niet seksualiteit. Ik zeg sexualness. **Dat heeft een heel andere betekenis.**

Ik ga het nog één keer opschrijven, omdat het zo'n ander begrip is: sexualness is helend, zorgzaam, koesterend, uitbreidend, vreugdevol, generatief, creatief en orgasmisch. *Dat is de energie van sexualness.*

En sexualness draait niet om de lichaamsdelen samenbrengen. Het gaat om het wezen en de energie die onze lichamen echt hebben. Het is zoiets als puppies die samen knuffelen. En kunnen we allemaal niet wat meer puppy-achtig geknuffel gebruiken? Ik denk van wel! Als je lichaam functioneert vanuit sexualness zal het opgewonden raken… opgewonden en aan, zoals de stroomschakelaar aanstaat, opgewonden op de manier van *"Joehoeoeoe, we leven!"*

Ja, copulatie (seks) zou hartstikke leuk zijn vanuit die plek, maar het is niet echt nodig – en sexualness gaat om zoveel meer dan dat.

Het is de **energie van het leven** die we van kleins af aan hebben geleerd uit te zetten. Ik zal het nog een keer zeggen: het is NIET copulatie. Copulatie is de lichaamsdelen bij elkaar brengen.

Nog één keer…

Sexualness:

Helende, zorgzame, koesterende, uitbreidende, vreugdevolle, generatieve, creatieve en orgasmische energie van zijn.

Copulatie:

De lichaamsdelen samenbrengen.

Dit is het begin van een heel andere manier van zijn met jouw lichaam, en in jouw wereld, die jou echt toestaat om totaal te ontvangen, openlijk te schenken en de hardheid en onvriendelijkheid te veranderen die deze realiteit is geworden.

Kijk gewoon of het licht is voor jou...

En laat me je twee voorbeelden geven. De eerste heb ik al eerder genoemd.

✍ ✍ ✍

De knuffel

Stel je voor dat je een koesterende knuffel van iemand krijgt – één van die knuffels waarbij je gewoon met hen wilt versmelten en zij met jou – en het voelt alsof jouw universum en dat van hen alsmaar door en door en door kunnen gaan...

Merk op dat er geen copulatie aan te pas komt, maar er is wel totale sexualness aanwezig. (Als je nog eens naar de aspecten van sexualness kijkt, zul je zien dat ze allemaal aanwezig zijn in die koesterende, wereldverbredende knuffel). Merk ook op dat omdat er geen seksualiteit in zit, er ook niks vreemds of vervelends aan is, omdat je niet hoeft te beoordelen wat je niet gaat ontvangen, en omdat je niets hoeft te bewijzen.

Tenslotte is het alleen maar een knuffel.

Mijn vraag is: *Wat als copulatie net zo koesterend en ruimtelijk kon zijn als – en zelfs leuker dan – een heerlijke knuffel?*

❧ ❧ ❧

Een chiropractor zijn

Toen ik aan het studeren was voor chiropractor, zei men dat ik al mijn seksuele energie moest afsluiten om niet te worden aangeklaagd. Met andere woorden, mij werd verteld om niet de energie van sexualness te zijn.

Ik moest mijn handen op mensen leggen om ze te helen en dingen te veranderen voor hun lichamen en levens, terwijl ik de energie van helen, koesteren en zorgzaamheid moest afsluiten, die me nou juist in staat stelt om dat te doen.

Voor mij is dat waanzin.

Kijk er gewoon even naar – had je er een oordeel over, al was het maar een seconde? Dat komt doordat je nooit het gewaarzijn hebt gekregen dat er een verschil is tussen sexualness en seksualiteit! Dat is er, en het is een fundamenteel verschil.

Als ik erop terugkijk, denk ik dat wat 'ze' wilden dat ik zou weglaten, de seksualiteit was, die rare, dwingende, oordelende, onvriendelijke energie die sommige mensen naar anderen sturen over dat ze met hen willen copuleren. Maar 'ze' benoemden het verschil niet, waarschijnlijk omdat 'ze' niet wisten dat er een verschil was. Dus ik bleef achter met het geloof dat ik op de één of andere manier ALLES moest afsluiten, inclusief mezelf, want dat is wat sexualness is. (Want sexualness omvat jou, en ook alle anderen. Sexualness omvat. Seksualiteit sluit buiten.)

Daarom maak ik dit gebied zo duidelijk voor je en baken ik het zo helder af: zodat je jouw sexualness niet langer buiten hoeft te sluiten, alleen maar omdat je iemand bent die anderen niet wil opzadelen met die rare, veroordelende, bizar onvriendelijke, niet koesterende energie van seksualiteit, die misschien wel helemaal geen deel van jou uitmaakt.

NOGMAALS – ER IS EEN VERSCHIL! (Ik weet dat dit heel vreemd is voor sommigen van jullie.)

Seksualiteit: altijd een oordeel, en vaak een bewijzen van "kijk eens hoe seksueel ik ben", zonder ontvangen, en vaak komt er een vreemd gevoel van tekortschieten en verkeerdheid aan te pas.

Sexualness: de niet-oordelende, helende, zorgzame, koesterende, vreugdevolle, generatieve, uitbreidende en orgasmische energie die niet alleen lichamen en levens kan helen, maar die ook het aangezicht van de wereld kan veranderen.

Welke zou jij graag kiezen? Is jou ook van kleins af aan geleerd om de energie van sexualness uit te zetten? De meesten van ons hebben dat helaas wel geleerd.

Dus alles wat je hebt gedaan om die sexualness uit te zetten, om het te veroordelen, om het veroordeeld te krijgen in jou, alsof je een slecht iemand was als je het had, of alsof je een slecht iemand zou gaan worden, een slet of zo, als je echt zo seksueel zou zijn, ga je dat nu vernietigen en ontcreëren alsjeblieft? Right and wrong, good and bad, POD and POC, all 9, shorts, boys, POVADs and beyonds.

En ga je nu alsjeblieft de helende, zorgzame, koesterende, vreugdevolle, creatieve, generatieve en orgasmische energie die jij echt bent, toestaan om helemaal te verschijnen, met gemak? Right and wrong, good and bad, POD and POC, all 9, shorts, boys, POVADs and beyonds. Dankjewel.

⁂ ⁂ ⁂

Orgasmische dankbaarheid? (Orgasbaarheid??)

Stel je eens voor dat je helemaal dankbaar zou zijn voor jou. Voor alles wat je bent, ieder deel van jou.

Hoe zou dat zijn? Zou dat helend zijn? Zou het zorgzaam en koesterend zijn? Ja, want als je dankbaar bent voor jou, heb je geen oordelen over jou, want je kunt niet tegelijkertijd dankbaarheid en oordelen hebben. Zou het vreugdevol zijn? Ja, want ware vreugde is een gewaarwording van vrede. En je kunt echt vrede hebben als je voorbijgaat aan oordelen over jezelf. Zou het koesterend zijn? Ja, want niet over jou oordelen is één van de meest koesterende en zorgzame dingen die je voor jezelf kunt doen.

Zou het generatief zijn? Zou het creatief zijn? Met andere woorden, kun je er andere dingen door laten ontstaan en werkelijkheid laten worden? Jazeker.

En zou het orgasmisch zijn?

Dankbaar zijn voor jou en totale sexualness gaan hand in hand. Je kunt geen dankbaarheid en oordelen tegelijkertijd hebben, en je kunt ook geen sexualness en oordelen tegelijkertijd hebben. Oordelen doen sexualness altijd de das om; ze elimineren het.

Een keuze om sexualness te zijn stijgt uit boven de beperkingen die oordelen opleggen. (Als je dit niet volgt, is het misschien handig om even terug te bladeren naar de elementen van sexualness en dat gedeelte nog een keer te lezen.)

Echt, als je doorhad hoe geweldig het zou kunnen zijn om zowel totale sexualness als totale dankbaarheid te hebben, waarom zou je dan ooit nog iets anders kiezen? Waarom zou je er dan ooit nog voor kiezen om jou weer te veroordelen? En welke reden heb je ook alweer om die twee niet nu meteen te kiezen?

Alle projecties, verwachtingen, afscheidingen, oordelen en afwijzingen die je jou hebt opgelegd, die de opgedrongen behoefte aan seksualiteit creëren en de vernietiging van sexualness, ga je dat nu allemaal vernietigen en ontcreëren alsjeblieft? Right and wrong, good and bad, POD and POC, all 9, shorts, boys, POVADs and beyonds. Dankjewel.

Alles wat jou niet toestaat om te kiezen voor het hebben van volledige sexualness, en volledige dankbaarheid voor jou en jouw lichaam (en de vreugde die dat zou brengen), ga je dat alles nu allemaal vernietigen en ontcreëren alsjeblieft? Right and wrong, good and bad, POD and POC, all 9, shorts, boys, POVADs and beyonds. Dankjewel.

        ৰ৹ ৰ৹ ৰ৹

Een uitnodiging zijn

Als je sexualness aan het zijn bent, werkt dat uitnodigend en aanstekelijk voor iedereen. Jij bent de helende mogelijkheid en de zorgzame mogelijkheid die zij niet hebben in hun leven. Jij wordt de koestering die zij niet hebben in hun leven, de vreugde en vrolijkheid die zij niet hebben in hun leven, het generatieve vermogen dat zij niet hebben in hun leven, het creatieve vermogen – de ruimtelijkheid, en de orgasmische mogelijkheid van het bestaan. En om dat te kunnen zijn, hoef jij niet met hen te copuleren – nooit.

Seksualiteit is daarentegen: *"Onze interactie gaat alleen maar om wat ik van jou krijg door copulatie. Dat is het middel, het eindresultaat en het doel. Ik wil het aan jou geven, en ik wil met jou copuleren. En als we niet copuleren, dan heeft onze interactie geen zin."*

Zou je bereid zijn om de mogelijkheid te overwegen dat het hebben van de energie van sexualness werkelijk een vreugdevolle uitdrukking van het leven en het bestaan kan zijn? Alles wat niet toestaat dat dat voor jou verschijnt, ga je dat nu alsjeblieft vernietigen en ontcreëren?

Right and wrong, good and bad, POD and POC, all 9, shorts, boys,
POVADs and beyonds. Dankjewel.

Zou je bereid zijn om meer van de sexualness die jij echt bent te
omarmen, waarvan je niet wist dat het bestond, totdat je het een paar
minuten geleden las? Zou jij bereid zijn om al jouw voorbedachte
voorwaarden van seksualiteit en oordelen, die echt niet voor je werken,
te vernietigen en ontcreëren? Right and wrong, good and bad, POD
and POC, all 9, shorts, boys, POVADs and beyonds. Dankjewel.

Begrijp me alsjeblieft niet verkeerd, ik probeer je geen standpunt
op te dringen. Echt niet. Ik wil je alleen graag uitnodigen voor een
heel andere mogelijkheid van bestaan. En nogmaals, neem het alleen
aan als het voor jou werkt. Maar probeer het in ieder geval eens.

Als iemand mij 11 jaar geleden deze tools en dit onderscheid had
gegeven, was ik misschien gelukkiger geweest.

Deel van mijn depressie kwam door wat ik in de wereld zag en wat
anderen voor werkelijk hielden, wat gewoon zo ontzettend anders
was dan wat ik WIST dat er beschikbaar zou moeten zijn. Ik kende
bijna niemand anders die het ook waardevol vond, wat ik zag als
waardevol en vreugdevol en redenen om te leven: vriendelijkheid,
zorgzaamheid, heling, koestering, vreugdevolle, generatieve,
uitbreidende, creatieve en orgasmische energieën, en geen oordelen.
Dat was wat ik het liefste ter wereld wilde – toch twijfelde ik eraan
of het ooit wel werkelijkheid zou worden. En als dat niet kon, dan
vond ik het niet de moeite waard om te leven.

Nu zijn ze er. En het leven is het waard om geleefd te worden!

Orgasmisch en niet te stoppen?

Als jij die energie van sexualness had, kon je dan nog worden tegengehouden of was je niet meer te stoppen?

Niet te stoppen.

Als je dat bent, zou je er dan nog voor kiezen om te buigen voor de oordelen van anderen en je erdoor aan het twijfelen te laten brengen? Waarom zou je willen buigen voor de zwaarte van hun oordelen als je zoveel plezier kunt hebben? Je zou niet kunnen worden beoordeeld, omdat hun oordelen en meningen geen effect meer op jou zouden hebben. Daarom zou je niet meer te stoppen zijn, onbegrensd, niet te beïnvloeden en niemand zou je onder controle kunnen houden.

O ja, je zou ook ontzettend vrolijk zijn, en veel vriendelijker – tegen jou en alle anderen – en je zou veel meer energie hebben. Hoeveel mensen in jouw leven zouden daardoor totaal geïntimideerd zijn? Bijna iedereen – behalve diegenen die bereid zijn om ook zo orgasmisch te zijn.

Zou jij bereid zijn om meer plezier te hebben – en te zijn? Zou jij bereid zijn om niet meer te stoppen te zijn?

Zou jij bereid zijn om orgasmischer te zijn? (Want het orgasme is de energie die leven creëert.)

Alles wat niet toestaat dat dat verschijnt, ga je dat nu allemaal vernietigen en ontcreëeren alsjeblieft? Right and wrong, good and bad, POD and POC, all 9, shorts, boys, POVADs and beyonds. Dankjewel.

Trouwens, daarvoor hoef je niet te copuleren – nooit.

Wat als je ervoor kon kiezen om die geweldige orgasmische energie te hebben wanneer je maar wilt?

Wat zou ervoor nodig zijn om echt een orgasmisch leven te hebben?

"Orgasmisch wat?!?!?" zeg je.

Orgasmisch bestaan! Daarbij kies je jouw leven en de ervaringen die je hebt, omdat ze leuk zijn en plezierig, ontzettend bijzonder en verruimend.

Wat zou daarvoor nodig zijn?

Eén van de dingen die ervoor nodig is, is een keuze van jouw kant. Je moet bereid zijn om een orgasmisch bestaan als iets waardevols te hebben – in plaats van iets dat je koste wat kost probeert te vermijden, zodat je normaal, doorsnee en echt kunt zijn en hetzelfde als alle anderen.

Je moet bereid zijn om het een bijdrage aan je leven te laten zijn, in plaats van het als iets slechts te zien.

Zou jij bereid zijn om een heel ander standpunt te hebben?

Wil je mij (en jou) een plezier doen, alsjeblieft? Wil je alsjeblieft het idee loslaten dat je seks (copulatie) moet hebben om een orgasme te hebben? Wil je het in plaats daarvan een energie van vreugdevolle mogelijkheden laten zijn die door je <u>hele</u> leven en bestaan heen stroomt?

Voortdurend.

(Nu haal je de noodzaak van copulatie wel uit het orgasme, maar haal het orgasme alsjeblieft niet uit de copulatie!)

Wat bedoel ik daarmee? Nou, heb je wel eens een hapje eten genomen dat zo geweldig lekker was, zo heerlijk, met zoveel verschillende smaakniveaus erin, dat je het in elke cel van je hele lichaam kon voelen? Is dat orgasmisch? Ja! (En trouwens, als je dat niet hebt meegemaakt, wordt het hoog tijd!)

Ben je wel eens zo snel bergafwaarts geskied dat je zo hard moest lachen dat je dacht dat je het in je broek zou doen? Was dat orgasmisch? *Ja!*

Heb je wel eens op het strand gezeten, of in de bergen, met de zon die je huid streelde, en dat je zo gelukkig was dat je leefde, dat je je één voelde met alles? Was dat orgasmisch? *Ja!*

Heb je ooit wel eens een bad genomen, waarbij je lichaam vanaf het moment dat je in het stomende badwater stapte helemaal tintelde en gloeide van de intensiteit en de sensaties ervan? Orgasmisch? *En wederom ja!*

Dat zijn allemaal ervaringen van een orgasmisch bestaan. Ze maken maar een klein deel uit van de oneindige mogelijkheden die er zijn. Merk je dat niet eentje ervan over copulatie gaat? *Gek hè?* Hoe zou het zijn als je het belangrijker vond als meer van je leven zo zou verschijnen? Zou dat niet veel plezieriger zijn?

Dus waar wacht je nog op? Je hebt de tools net in handen gekregen. Creëer de verandering die toelaat dat dat verschijnt! Je kunt de deur waardoor dat kan gebeuren misschien vandaag amper openen, maar als je 'm nooit opendoet, blijft hij voor altijd gesloten. Als je 'm nu opendoet, kan het zijn dat hij eeuwig open blijft. Jouw keuze.

Een orgasmisch bestaan – of normaal, doorsnee, echt en hetzelfde zijn als ieder saai persoon die je ooit hebt gekend. Wat zou jij willen kiezen? Het grappige is… het is echt alleen maar een keuze.

En wat zijn nou precies die tools die je hebt? Laat me je hier een korte samenvatting geven:

1. EIS: Eis dat de dingen, zoals ze tot nu toe verschenen, nu veranderen en dat er iets anders verschijnt.

2. VRAAG: Stel de vraag: "Wat is ervoor nodig dat dit gaat verschijnen?" en "Wat kan ik veranderen, kiezen, bijdragen en ontvangen dat zal toelaten dat dit verschijnt?"

3. POD en POC: Vraag om alles te vernietigen en te ontcreëren en los te laten wat niet toestaat dat dat zo snel mogelijk verschijnt.

En zeg dan de clearing statement: *Right and wrong, good and bad, POD and POC, all 9, shorts, boys, POVADs and beyonds.*

4. KIES en KOM IN ACTIE: Jouw keuze bepaalt de mogelijkheden die gaan verschijnen. Met andere woorden: eerst komt de eis, dan de vraag, en dan laat je de beperking los. Dan volgen de keuze en de actie, en die creëren een andere mogelijkheid voor de toekomst. Maar je moet dus wel kiezen!

ONTVANG *alles.* Weet dit alsjeblieft: jij hebt geen controle over wanneer iets verschijnt, of hoe het er precies uitziet. Het universum wel. Om dit te laten werken, zodat de dingen kunnen gaan veranderen, moet je bereid zijn om alles te ontvangen dat verschijnt, zonder oordelen of uitsluiting.

Dat is 'm dan: een samenvatting van de kortste weg om wat dan ook te veranderen.

Te vreemd? Da's oké. Je wilde die verandering toch niet echt, of wel? Vooral niet dat hele sexualness-gebeuren...

Want wie wil er nou orgasmisch zijn? Toch?

Orgasmisch lichaam: hoe je op elk moment meer energie kunt hebben, met totaal gemak

Denk eens terug aan de laatste keer dat je een orgasme had. (Zelfs als dat 150 jaar geleden was...)

En haal nu die orgasmische energie uit de aarde omhoog.

De aarde heeft er bergen van – het is net een groot, pulserend, heet orgasme...

Hoe zou het anders een gesmolten kern kunnen hebben die pas na honderden miljoenen – of miljarden jaren zal afkoelen?

Oké, haal de energie van een orgasme omhoog vanuit de aarde, door je voeten, je enkels in, door je knieën, door je heupen, door je buik, door je zonnevlecht en borstkas, door je armen, door je nek en bij je kruin er weer uit.

Meer. ∞ ∞ ∞ ∞ ∞ ∞ ∞ Meer! ∞ ∞ ∞ ∞ ∞ ∞ ∞ Meer!!! ∞ ∞ ∞ ∞ ∞ ∞ ∞ Meer!!!!

Hoe voelt je lichaam nu aan?
O, trouwens, als jouw lieve lichaam nu op een bepaalde manier wil bewegen: laat het dat dan alsjeblieft doen!

Als je elke dag (en elke nacht) zo zou beginnen... Dat zou echt niet goed voor je zijn. Helemaal niet.

(Dat was een grapje, voor het geval je het niet doorhad.)

Je

Familie

voorbij

(Is dat eigenlijk wel toegestaan?)

Het is jouw keuze, NIET je opvoeding die jouw werkelijkheid creëert...

Wat heb jij gekozen, gewoon omdat je het kon, waar niemand een touw aan vast kon knopen, wat voor jou een indicatie is van hoe anders jij bent?

Heb je misschien onvriendelijkheid of misbruik meegemaakt en er op de één of andere manier voor gekozen om een aardig iemand te zijn?

Of groeide je op met mensen die alsmaar over je oordeelden, maar heb jij ervoor gekozen om voorbij te gaan aan de behoefte om te oordelen?

Wil je alsjeblieft erkennen dat jij een andere werkelijkheid hebt gecreëerd dan die die je als kind meekreeg?

Wil je alsjeblieft erkennen hoe geweldig krachtig JIJ wel niet bent?

En ga je erkennen dat

HET JOUW KEUZE IS, NIET JE OPVOEDING, DIE JOUW LEVEN EN BESTAAN CREËERT.

– Hoofdstuk 8 –
Wat als jij je ouders hebt uitgekozen?

Stel je dit eens voor... Je bent een mooi, schitterend vonkje van zijn in het universum. Middenin je derde radslag op een zachte, vrolijke wolk kies je ervoor om een tijdje een lichaam te hebben... gewoon voor de lol, en misschien als een stap op jouw weg naar bewustzijn.

Hoe dan ook, je vindt deze twee mensen en je smijt ze bij elkaar. Bam!

Daar ben je dan! Daar is je lichaam!

Het is zo'n superbelangrijk stukje informatie dat we niet hebben gekregen... Jij kiest je ouders, jij krachtige, kleine baby!

Kijk er gewoon eens naar... Voel je je er lichter door?

Let op: als je in een lichaam stapt, krijg je niet alleen een lichaam, je krijgt deze hele realiteit erbij! Het is net alsof je één van die Telsell-reclames op tv kijkt, en deze verkoopt een levensspanne op planeet aarde.

Jij bekijkt dat van daarboven als een glimmend klein wezen, op je kleine wolk, en je gaat van: *"O, man, echt waar, kan ik naar de aarde gaan? Wauw!"*

Uit de cloud-tv hoor je: *"Ja, en als je nu meedoet, krijg je niet alleen een lichaam, maar je krijgt ook alle beperkingen die deze realiteit te bieden heeft. Je zult ieder moment je weg uit deze beperkte realiteit moeten vechten! Het gaat je steeds beïnvloeden! Het gaat je proberen te verstikken! Je zult allerlei soorten mensen om je heen hebben die niet willen weten dat er iets anders beschikbaar is! Totdat je doodgaat, zul je elk moment van je leven iets hebben om voor te vechten, om te bewijzen dat je succesvol was! Maar alleen als je nu reageert! Er zitten medewerkers voor je klaar!"*

En jij denkt: *"Oké, dat ga ik doen! Het klinkt als een avontuur."*

Daarom zeg ik dus: we zijn schattig, alleen niet erg slim.

∽ ∽ ∽

Opgroeien in het getto

Als je denkt dat jouw keuze wat betreft je ouders en je jeugd een interessante was, laat me dan de mijne even met je delen. Van mijn tweede tot mijn negende groeide ik op in het getto. Ik was het enige blanke kind op 13 vierkante kilometer. Ik was het enige blanke kind dat ik op mijn school kende. Dat is een interessante keuze voor een kind – ik in dit geval.

Gelukkig hadden veel van de jonge kinderen die ik kende nog niet geleerd om te oordelen – en te haten – op basis van iemands huidskleur, ook al hebben de meeste mensen in het getto veel haat in hun universum. Tuurlijk, bijna alle oudere mensen die ik daar kende zaten er vol mee, maar ook dat leer je te overleven.

Ik had een paar geweldige vrienden in het getto – die allemaal een andere huidskleur hadden dan ik. Ik realiseerde me niet dat we anders waren, totdat ik ongeveer acht jaar oud was. Dat was de eerste keer dat iemand met me wilde vechten, omdat ik een andere huidskleur had. Door daarop terug te kijken, realiseerde ik me dat kinderen wordt geleerd om te oordelen. We worden er niet mee geboren.

Het getto is toch echt wel de kroon op de prestaties van deze realiteit. Iedereen leert er om eerst te haten en dan pas vragen te stellen – als ze dat al doen. Het is die haat, die alles doordringt en die zorgt voor een gevoel van hopeloosheid, waardoor mensen in deze vicieuze cirkel blijven hangen – een haat die nooit toestaat dat er iets verandert. Mensen passen zich aan aan de standpunten in het getto, ze zijn het ermee eens, of ze verzetten zich ertegen en reageren erop. Het zijn die afstemming, instemming, dat verzet en die reactie op de juistheid of verkeerdheid van de standpunten in het getto, die alles vastzetten en in stand houden. Ze zorgen ervoor dat alles bij het oude blijft. Je reinste en meest ultieme multi-level marketing programma van ellende! In het getto is er geen energie van toelating.

Tegelijkertijd had ik rijke grootouders en een welgestelde vader. Dus ik bezocht mijn vader of mijn grootouders om het weekend, en dan kwam ik weer terug in het getto.

Mijn oma trok dan alle 'mooie' kleren uit die ik dat weekend bij haar had gedragen, om me dan weer al mijn waardeloze kleren aan te trekken, want elke keer dat ik terugging naar het huis in het getto, werden al mijn mooie kleren gestolen door de mensen waar mijn moeder en ik mee samenwoonden – en alle andere dingen die de moeite waard waren om te stelen. Hiep hiep hoera!

Het moet wel een fraai gezicht zijn geweest... Mijn grootmoeder kwam dan aangereden in haar spiksplinternieuwe Lincoln

Continental, zette me af bij één van die getto-huizen en kleedde me naast de auto uit. Ze trok mijn mooie kleren uit en mijn oude kleren weer aan... Zo van Ritchie Rich ontmoet Tito Puente [red.: zoiets als rijkeluiskind ontmoet Ciske de Rat].

Mijn vader en grootmoeder hadden dit standpunt: *"Wij zijn blank. Wij zijn rijk. Wij zijn superieur."* Mijn standpunt was: *"Probeer mijn leven eens. De mensen hier haten me omdat ik blank ben. Ze haten me, omdat ze denken dat ik geld heb – ook al heb ik dat niet!"*

Ik leefde dus in dit bizarre conflicterende universum. Een conflicterend universum is als je één universum hebt dat één ding is en een ander universum dat totaal anders is, en je kunt ze niet op één lijn krijgen. Dat is gewoon onmogelijk. Dus je functioneert in dat conflicterende universum, waarbij je nooit echt weet wat er werkelijk waar is... Dat was deel van mijn werkelijkheid toen ik opgroeide. Interessante keuze, hè? En trouwens, hoeveel van jouw jeugd (en je huidige realiteit) voelt voor jou aan als een conflicterend universum?

Alles wat jouw jeugd en jouw realiteit als een conflicterend universum creëert, ga je dat nu alsjeblieft allemaal vernietigen en ontcreëren? Right and wrong, good and bad, POD and POC, all 9, shorts, boys, POVADs and beyonds. Dankjewel.

༄ ༄ ༄

Ik wist het. En jij ook.

Wat ik me realiseerde, was dat ik was gekomen om mijn ouders het gewaarzijn te geven dat ze niet met oordelen hoefden te leven. Is me dat gelukt? Nee.

Ik probeerde altijd te begrijpen waarom het was of hoe het kwam dat ik zoveel haat, woede en venijn naar me toegeslingerd kreeg toen ik in het getto leefde, en dat ik diezelfde mensen nog steeds gewoon een knuffel wilde geven en tegen hen wilde zeggen: *"Zo hoef je niet te zijn. Kom op, laten we elkaar een knuffel geven."*

Ik wilde erachter komen waarom en hoe ik zo kon zijn, want als ik daar een reden voor kon bedenken, dan kon ik andere mensen laten zien hoe ze dat ook kunnen zijn, en andere mensen laten zien hoe ze dat ook kunnen hebben.

Denk je dat iets daarvan voor jou ook waar kan zijn? Heb jij mensen ooit gewoon willen laten zien dat ze andere keuzes hebben? Heb je hen ooit wel eens gewoon een knuffel willen geven en hen laten weten dat het allemaal heel anders kan zijn – en veel gemakkelijker?

Maar helaas kun je anderen niet laten zien hoe ze het kunnen zijn of hebben.

Dat is een keuze.

Een keuze die voorbijgaat aan logica en redenen waarom. Voorbij alles wat je kunt bedenken.

Als jij iets kiest, kan niemand het ooit nog van je afnemen.

En je hebt altijd een keuze. Altijd.

Ben jij naar je ouders toegekomen om ze iets te schenken dat ze weigerden te ontvangen?

Wat als jij bent gekomen om je ouders iets te geven – een bepaald geschenk of een gewaarzijn? Misschien kwam je om hen te laten zien dat er van hen gehouden wordt, of dat ze een grootser leven zouden kunnen leiden, of dat ze niet hoeven te lijden, of dat ze niet hoeven te oordelen, of dat boosheid en verdriet niet hun enige keuzes zijn.

De meesten van ons besloten dat we mislukkelingen waren, omdat onze ouders het niet wilden ontvangen. Weet je wat? Je hebt niet gefaald – ze wilden het gewoon niet. Hoorde je me, mijn prachtige vriend of vriendin? **Je hebt niet gefaald. Zij konden of wilden het – of jou – gewoon niet ontvangen.**

En het is niet jouw schuld. Op wat voor manier dan ook. Echt waar. Beloofd.

Het is ook niet hun schuld. Zij hadden hun vaststaande standpunten alleen al. Het is niet dat ze slecht en verkeerd zijn, het was gewoon wat zij bereid waren te kiezen. Zij deden het beste wat ze konden met de tools die ze hadden. Sommigen hadden zulke erbarmelijk slechte tools... We zijn zo schattig (en niet zo slim).

Wat kunnen we dan doen om te proberen het te veranderen? Het lijkt erop dat we meestal de ouder nemen die het minst van ons houdt en dan een relatie creëren met iemand die net zo is.

Blijkbaar gaan we ervan uit dat als we diegene kunnen veranderen, we dan eindelijk kunnen helen wat we niet konden helen in de ouder die niet zoveel van ons hield als we wel hadden gehoopt. Dan zouden we misschien eindelijk het oordeel kunnen loslaten dat we een mislukkeling zijn. We denken dat we misschien eindelijk het oordeel over onszelf zouden kunnen loslaten, omdat we er zeker van zijn dat deze mislukking van onze kant de bron moet zijn van ons verkeerd zijn, iets wat we ons hele leven hebben waargenomen.

Wauw!

Wat als niets daarvan waar is? Wat als het niet jouw missie was om je ouders te helen? Wat als er helemaal, maar dan ook helemaal NIETS mis is met jou? Of met hen? Wat als dat knagende gevoel van verkeerd zijn nou eens iets heel anders zou zijn?

Als dit op jou van toepassing is, op welke leeftijd heb je dan besloten dat je een mislukkeling was?

Twee... vier... zes? De tweede dag na je geboorte? De tweede maand na de conceptie?

Op welke leeftijd je ook maar besloten hebt dat je een mislukkeling bent, omdat je ouders weigerden om in jou het geschenk te zien dat jij bent, ben je bereid om dat nu allemaal op te geven en het te vernietigen en ontcreëren, en ook te claimen, je toe te eigenen en te erkennen dat jij het geschenk bent dat je hier kwam zijn (zelfs als je niet weet wat dat is)? Right and wrong, good and bad, POD and POC, all 9, shorts, boys, POVADs and beyonds. Dankjewel.

༂ ༂ ༂

"Lieverd, je bent GEEN HAAR beter dan wij."

Hoeveel van jouw leven heb je gecreëerd om de standpunten van jouw familie te bevestigen over wat er wel en niet mogelijk is?

Dat is wel zo'n beetje het wijdverbreide standpunt in de wereld: je kunt niet ineens anders zijn – vooral niet grootser – dan jouw familie was. Je kunt een klein beetje minder zijn, maar je kunt niet grootser zijn dan zij. Je kunt niet vrijer zijn van oordelen. Je kunt niet meer geld verdienen. Je kunt niet meer van het leven genieten dan jouw familie deed, omdat zij degenen zijn die jou hebben geleerd hoe je je moet redden in deze realiteit.

Of je bent je hele leven bezig te vechten tegen elk standpunt dat je familie heeft en je ertegen te verzetten – waarmee je alsmaar opnieuw bewijst dat je net zo bent als zij, alleen aan de andere kant van de medaille van hun realiteit.

Hoeveel van je leven heb je doorgebracht met je vader te zijn, terwijl je je ertegen verzette om je vader te zijn, terwijl je je vader was, terwijl je je ertegen verzette om je vader te zijn?

Hoeveel van je leven heb je doorgebracht met je moeder te zijn, terwijl je je ertegen verzette om je moeder te zijn, terwijl je je moeder was, terwijl je je ertegen verzette om je moeder te zijn?

Alles wat dat op z'n plek houdt, laat je dat nu allemaal gaan en ga je het allemaal vernietigen en ontcreëren alsjeblieft? Right and wrong, good and bad, POD and POC, all 9, shorts, boys, POVADs and beyonds. Dankjewel.

Als jij je ouders hebt gekozen, zou je dan misschien bereid zijn om te kijken welk geschenk jij hebt ontvangen door nou juist deze twee mensen uit te kiezen?

Stel jezelf deze vraag: "Welk geschenk heb ik ontvangen door deze mensen uit te kiezen als mijn ouders?"

Alles wat jou niet toestaat om het geschenk of de geschenken te zien die je hebt ontvangen door de ouders te kiezen die je hebt gekozen, laat je dat nu alsjeblieft allemaal los? Right and wrong, good and bad, POD and POC, all 9, shorts, boys, POVADs and beyonds. Dankjewel.

Even een reminder: "Wat heb jij gekozen, gewoon omdat je dat kon, waar niemand een touw aan vast kon knopen, wat voor jou een indicatie is van hoe anders jij bent?"

Ga je alsjeblieft erkennen dat jij een andere realiteit hebt gecreëerd dan die die je als kind hebt gekregen?

Ga je alsjeblieft erkennen hoe bijzonder krachtig JIJ bent?

En ga je NU erkennen dat het JOUW KEUZE is en NIET JE OPVOEDING, die jouw leven en bestaan bepaalt?

En alles wat niet toelaat dat dat nu voor jou verschijnt, ga je dat nu alsjeblieft allemaal vernietigen en ontcreëren? Right and wrong, good and bad, POD and POC, all 9, shorts, boys, POVADs and beyonds. Dankjewel.

Wat zou je nu willen kiezen als jouw leven?

De weg naar bewustzijn

Wil je een andere wereld? Stop dan met het oordelen over jou!

Als jij ermee ophoudt om over jezelf te oordelen, en ermee ophoudt om over alle anderen te oordelen, word je het verschil en de verandering waar je al je hele leven naar hebt verlangd, en misschien zelfs om hebt gevraagd.

Wees gewoon jij. Als jij een bestaan creëert en genereert dat jou vreugde brengt, ben je de verandering op deze planeet, en ben je het geschenk dat de planeet heelt. Als je ooit hebt gezocht naar een '**weg naar bewustzijn**', dit is 'm. En ik bedoel niet mijn boek of Access Consciousness. Ik bedoel jij zijn.

Het gaat niet om op pad gaan en één of andere onmogelijke taak doen op een onmogelijke plek, waarbij je niet eens weet wat het is of waar het is, en waarvoor je de tools niet eens hebt.

Het gaat er niet om dat je in een grot gaat wonen om je hele leven te gaan mediteren. Het gaat er niet om dat je deze realiteit en al het heerlijks en leuks achterlaat dat je hier kunt doen en hebben en zijn.

Het gaat om leven met gemak, om jezelf en anderen te eren, je leven te creëren met **alles** dat je zou willen hebben erop en eraan – en dat allemaal met een gewaarwording van gemak, vreugde en glorie*.

DAT is waar het om gaat.

Je hebt de tools. Je bent de tools.

Het is tijd, mijn mooie vrienden.

*glorie: 'uitbundige expressie en overvloed'

Alles is

Keuze

——— AAN DE LEZER, EXTRA UIT 2012 ———

Ik zit hier, in gedachten verzonken, ter voorbereiding op het herschrijven van dit hoofdstuk van Jij zijn en de wereld veranderen. Om dit hoofdstuk te herschrijven, moet ik opnieuw een onderwerp aansnijden waarvan ik dacht dat ik het allang achter me had gelaten. En daardoor valt me weer eens op hoe anders mijn standpunt is dan dat van de meeste mensen die ik mijn broers en zusters op de planeet noem. (Jij.)

Eerder was dit hoofdstuk voor mij één hoofdstuk in een groot boek vol mogelijkheden. Doordat ik heb beleefd wat ik je zo ga beschrijven, is mijn hele leven veranderd – letterlijk.

Maar doordat ik het onderwerp opnieuw moest induiken om te kunnen vertellen wat er is gebeurd en wat ik ervan heb geleerd, zodat ik goed kon beschrijven wat er voor jullie, de lezers, mogelijk zou kunnen zijn, heeft het mij de ogen nog meer geopend.

Laat me je wat meer vertellen, voordat ik in het bewuste onderwerp duik.

Precies twee dagen voordat de Zweedse versie van het Jij zijn-manuscript moest worden gedrukt, belde de uitgever op om te vragen of we dit hoofdstuk uit het boek konden halen. Om te zeggen dat ik verbaasd was, is zacht uitgedrukt. Weet je, ik heb echt honderden e-mails gekregen van mensen die me vertelden dat dit ene hoofdstuk (in z'n vorige vorm) hen een kijk op dingen had gegeven die echt letterlijk hun leven had gered.

Mijn antwoord aan mijn vriendelijke uitgever was: "Nee." Maar toen ik luisterde naar haar redenen om dit hoofdstuk te schrappen, realiseerde ik me dat ik in het oorspronkelijke Jij zijn-manuscript niet genoeg informatie heb gegeven aan jou, de lezer. Ik realiseerde me ook dat mijn reden om dit hoofdstuk te schrijven eerst en vooral was om mensen een andere kijk op dingen te geven. En dat deed het ook.

Toch was er meer informatie nodig. Dus bood ik aan om het hoofdstuk te herschrijven tot het hoofdstuk dat ik graag wilde dat het zou zijn toen ik het boek schreef, maar dat ik toen niet zo kon schrijven.

Ja, ik verander zelf ook.

Ik realiseerde me dat we in ons leven, als we een gebeurtenis meemaken, er meestal van uitgaan dat andere mensen onze kijk op de dingen zullen meekrijgen, een kijk die we hebben meegekregen door die gebeurtenis – ook al is hun levenservaring vaak heel anders dan de onze. We gaan er gewoon van uit dat anderen de wereld in de basis net zo zien als wij.

Door het werk dat ik doe, zou je denken dat ik dat wel door zou hebben. Aan de ene kant is dat ook zo. En aan de andere kant heb ik zojuist een enorm geschenk van gewaarzijn gekregen – hopelijk eentje die de mogelijk controversiële onderwerpen in dit hoofdstuk doeltreffender zal verklaren.

Daarbij zou dit ene hoofdstuk, als het uit de context van het hele boek werd gehaald, hard op mensen kunnen overkomen. Dat was nou niet het effect dat ik wilde bereiken.

Dus wat je nu in handen hebt, is een hoofdstuk dat net iets anders is dan je zou gaan lezen als mijn Zweedse uitgever niet het beste met jullie voor had gehad, en tegelijkertijd ook met ons allemaal.

Ook zal dit hoofdstuk in de nieuwe Engelse versie veranderen, vanaf eind 2012. Als je wilt weten wat er in de vorige versie staat, zoek dan gerust ergens een tweedehands exemplaar…

Zie dit maar als jouw uitnodiging tot een heel ander gewaarzijn over een paar controversiële onderwerpen waar ik een heel andere kijk op heb gekregen.

Oké, prachtige broers en zusters van deze mooie planeet waarvan wij het geluk hebben dat we het ons thuis mogen noemen, daar gaat-ie dan...

Begrijpen versus gewaarzijn

"Snap je?"

Hoe vaak in je leven heb je die vraag gehoord? Of hem gesteld?

Kijk hier alsjeblieft even naar.

Probeer je je leven vanuit een cognitief standpunt te leiden? Probeer je te begrijpen hoe het werkt om het juist te krijgen? De meesten van ons wel.

Hier is een andere mogelijkheid om te overwegen: het werkt niet!

We beginnen al met het standpunt: "Ik denk, dus ik besta." Daardoor komen we tot de conclusie dat keuze iets cognitiefs is. Maar dat is niet zo.

We hebben een heleboel dingen gekozen die niet cognitief waren.

En wij denken dat begrijpen hetzelfde is als gewaarzijn, maar dat is niet zo.

Bij gewaarzijn zit vaak geen 'begrijpen', omdat er geen standpunt bij zit. Het ìs gewoon.

Begrijpen is ondergeschikt aan gewaarzijn.

Begrijpen is een functie van je verstand. Gewaarzijn is een functie van jou, het oneindige wezen.

Eén van de grootste beperkingen die we hebben, is dat we proberen om ons leven vanuit een cognitief standpunt te leven.

En probeer dit alsjeblieft niet cognitief te vatten… Stel gewoon een vraag. Is het licht of zwaar?

Voor jou.

– Hoofdstuk 9 –
Als de dood een keuze was in plaats van iets verkeerds, zou je dan voluit kunnen leven?

Ben je bereid om even met mij in het diepe te springen? Alsjeblieft?

Dit kan weleens tegen alles ingaan waar je in gelooft...

Oké, je bent gewaarschuwd! Hou je vast. En onthoud:

Alles is het tegenovergestelde van wat het schijnt te zijn,
niets is het tegenovergestelde van wat het schijnt te zijn.

Alles is het tegenovergestelde van wat het schijnt te zijn,
niets is het tegenovergestelde van wat het schijnt te zijn.

Alles is het tegenovergestelde van wat het schijnt te zijn,
niets is het tegenovergestelde van wat het schijnt te zijn.

Alles is het tegenovergestelde van wat het schijnt te zijn,
niets is het tegenovergestelde van wat het schijnt te zijn.

Alles is het tegenovergestelde van wat het schijnt te zijn,
niets is het tegenovergestelde van wat het schijnt te zijn.

Realiseer je je dat de dood en verandering totaal verkeerd worden gemaakt in deze realiteit? De dood wordt gezien als één van de ergste dingen die je maar kunnen overkomen. Dat geldt trouwens ook voor verandering. Hoeveel vragen zitten er in dat standpunt? Niet één. En als je geen vraag stelt, sluit je je gewaarzijn buiten – voor iedere andere manier van kijken die mogelijk zou kunnen zijn.

Dus ik vraag me af wat er zou kunnen gebeuren als we de dood of pijn of verandering niet verkeerd zouden maken en ons in plaats daarvan zouden afvragen wat er hier nou echt gebeurt? Als alles een keuze is, dan vraag ik me af: hoe is dit ontstaan? Of met welke reden? Zie je hoe alleen het stellen van zulke kleine vragen de deur naar een heel andere mogelijkheid al kan openen? Die vragen halen je uit de conclusie, waar geen andere mogelijkheden bestaan, en ze staan toe dat er deuren naar andere mogelijkheden opengaan.

Neem nou zoiets verschrikkelijks als 11 september [2001, de Twin Towers]. Als je de conclusie: "Dit is zo verschrikkelijk" weglaat, welk gewaarzijn zou er dan kunnen zijn? Welke mogelijkheden zouden er kunnen zijn die je nog niet hebt overwogen? Mogelijkheden zijn er in bijna elke situatie, maar om ze te kunnen zien, moet je wel bereid zijn om naar ze op zoek te gaan en ze te vragen om tevoorschijn te komen. Hoe doe je dat? Door vragen te stellen! (O, dat weer.)

Wat als al die andere mogelijkheden nou eens een beetje op kleine, bange kinderen leken? Wat bedoel ik daarmee?

In een wereld waarin we over alles tot een conclusie proberen te komen, de wereld waarin we momenteel leven, zijn deze mogelijkheden zodanig in de vergetelheid geraakt en in de steek gelaten en hebben ze al zo lang gehoord dat ze van nul en generlei waarde zijn, dat ze zich nu verstoppen. Ze zijn niet meer bereid om zich te laten zien en te komen spelen, tenzij jij naar ze op zoek gaat en laat weten dat jij bereid bent om ze in jouw leven toe te laten. Dat doe je door een vraag te stellen en dan bereid te zijn om open te staan voor een heel andere mogelijkheid. Dit gedeelte is zo belangrijk. Om een nieuwe manier van kijken of een nieuw gewaarzijn of een nieuwe mogelijkheid in jouw wereld te laten opduiken, zul JIJ bereid moeten zijn om dat toe te laten. Ja, JIJ.

Laten we het eens proberen. Laten we eens kijken naar de gebeurtenis die 11 september heet, vanaf een plek van: "Wat is er nog meer mogelijk?" en er dan misschien zelfs wel wat vragen over stellen.

Is het om te beginnen niet interessant dat er in twee gebouwen waar normaal gesproken bijna 50.000 mensen rondliepen, nu maar 3000 mensen waren? In elke andere situatie zouden we dat op z'n minst verbazingwekkend vinden. Sommigen zouden het zelfs een wonder noemen. Wat als het feit dat er die dag 'slechts' 3000 mensen doodgingen, in plaats van 50.000, een verbazingwekkend wonder was? En wat als die mensen allemaal hun uiterste best hebben gedaan om ons daarbij een bijzonder geschenk te geven – een bijzondere wake-up call?

Ja, ik weet dat veel achtergebleven familieleden dit idee in eerste instantie zullen afschieten, vanwege de pijn van het verlies van hun geliefden, en dat begrijp ik volkomen, en hen ook. Wat ik hier probeer te doen, is een andere uitleg te geven die ons allemaal – zelfs de achtergebleven familieleden – meer vrede ermee zou kunnen geven en een grotere mate van gewaarzijn.

Laat me dat even uitleggen.

Wat zou ervoor nodig zijn om jou te laten realiseren dat er keuzes zijn die jij als wezen maakt, die je cognitieve begrip ver te boven gaan? Zou je meer mogelijkheden hebben als er geen cognitief begrip of cognitief gewaarzijn nodig is bij elke keuze die je maakt? En zou je willen erkennen dat je een keuze maakt, ook als je er niet verstandelijk mee bezig bent?

Wat als er nou eens iets was dat de mensen in de gebouwen en de vliegtuigen wisten, dat deze realiteit ver te boven gaat? Wat als ze werkelijk oneindige wezens zijn, wat betekent dat hun gewaarzijn deze realiteit ver overstijgt, met haar beperkte gewaarzijn en beperkte keuzes? Wat als zij ergens wisten dat ze een bijdrage konden zijn aan DE WERELD VERANDEREN? Wat als ze een manier hebben gekozen om dat te doen, waarbij ze toestonden dat hun lichamen die dag zouden sterven, zodat ze anderen (ons) wakker konden schudden?

De wereld veranderde die dag. Je kunt vinden dat het slechter is geworden. Dat zou waar kunnen zijn. Of... is het mogelijk dat de wereld veel slechter af was geweest als 11 september nooit had plaatsgevonden? Wat als het een wake-up call was, die mensen ertoe dwong om zich ervan gewaar te zijn dat verandering nodig was? Wat als het deel uitmaakte van de eis van meer bewustzijn? En wat als elk individu dat er die dag voor koos om zijn of haar lichaam toe te staan om te sterven, bijdroeg aan dat gewaarzijn VOOR DE WERELD?

Mijn vraag is: is het lichter voor jou?

Ik heb verhalen gehoord van mensen bij wie de wekker die ochtend niet afging. Of ze namen een taxi en kwamen vast te staan in de ochtendspits. Of hun kind was ziek. Of ze kregen gewoon een duidelijk signaal dat ze moesten omkeren en die dag niet naar die gebouwen moesten gaan... Echt, wat als die mensen dit nou eens hebben gecreëerd, omdat ze die dag iets anders kozen dan te sterven? Wat als deze mensen wisten dat in leven blijven het grootste geschenk was dat zij konden zijn? Wat als er iets groters aan de hand was dan wij ook maar bereid zijn te overwegen? Nogmaals, wat waar is voor jou, voelt lichter voor je. Wat voelt er lichter voor JOU?

Meteen na 11 september was er een interessant fenomeen: New Yorkers nodigden wildvreemden thuis uit en zorgden voor hen, in plaats van te vrezen voor hun leven of hun bezittingen. Dat was in New York niet meer voorgekomen sinds de jaren 60. De stad verenigde zich door een vertoon van zorgzaamheid en solidariteit dat New York überhaupt nog NOOIT eerder had meegemaakt. Zou jij dat als een geschenk zien?

Er is me nog iets interessants opgevallen: als ik vraag wanneer mensen zijn begonnen aan hun ontdekkingsreis met mogelijkheden die voorbijgaan aan deze realiteit, vertellen veel mensen me dat ze eraan zijn begonnen in 2001 of 2002 of 2003, dus in de eerste jaren na 11 september. Is dat toeval? Misschien. En misschien hadden de mensen die die dag in september moedig genoeg waren om te veranderen, echt het effect dat ze graag wilden hebben.

En begrijp me goed, ik heb het niet over een cognitieve keuze!

"Als ik me verstop, dan ga ik misschien niet dood."

Er lijken twee veel voorkomende manieren te zijn waarop mensen een besluit nemen dat hun lichaam het pad richting de dood laat inslaan. Bij de eerste manier besluit je als je jong bent dat je niet ouder gaat worden dan een bepaalde leeftijd. Het is alleen maar een besluit. Dan word je toch ouder dan dat en stopt je leven, omdat jij dacht dat je al dood zou zijn. Tot die leeftijd heb je voldoende leven geprojecteerd, en dan bereid je je erop voor om te sterven. Gek hè?

Heb JIJ een datum waarop je dood neer gaat vallen?

Ik wil je graag wat vertellen over iemand die we voor nu Cynthia zullen noemen. Ze was 54 jaar toen ik haar ontmoette – en er werkte echt helemaal niets in haar leven. Ik stelde haar een heleboel vragen en uiteindelijk vonden we de beperking die haar letterlijk om zeep aan het helpen was. En ik moet je zeggen dat dit een verrassing voor me was.

Toen Cynthia ongeveer drie jaar oud was, had ze besloten dat ze niet ouder zou worden dan 51. En alles in haar leven begon weg te vallen toen ze 51 werd. Er kwam geen geld meer binnen, haar vriendschappen hielden op – alles hield gewoon op.

Eenenvijftig was haar vervaldatum.

Heb jij een vervaldatum, waarop het de bedoeling is dat je lichaam ermee ophoudt? Op welke leeftijd? Zie je de waanzin van dat standpunt? Bijvoorbeeld: Cynthia nam dit besluit toen ze drie was. Wat weet een driejarige nou over de dood en over oud worden en wanneer ze zouden willen sterven? Dat is nog een voorbeeld van een keuze die totaal niet cognitief was en die een enorme impact had op iemands leven.

Als jij zo'n uiterste houdbaarheidsdatum hebt, ga je dan nu alsjeblieft alles vernietigen en ontcreëren waarop je je hebt afgestemd en waarmee je hebt ingestemd en waar je je tegen hebt verzet en op hebt gereageerd, wat toelaat dat dit bestaat? Right and wrong, good and bad, POD and POC, all 9, shorts, boys, POVADs and beyonds. Dankjewel.

Maar wacht, er is meer...

De andere vaak voorkomende manier om je lichaam het pad naar de dood in te laten slaan, is als je een relatie hebt of een andere situatie waar je uit weg wilt, waardoor jij denkt: "O, ik ga dood hier", of "Was ik maar dood."

En je besluit om dood te gaan, zodat je eruit kunt ontsnappen. Je zet je lichaam op een koers richting de dood, en het wordt heel moeilijk voor je om een leven te hebben en om enige vorm van overvloed te hebben. Het is vreemd, ik weet het. Heel erg vreemd.

Laat me je een voorbeeld geven. Gary werkte met een vrouw van in de zeventig die de diagnose borstkanker had gekregen. Hij vroeg haar: "Waar wil je zo graag van weg dat je ervoor wilt sterven?"

Ze antwoordde: "Mijn relatie."

Gary vroeg haar: "Heb je wel eens overwogen om te scheiden?"
Ze antwoordde: "O, nee. Dat zou ik mijn kinderen niet kunnen
aandoen!" Hij vroeg: "Hoe oud is je jongste kind?"

Ze zei: "54."

Hoe hard Gary het ook probeerde, ze was absoluut niet bereid om
haar standpunt te veranderen. Hij gaf haar haar geld terug en zei
dat hij haar niet kon helpen. Ze stierf aan borstkanker.

De meeste mensen denken: "Als ik me verstop, dan ga ik misschien
niet dood."

Nee, pas als je ervoor kiest om te leven, dan zul je niet doodgaan!
Ik weet het, dit is vreemd, net als veel van de dingen waar we het
tot nu toe over hebben gehad.

Ten eerste moet je de beslissing die je ooit hebt gemaakt om te
sterven ongedaan maken, ALS JE BEREID BENT OM DAT TE
DOEN. (Dat is trouwens precies waar de clearing statement voor
is bedoeld – om de zooi ongedaan te maken waar je tot nu toe geen
manier voor had om het ongedaan te maken.) Ten tweede moet je
echt de keuze maken om waarlijk te leven. (Veel mensen hebben
er moeite mee om uit de ziekteprocessen te komen, en armoede
en depressie, omdat ze er nog niet voor hebben gekozen om TE
LEVEN.)

En luister, als iets hiervan licht is voor jou, is het dan nu tijd om
iets anders te kiezen? Om voor het leven te kiezen?

Als je weet dat dit voor jou opgaat en je zou het willen veranderen,
ben je dan bereid om dat te doen? Nu meteen?

Ga je nu elke keer dat je besloot te sterven, vernietigen en ontcreëren,
en ook elke keer dat je stierf van verlangen om ergens van weg te
komen? En alles wat dat niet toestaat, laat je dat nu alsjeblieft gaan?

En ga je nu de keuze maken om te leven en om te eisen dat je leeft? Ongeacht hoe dat eruitziet en ongeacht wat ervoor nodig is?

En alles wat dat niet toelaat, zullen we dat nu alsjeblieft vernietigen en ontcreëren? Right and wrong, good and bad, POD and POC, all 9, shorts, boys, POVADs and beyonds. Dankjewel.

Dankjewel. Namens mij en je lichaam.

(Trouwens, maak nu eens contact met je lichaam. Is het lichter?)

Laat me je een verhaal vertellen met een vrolijker einde: er was een vrouw waar ik mee werkte, laten we haar Chandra noemen, die vleesbomen in haar baarmoeder had, met een diagnose van een arts en echo-uitslagen als bewijs. Toen ik haar vroeg: "Wat is de waarde van hieraan vasthouden?" realiseerde ze zich dat het de enige manier was die ze kende om de mensen om haar heen te helen. Haar lichaam probeerde anderen letterlijk te helen door hun pijn en ziekte over te nemen. (Wat veel gebruikelijker is dan de meeste mensen zich ooit realiseren.)

Na het stellen van een paar vragen en gebruik van de clearing statement om overal waar ze dacht dat ze het niet op een andere manier kon doen, ongedaan te maken, en wat ESB-werk, had ze geen vleesbomen meer. Ze ging terug naar het lab voor een echo, omdat ze een operatie zou krijgen om de vleesbomen te laten verwijderen, en ze wilde graag zien of er iets was veranderd door onze sessie. De specialist die de echo's maakte staarde ongelovig naar het scherm terwijl hij het echo-apparaat over haar buik liet bewegen en naar de beelden van de vorige scan keek. Uiteindelijk zei hij dat er iets mis moest zijn geweest met de eerste echo, omdat hij geen vleesbomen kon vinden. Haha. :) Chandra blij!

Ergens, op de één of andere manier, kreeg Chandra tijdens onze sessie wat ze nodig had om iets anders te kunnen kiezen. Weet alsjeblieft dat het altijd de keuze is van die persoon – niet de mijne.

——— NOG IETS AAN DE LEZER ———

Misschien vraag je je af hoe ik op het punt kwam waar ik mijn gewaarzijn kon vertrouwen wat betreft de dingen die ik met je heb gedeeld (bijvoorbeeld dat Cynthia inderdaad op haar derde had besloten wanneer ze ging sterven, of dat Chandra op het juiste spoor zat om de vleesboom-situatie te veranderen). Net als bij alle andere dingen, gebruikte ik hierbij de tool die ik al eerder met je heb gedeeld: hogere wiskunde.

Oeps! Sorry, vergeten: verkeerde tool. Het is veel gemakkelijker dan hogere wiskunde.

Ik begon met het gewaarzijn dat iets wat waar is ons altijd lichter laat voelen. En toen liet ik mijn verstand even voor wat het was en volgde wat er ook maar omhoog kwam. En toen dat meer lichtheid creëerde, bleef ik die route volgen. Toen het zwaarder werd, wist ik dat ik die kant niet op moest gaan, dus veranderde ik van richting met mijn vragen.

En hoe weet ik dat wat ik deed echt werkte en dat mijn hoofd het niet had verzonnen?

OMDAT CYNTHIA'S LEVEN EN CHANDRA'S LICHAAM VEEL BETER WERDEN. Cynthia creëert sindsdien veel meer, en haar nieuwe echtgenoot is er ook erg blij mee. Chandra's lichaam is sinds die tijd een doorlopende bron van verwondering en veel meer vreugde voor haar. Weet dus alsjeblieft dat de manier waarop ik weet dat datgene waar ik met iemand naar kijk, echt werkt, is omdat DE SITUATIE ECHT VERANDERT.

Ook al heb ik het over veel vreemde, verschillende onderwerpen die komen van een heel vreemde, andere plek, in feite ben ik heel, heel erg pragmatisch. Als een tool die ik gebruik om iets te veranderen niet werkt, dan ga ik op zoek en vind ik meestal een andere tool, een ander perspectief, een andere manier van kijken naar dingen die maakt dat de situatie verandert. Dat is hoe Access de laatste 25 jaar is gecreëerd, door te werken met echte mensen om echte dingen te veranderen, of dat ding nou gisteren kon worden veranderd of niet – en of deze werkelijkheid nou zegt dat het kan worden veranderd of niet.

Weet je nog dat ik in de introductie met het idee kwam dat we in staat zouden zijn om ons lichaam onmiddellijk van hier naar Fiji te verplaatsen? Dat komt omdat ik deelnemer na deelnemer na deelnemer heb gezien die niet wist dat een bepaalde verandering mogelijk was. En door vragen te stellen, open te staan zonder enige conclusie en de clearing statement te gebruiken om de standpunten die de beperking in stand houden ongedaan te maken, veranderden ze datgene waarvan ze niet dachten dat het mogelijk was om het te veranderen.

Dus mijn vraag is: "Wat kan er nog meer worden veranderd? Wat is er nog meer mogelijk? Wat kunnen we nog meer veranderen waarvan we niet wisten dat we het vermogen hadden om het te veranderen?" En... "Wat is ervoor nodig dat we allemaal de tools hebben om ALLES te veranderen wat we graag willen veranderen?" Daar ga ik heen. Speel je mee? Verandering in aantocht...

ဆို ဆို ဆို

Als de dood gewoon een keuze is, dan is LEVEN dat misschien ook...

Laat me je wat vertellen over een keuze die ik ooit eens maakte... ik was een paar jaar geleden aan het paardrijden in Costa Rica. Ik reed op mijn mooie paard – half Costa Ricaans, half quarter horse (net een raket op vier hoeven). Hij is het snelste paard waar ik ooit op heb gereden, en ik heb toch op een paar heel snelle paarden gereden.

Dus we zijn onderweg en er is een beginner bij die had besloten om met de gevorderden mee te gaan. En daar rijdt hij, recht voor mij. We gaan omhoog, een kleine dijk van bijna twee meter op, die heel modderig is, en de paarden moeten over deze dijk heen om uit de rivier te komen.

Het lukt de beginner-nu-gevorderde berijder om de dijk op te komen, en zodra hij boven is, stopt hij – recht voor me. Mijn paard is nu halverwege de dijk en ik kan niet verder. Dus nu begint mijn paard achterover te vallen, bovenop mij, een twee meter hoge, modderige dijk af, in water van een meter diep met grote rotsen erin.

En daar zat ik dan, met een keuze die ik moest maken – een keuze tussen doorgaan met leven – of doodgaan. Toen wist ik dat de keuze tussen leven en dood in een oogwenk kon worden gemaakt. Het is zo makkelijk om het allemaal te laten gaan. Dat had ik nog nooit eerder ervaren. Toen ik van plan was om er een eind aan te maken, vlak voordat ik Access tegenkwam, zou ik binnen zes maanden mijn leven beëindigen als het tegen die tijd nog niet was veranderd. Nou, hier was mijn kans. Ik zag 'm en ik wist: "Wauw. Zo makkelijk is het dus. O… Als ik zou willen, zou ik ervoor kunnen kiezen om me nu gewoon achterover te laten vallen en aan alles een einde te maken…"

Dus mijn keuze was: "Ja? Nee? Ja? Nee." "NEE!"

Ik dacht: "Nee, dat gaat nu niet gebeuren." Dus mijn paard viel opzij.

Nu vallen we opzij en ik denk: "Oké, dat is beter. Hij gaat niet achterover bovenop me vallen." Alleen nu komt hij zijdelings op mij te vallen. Net voordat ik helemaal onder water ga, en net voordat hij op me gaat landen, lig ik met m'n rug op de rotsen, met mijn voeten omhoog. Alsof ik een paard van 500 kilo zomaar kan wegduwen? Hij begint bovenop me te vallen en ik zeg nog eens: "Nee." Mijn lichaam gaat letterlijk *WOESJ* en het paard gaat van *WOESJ*. Hij valt niet op een logische manier.

Ik kom uit het water en hij staat daar. Hij worstelt en komt overeind, en ik denk: "Oké. Ik heb iets veranderd." De mensen achter me zeiden: "Dat was echt heel bizar, jij viel maar je lichaam was hier, en toen viel hij maar hij viel niet hier, hij viel en ging daarheen, en toen deed hij een soort flip…"

Eén vrouw die het hele voorval had gezien toen ze achter me reed, zei dat toen ik onder water was, mijn paard bij het overeind komen zo dicht bij mijn hoofd stapte, dat het leek alsof hij erbovenop zou stappen. In haar woorden zette hij zijn hoef bij de eerste stap om overeind te komen "maar twee centimeter bij je hoofd vandaan."

Mijn antwoord was: "Daar doe ik het voor! Twee centimeter is alles wat ik nodig had! Hoe wordt het nog beter dan dat?"

Die twee centimeter maakten het verschil tussen leven en dood. Het was maar twee centimeter, en het was genoeg. Ik realiseerde me toen dat dit de keuzemomenten zijn. Zo snel gaat het. Alleen dacht ik niet: "Nou ga ik mijn lichaam en mijn paard even omdraaien."

Ik dacht alleen maar: "Dit gaat veranderen. Ik ga vandaag niet dood."

En dat was dat. Ik krijg nog altijd meer gewaarzijn door die gebeurtenis. Het maakte dat ik me realiseerde: "Oké, ik heb de keuze om te vertrekken. En ik kies er niet voor." En: "Als ik ervoor kies om te blijven, dan kan ik maar beter iets van mijn leven maken. Als ik dit kan veranderen, wat is er dan nog meer mogelijk?" Het veroorzaakte een eis in mijn wereld dat ik iets groters zou creëren dan wat ik tot dan toe had gedaan, want als ik niets groters ging creëren, waarom zou ik dan blijven leven?

Je moet dit weten: welke ruimte van gewaarzijn je nu ook maar betreedt, alleen door dit boek te lezen – het is een mogelijkheid die zal blijven groeien.

Je zult jezelf de kans geven. Je zult jezelf de mogelijkheid geven. Het betekent niet dat je bijna dood moet gaan.

Het kan betekenen dat je wakker wordt en denkt: "Weet je wat? Het is niet meer genoeg om het klein te houden. Bedankt hoor wereld. Breng me nu maar iets groters!" Het hoeft niet iets wereldschokkends te zijn. Dit voorval gebeurde, en door de puzzel achteraf in elkaar te zetten, realiseerde ik me alles wat er was gebeurd. Niets ervan was cognitief, behalve dat ik me realiseerde: "Wauw! Ik heb ervoor gekozen om te leven."

∽ ∽ ∽

Een nieuw paradigma voor keuze

Het is echt allemaal keuze.

Kijk bijvoorbeeld eens naar: "Ik ben boos omdat mijn echtgenoot me heeft verlaten", dan neem je aan dat je echtgenoot je heeft verlaten, je neemt aan dat het iets slechts is, en je neemt aan dat je daardoor nu een probleem hebt. Toch?

En in essentie zet je jezelf in een slachtofferrol.

WAARSCHUWING: Dit volgende stuk vind je misschien niet zo makkelijk te geloven. Het zou kunnen dat je het boek het raam uit wilt gooien.

(Alweer?)

Weet alsjeblieft dat ik dit ook moeilijk te geloven zou vinden als ik het niet had meegemaakt zoals ik het hier heb beschreven. Het kan wel eens vraagtekens zetten bij elk paradigma dat je ooit hebt gehad en ieder idee of denkbeeld van wat je in het verleden voor waar hield. Ik vraag je niet om me te geloven.

Ik vraag je om jouw wereld te openen voor een andere mogelijkheid, eentje die je meer vrijheid zou kunnen geven om te weten wat je weet, ongeacht of het ingaat tegen alles wat jouw verleden en de mensen om je heen je hebben verteld dat echt, noodzakelijk of waar is. En door dat te doen, zul je hopelijk meer tegenkomen van wat er waar is voor jou.

En als iets van wat je hier leest lichter is voor je, dan zou het kunnen dat het je op een bepaalde manier 'bevrijdt', op een manier die je niet kunt uitleggen en die je niet 'begrijpt'. Als dat zo is, was het de moeite waard dat ik bereid was om dit deel van mijn leven aan jou te laten zien.

Hier gaat-ie:

Als kind heb ik veel vormen van misbruik meegemaakt – seksueel misbruik, lichamelijk misbruik, emotioneel misbruik en de angst dat ik niet in leven zou blijven. Een ouder familielid heeft me verkracht, en ik ben ook verkracht door een oudere jongen. Ik heb ook meegemaakt dat ik met riemen werd geslagen – mijn kleine, naakte jongenslichaam werd met riemen geslagen door een kring van vrouwen die mannen hartgrondig haatten, en ze stonden over me heen gebogen terwijl ze dat deden. Er zijn andere vormen van misbruik die ik in mijn jeugd heb meegemaakt, daar zal ik hier niet op ingaan, maar ik denk dat je de strekking zo wel snapt.

Tijdens het spirituele werk dat ik deed, zo'n zes jaar voordat ik met Access Consciousness in contact kwam, kreeg ik ergens het gewaarzijn dat ik misbruikt was... en ik dacht: "O mijn God! Dat verklaart het."

Voor mij verklaarde het elke beperking. Het verklaarde waarom ik niet bereid was om me goed te voelen over mezelf, waarom ik niet in staat was om veel geld te verdienen, waarom ik me waardeloos voelde, waarom ik mezelf niet echt mocht. Voor mij verklaarde het alles. Ik dacht: "Wauw, nu zie ik waarom ik een slachtoffer ben. Oké, goed." Juist. Wat moest ik daarmee aan?

Ik functioneerde vanuit conclusies in plaats van vragen.

Dus na zo'n anderhalf jaar Access te hebben gedaan, bogen Gary Douglas (de grondlegger van Access) en ik ons over mijn thema van misbruik. Ik vertelde hem wat ik had waargenomen over wat er was gebeurd, maar ik had het gevoel dat ik veel ervan had geblokkeerd.

In het begin keken we ernaar vanuit het standpunt dat iedereen op deze planeet heeft, het psychologische standpunt van: "Dat is iets slechts. Dat is iets verkeerds. En ik ben een slachtoffer." En geloof me, ik begrijp dat standpunt. Het grootste probleem met dat standpunt is dat dat ook een conclusie is, in plaats van een vraag. Je sluit alle andere mogelijkheden uit die zouden kunnen bestaan. Je gooit de andere deuren naar mogelijkheden dicht en beperkt jezelf uitsluitend tot gewaarzijn van wat je al had besloten.

We keken vanuit het standpunt dat het iets verkeerds was, en probeerden het van daaruit te clearen. Er gebeurde niet veel, behalve dan dat Gary en ik meer gewaarzijn kregen van de dingen die er destijds met mij waren gebeurd, omdat ik steeds een glimp opving en die dan deelde.

Ik zal het nog eens zeggen: omdat wij hadden besloten dat het verkeerd was dat ik had ervaren wat ik had ervaren, konden we niets anders zien dan de verkeerdheid van de situatie. Heb jij wel eens zo'n situatie gehad in je leven – waarin er geen lichtheid leek te zijn? Zo ja, dan weet je hoe het is om op zo'n plek te zijn.

Op een avond begonnen we met clearen en kregen we meer informatie over wat er was gebeurd. Ik zag het niet, maar Gary kreeg een download van het misbruik en het geweld dat mijn lichaam en ik hadden doorstaan. Zijn standpunt was: "Een kind zou dat nooit mogen meemaken."

Merk op dat het een gepast standpunt is, maar het is geen vraag. Dus ging hij naar de verkeerdheid van wat ze met mij hadden gedaan. Juist door dat standpunt zag hij mij als een slachtoffer, en maakte hij me tot slachtoffer, omdat hij het eens was met het standpunt dat ik in die situatie een slachtoffer was en omdat hij zich daarop afstemde. Dat zette mij en mijn lichaam vast.

Weet alsjeblieft dat ik hem nergens de schuld van geef. Ik vertel je dit zodat je kunt zien dat we onszelf (en anderen) vastzetten met een standpunt van verkeerdheid of met het zijn van een slachtoffer. En je zult gauw genoeg zien wat we deden om het te veranderen.

Het voelde alsof ik was overgoten met beton dat net hard was geworden. Ik kon me nauwelijks bewegen. Mijn darmen stopten ermee. Ik wist niet eens wat er gebeurde. Ik dacht: "Dat misbruik hakt er wel in, zeg."

Nee.

Wat er echt was gebeurd, was dat Gary het standpunt had ingenomen dat het verkeerd was, en dat zette mij erin vast. Hij functioneerde op dat moment niet vanuit de vraag, al doet hij dat nou juist bijna altijd. Omdat hij had geconcludeerd dat dit iets was dat zo vreselijk was dat het nooit had mogen gebeuren, kon hij niets zien dat niet overeenkwam met die conclusie. Het is net als naar 11 september kijken als iets verkeerds. Als je dat doet, kun je nooit zien dat daar misschien een andere mogelijkheid schuilgaat, erop wachtend om jouw realiteit makkelijker en grootser te maken, met meer mogelijkheden.

Ik zat vast door het idee dat ik iets had ondergaan dat zo afschuwelijk was, dat het nooit had mogen gebeuren, en dat ik er het slachtoffer van was, en dat het sterker was dan ik.

Als ik er het slachtoffer van was, wat al die energie groter maakt dan ik ben, betekende het dat ik niet eens groter kon zijn dan die energie van misbruik. Dat is iets heel moeilijks om mee te functioneren, want als je niet groter kunt worden dan de energie van misbruik, heb je niet veel mogelijkheden in je leven. En dat had ik ook niet. Het voelde letterlijk alsof mijn leven was stopgezet.

Onthoud dit alsjeblieft: je standpunt creëert je werkelijkheid.

Zelfs als iemand anders een standpunt over jou heeft en jij het aanneemt, bepaalt het jouw realiteit. Ik was me daar niet cognitief van bewust. Het is zo dat het meeste wat er in ons leven gebeurt niet cognitief is. Wat er gebeurde, was dat Gary het standpunt had dat dit niet had mogen gebeuren met een kind en dat ik een slachtoffer was. En ik had het standpunt al dat ik een slachtoffer was, omdat dat het standpunt is dat mensen hier over misbruik hebben – dat je een slachtoffer bent. Mijn standpunt dat ik een slachtoffer was, in combinatie met zijn standpunt dat ik een slachtoffer was van die gebeurtenis, zette mijn leven op slot.

Dus daar zat ik dan, in het meest harde en solide beton in mijn leven, en Gary en ik wisten geen van beiden hoe we verder moesten gaan, of wat we eraan moesten doen.

We wisten niet wat er was gebeurd waardoor ik vast was komen te zitten. We wisten alleen dat we ergens waren gekomen, en dat er iets was gebeurd. Als we ergens komen en we weten niet wat er aan de hand is, dan gaan we vragen stellen.

Eerlijk gezegd begon ik ontzettend kwaad te worden. En veel ervan richtte ik op Gary, mijn beste vriend. Het was niet mijn beste keuze, en ik ben er niet trots op – maar met zijn grenzeloze vriendelijkheid voor mij, ongeacht hoe boos ik werd, en met zijn verbazingwekkend grote toelating voor mij (en iedereen), wat er ook gebeurt – kwamen we erdoorheen. Sinds die tijd weet ik dat als ik kwaad word op de mensen waar ik om geef, ik vastzit in één of ander oud patroon dat aan mijn cognitieve denken voorbijgaat, of ik ben in een bepaald vermogen aan het stappen waarmee ik iets kan veranderen, dat ik nooit eerder heb ervaren.

Dus Gary stelde me vragen en stelde me nog meer vragen – maar ze kwamen nog steeds allemaal vanuit het standpunt dat iedereen hier heeft, dat het iets verkeerds was, en dat ik een slachtoffer was. We bleven maar doorgaan: "Wat is er mis?" Of, in een poging om ergens naar te kijken wat me 'los' zou kunnen maken, verlegden we onze aandacht naar: "Wat zou er nog meer verkeerd kunnen zijn waar we nog niet naar hebben gekeken?"

Merk op dat we functioneerden vanuit het standpunt van: er is iets mis. Konden we met dat standpunt ooit iets anders zien dan iets verkeerds? Nee. Elke keer dat je vraagt: "Wat is er mis?" ga je op zoek naar wat er mis is. In feite is dat dan alles wat je kunt zien. De vraag die we hierover niet stelden, was: "Wat zou hier juist aan kunnen zijn dat we niet doorhebben?"

Wat we wél wisten, was dat als je ergens aan blijft werken en het wordt niet lichter of het verandert niet, dan kijk je niet naar het juiste onderwerp. Onthoud dit: als dingen niet lichter worden, dan is er een andere manier om ernaar te kijken. Wat waar is, maakt dat het lichter voelt. Als je bij datgene komt dat waar is, zal het lichtheid creëren, zelfs in de zwaarste situatie. Zolang dingen zwaar zijn, is er nog ergens een leugen. Dus Gary stelde zichzelf de vraag: "Wat is hier de leugen?"

En hij gebruikte ook de clearing statement. Elke keer dat hij vroeg: "Wat is hier de leugen?", vroeg hij daarna om alles te vernietigen en ontcreëren wat de leugens in stand hield en wat niet toestond dat hij kon waarnemen wat er echt waar was en wat vrijheid voor mij zou creëren. En dan zei hij: "Right and wrong, good and bad, POD and POC, all 9, shorts, boys, POVADs and beyonds."

(Dat is nog eens een goede vriend!)

Nadat hij dit een aantal dagen had gedaan, stelde hij me een vraag die mijn hele leven veranderde. Hij zei: "Ik weet dat het vreemd klinkt, maar had jij iets te maken met het creëren hiervan?"

Ik haalde diep adem. Het was de eerste vraag in acht weken die mijn universum liet oplichten. Eerlijk gezegd was ik stomverbaasd. Ik had niet gedacht dat ik ooit door de betonnen muur zou breken die om me heen zat. En daar was het dan: een straaltje lichtheid!

Weet je nog dat iets wat waar is altijd lichter voelt? Ik zei: "O mijn God. Ik had iets te maken met het creëren ervan." ALLEEN MAAR omdat het zoveel lichtheid in mijn wereld gaf nadat daar zoveel zwaarte was geweest. En eerlijk gezegd had ik waarschijnlijk niet geloofd dat ik OOK MAAR IETS te maken zou hebben gehad met de situaties die in mijn jeugd waren gebeurd, als ik niet die weken van zwaarte had meegemaakt, gevolgd door onmiddellijke lichtheid toen Gary me die vraag stelde. En ik begrijp het volkomen als dit gesprek dingen bij je oproept of als het je 'op stang jaagt.' Ik kan me nauwelijks voorstellen hoe het voor mij zou zijn geweest als ik hier alleen maar over zou lezen, in plaats van het te hebben meegemaakt, nu ik het zo zit te schrijven.

Lees alsjeblieft verder...

Ik had geen idee wat ik dan eigenlijk te maken had met het creëren van de situatie, maar het gewaarzijn dat ik iets te maken had met het creëren ervan, zorgde ervoor dat ik begon, al was het maar een heel klein beginnetje, om uit mijn slachtofferrol te komen.

In mijn universum had ik het standpunt dat het misbruik dat had plaatsgevonden iets verkeerds was, en dat ik een levende verkeerdheid was, omdat ik het had toegelaten. Ik wist het. Iedereen weet dat, toch? Raad eens? Dat is één van de manieren waarop deze realiteit, met haar beperkte standpunt over misbruik, ons beperkt. Wat als dat niet de enige mogelijkheid is die we kunnen overwegen?

Wij hebben het collectieve, onbewuste standpunt dat misbruik iets is wat IEMAND wordt aangedaan, en je bent dan een slachtoffer van iets afschuwelijks, en meer van dat soort geweldige dingen die mensen die iets dergelijks hebben meegemaakt, compleet machteloos maken.

Wat als dat niet het enige standpunt is dat we kunnen innemen? Wat als alleen dat ene standpunt innemen niet aardig is voor het prachtige wezen dat misbruik heeft ervaren? Wat als de mensen die misbruik ervaren juist een paar van de meest moedige wezens op de planeet zijn? Wat als zij meer moed hebben dan in woorden uit te drukken valt?

Toen Gary zei: "Had jij iets te maken met het creëren ervan?" ging mijn universum van boem! Het was net vuurwerk –r-u-i-m-t-e- voor het eerst in acht weken. Ik kon het blok beton omhoog voelen gaan...

Toen stelde hij me nog een vraag: "Heb je dit expres gedaan?"

De rest van de blokken beton werden weggeblazen – BOEM! – en ik begon te lachen en te huilen tegelijk. Daar snapte ik niets van. Het was zo niet-cognitief dat het wel eens mogelijk zou kunnen zijn, al kon ik er niet achter komen hoe of waarom of zoiets, en het kon me niet schelen. Het creëerde zoveel ruimte dat ik onmiddellijk wist dat het waar moest zijn. Toen vroeg hij: "Waarom? Met welke reden heb je dit gedaan?"

Ik keek. Mijn ogen keken er scheel van, want het was ontzettend vreemd voor me om ernaar te kijken vanuit een standpunt dat zó anders was. Hij vroeg: "Deed je het om verandering te creëren?"

Grote JA!

Oké. Gary ging door: "Deed je het dan om verandering te creëren voor je familie, voor andere kinderen, voor de man die jou misbruikte, voor hen allemaal of iets anders?"

Wauw! Voor alles wat hij zei.

Ineens kon ik met totale helderheid naar alles kijken wat er was gebeurd, alsof ik zat te kijken naar de situatie zoals die zich afspeelde. Wat ik zag, was bizar en verbazingwekkend en het lijnrecht tegenovergestelde van hoe het leek te zijn!

In het geval van het oudere familielid zorgde ik ervoor dat de familie het te weten kwam. Ik kon zien dat als ik dat niet met hem had gedaan, hij hoogstwaarschijnlijk iemand was geworden die seksueel ongepaste dingen deed en die allerlei onvriendelijke en nare dingen zou doen met andere kinderen, en dat hij er misschien zelfs wel voor naar de gevangenis zou zijn gegaan. Ik had de loop van zijn leven veranderd. Maar misschien nog wel belangrijker: ik had de toekomstige levens van veel kinderen veranderd.

Nou kijk ik al aardig wat jaren naar dingen vanaf een andere plek (wat vreemd is voor de meeste mensen, en misschien ook voor jou). En toch, toen dit omhoogkwam, viel ik zowat van mijn stoel, omdat ik me realiseerde dat ik als kind van zes die keuze kon maken, want ik gaf om dat familielid en om de mensen met wie hij in aanraking zou komen.

Zorgzaamheid? Ik gaf om hen? Dit ging zoveel verder dan wat ik me toen ook maar bij zorgzaamheid had kunnen voorstellen. Maar het voelde alweer licht, en het maakte alles makkelijker. Dat is de enige graadmeter voor iets wat je niet begrijpt of wat je nooit eerder hebt meegemaakt: voelt het lichter voor je? Zo ja, dan is het waar voor jou, zelfs als je niet begrijpt waarom.

Weet je, dat is wat het voor je doet als je je gewaar wordt van wat er waar is. Door een leugen aan te nemen voelt het zwaarder en graaf je jezelf nog dieper in, en dat is waar ik was vlak voordat Gary me de vragen ging stellen die leidden tot al dit geweldige gewaarzijn. Vanuit deze nieuwe ruimte keek ik terug op het kind dat ik was en ik erkende dat gewaarzijn en die zorgzaamheid die er al op zesjarige leeftijd waren. Ik wist echt dat ik dit moest doen, want als ik het niet deed, zou deze kerel andere kinderen pijn gaan doen – en zichzelf.

Het was op zijn zachtst gezegd erg interessant om deze ervaring te hebben. Ik kon overal naar kijken en het was helemaal helder, alsof ik de situatie zag gebeuren. En ik wist dat ik de toekomst kon waarnemen – zelfs al toen ik zes jaar was. Het was erg schokkend om me te realiseren dat ik de toekomst had waargenomen en ERVOOR HAD GEKOZEN OM DIE TE VERANDEREN.

Daarbij kwam nog dat toen ik het met mijn lichaam checkte… het werkelijk oké was. Mijn geweldige, prachtige lichaam was niet gebroken of gewond. Het wist hoe het kon genezen. Het was met mij meegegaan en het was er voor me. We hadden meer gedaan dan alleen maar overleven - we hadden iets veranderd. En we hadden onze weg gevonden naar de tools die ons zouden toestaan om te gedijen. Die dag kreeg ik een waardering voor mijn lichaam die grootser was dan wat ik tot dan toe voor mogelijk had gehouden.

Ehhh sorry, wat voor zielig slachtoffer ben ik ook alweer?

Eén van de belangrijkste dingen hierbij is dat je je realiseert dat wat je ook maar hebt meegemaakt, ook jij je weg zult vinden naar de tools die jou zullen toestaan om op te bloeien, welke tools het voor jou dan ook maar mogen zijn. Ze zijn er voor je. GA GEWOON DOOR EN STOP NIET. JE KUNT DIT.

De inzichten die ik hierboven met je heb gedeeld, hebben mijn leven veranderd. Alles veranderde die dag – echt alles. Vanaf dat moment geloofde ik niet langer in wat deze realiteit ons zo stellig vertelt dat waar is, net alsof dat ook echt zo is. Vanaf dat moment had ik geen eerbied meer voor deze werkelijkheid, voor alles wat het zegt en alles wat het is. Volgens mij is dat echt het enige dat ertoe doet.

Het gaat niet om vechten tegen deze werkelijkheid.

Het is alsof je in een relatie zit met iemand die de hele tijd tegen je heeft gelogen en jij op het punt komt waarop je er genoeg van hebt, en je zegt: "Doe maar wat je niet laten kunt. Het is prima hoor, maar ik ben er klaar mee dat je steeds tegen me liegt. Ik ben er klaar mee. Onze relatie zoals die was, is nu voorbij. Ik weet niet wat de toekomst zal brengen, maar onze relatie is nu voorbij."

Mijn relatie met deze realiteit eindigde die dag. Het is sinds die tijd een geweldige reis van: "Wat is er nog meer mogelijk? Wat is er nog meer mogelijk? Wat is er nog meer mogelijk?"

Eerder als ik die vraag stelde, was hij toch altijd op een bepaalde manier verpakt in termen van: "Wat is er nog meer mogelijk IN DEZE REALITEIT?" Dat veranderde die dag, door al het gewaarzijn dat ik had gekregen.

Vanaf dat moment hoorden er bij de vraag "Wat is er nog meer mogelijk?" keuzes die voor die tijd niet eens mogelijk waren.

Dit is erg belangrijk. En weet alsjeblieft dat ik absoluut niet zeg dat misbruik iets goeds is. Mijn persoonlijke standpunt is dat er nooit een reden is om iets of iemand te misbruiken. Het gaat in tegen de aard van ons wezen. Het is één van de krankzinnigheden op deze planeet die ik ontzettend graag zou zien verdwijnen.

Dat niet alleen, ik doe alles wat ik kan om iedereen de tools te geven om het te veranderen. Het is iets wat ik op bijna alle mogelijke manieren zou tegenhouden als iemand die ik ken ermee te maken zou hebben.

Als jij of iemand waar je van houdt het hebben meegemaakt, realiseer je dan alsjeblieft één ding: hen als slachtoffer zien, kan wel eens het onaardigste zijn wat je kunt doen. Door hen te zien als krachtig wezen dat het ZOU KUNNEN hebben gekozen om iemands leven te veranderen, dat zou hen wel eens kunnen bevrijden van het stigma van slachtoffer waarmee ze tot dan toe hebben geleefd.

Misbruik gebeurt. Wat wij kiezen om eraan te doen, zal de loop van iemands leven en hun toekomst veranderen. En wat als het een deel van ons doel hier is om een wereld te creëren waarin misbruik niet kan bestaan? Wat als dat deel uitmaakt van waarom we hier zijn? Als we dat als realiteit gaan creëren, moeten we echt functioneren vanuit een ANDER standpunt dan het standpunt waarvan we in het verleden hebben besloten dat het echt waar is.

Wat wij in het verleden hebben besloten dat werkelijk is, heeft ons de wereld gegeven die we momenteel hebben. We hebben iets ANDERS nodig om een ANDERE WERELD te creëren.

Als jij of iemand die je kent misbruik heeft ervaren, zeg ik niet dat het jouw schuld was dat het gebeurde. Absoluut niet. Als jij bent misbruikt, WAS HET NIET JOUW SCHULD, NOOIT.

Het misbruik, die daad, is altijd ongepast. Jij bent niet verkeerd omdat je het hebt meegemaakt. Je bent niet slecht omdat je het hebt meegemaakt. Je hoeft geen slachtoffer meer te zijn omdat je het hebt meegemaakt. Jij hebt ontzettend veel moed, meer dan je je kunt voorstellen. Het feit dat jij misbruik kon ervaren en nog steeds kunt functioneren en een leven kunt creëren, is een bewijs van jouw moed, en je vermogen. Jij bent veel grootser dan je je realiseert – veel, veel grootser.

Alles wat jou niet toestaat om nu te weten dat je veel grootser bent dan het misbruik dat je hebt meegemaakt, in wat voor vorm dan ook, ga je dat nu alsjeblieft vernietigen en ontcreëren? Right and wrong, good and bad, POD and POC, all 9, shorts, boys, POVADs and beyonds. Dankjewel.

Probeer deze manieren van kijken eens om te zien of ze lichter voor je voelen. Neem alsjeblieft niet iets aan waarvan je denkt dat het mijn standpunt is. Ik heb geen standpunt, behalve dan dat ik jou graag zo vrij, gelukkig en zo gemakkelijk geweldig zie als je werkelijk bent. En onthoud: wat waar is, voelt lichter voor je. Een leugen voelt zwaarder.

Je zou kunnen beginnen met deze hele simpele vragen als jij of iemand die je kent misbruik heeft ervaren:

1. Welke leugens heb ik aangenomen die me vastzetten?

2. Wat weet ik over wat er gebeurde, waarvan ik gedaan heb alsof ik het niet weet, of waarvan ik heb ontkend dat ik het weet?

3. Op welke andere manieren kan ik naar deze situatie kijken om vrijheid te creëren voor mezelf (of voor degene die is misbruikt)?

4. Is er een manier waarop ik iemand heb beschermd of iemands leven heb veranderd door toe te staan dat dit gebeurde?

5. Welke moed, kracht en welk vermogen heb ik, wat ervoor heeft gezorgd dat ik dit misbruik heb overleefd, wat ik niet heb erkend, en wat, als ik het zou erkennen, me zou bevrijden?

Ik ken bijna niemand anders op deze planeet die bereid is om vanuit deze andere plek van mogelijkheden naar misbruik te kijken. Dankzij de unieke omstandigheden van mijn leven heb ik het geluk gehad om deze totaal andere kijk erop te ontdekken en om 'm aan het licht te brengen. Het heeft mij – en honderden, zo niet duizenden anderen – letterlijk vrijheid gegeven waar niets anders (psychologie, spiritualiteit en allerlei andere technieken, te veel om op te noemen, inclusief religie) dat kon.

Dat is de reden dat ik bereid ben om dit deel van mijn leven aan jou te laten zien – zodat jij en de mensen waarvan je houdt weten dat er een andere mogelijkheid is. Of je ervoor kiest om het vanaf deze plek te bekijken, is zoals gewoonlijk jouw keuze. En kies alsjeblieft, net zoals altijd, datgene wat lichter voelt voor jou.

Nogmaals, weet alsjeblieft dat ik niet zeg dat hetzelfde scenario waar is voor iedereen die misbruik heeft ervaren. Wat ik zeg, is dat kijken vanuit een ander oogpunt vaak een andere mogelijkheid kan creëren dan je je vooraf kunt voorstellen.

Wat zou er in jouw leven aan het licht kunnen komen als je niet meer zocht naar de verkeerdheid van de gebeurtenissen uit je verleden, maar je in plaats daarvan zou vragen: "Wat is er juist aan mij dat ik niet door heb?" en "Wat weet ik, waarvan ik doe alsof ik het niet weet?" en "Vanuit welk ander perspectief kan ik kijken dat ruimte, gemak en vrijheid bij die situatie zou creëren?" Dat is wat ik heb geleerd te doen, en het werkt geweldig bij het openen van andere mogelijkheden waarvan ik niet eens had overwogen dat ze zouden kunnen bestaan.

Weet je, waar het bij dit alles om gaat, is jouw leven en deze wereld tot een BETERE plek te maken om in te leven. Het is niet bedoeld om alleen maar een vaststaand standpunt aan te nemen en daaraan vast te houden. Het gaat erom een andere realiteit te creëren, niet om dezelfde beperkte realiteit te creëren DIE NIET WERKT!

Het is tijd voor verandering. Het is tijd voor iets anders. Het is tijd dat jij vrij bent.

Het is tijd dat wij allemaal vrij zijn.

Wat als jij veel krachtiger en geweldiger bent dan je ooit aan jezelf hebt toegegeven? Wat zou er in jouw leven kunnen veranderen als je dat zou erkennen?

Wat als je niet meer bang hoefde te zijn voor de dood?

Ga JIJ echt dood? Of is het alleen maar je lichaam dat doodgaat?

Sta daar eens even bij stil.

Ben jij een oneindig wezen?
Of ben je alleen maar een lichaam?

Of ben je een oneindig wezen dat jouw lieve lichaam heeft gecreëerd (samen met Universele Intelligentie, God, Bewustzijn, of hoe je het dan ook wilt noemen)?

En als dat zo is, is het dan mogelijk dat JIJ niet doodgaat?
Is het mogelijk dat alleen je lichaam dat doet, voordat het van vorm verandert?
Is het mogelijk dat je andere keuzes hebt nadat je lichaam sterft? Andere heerlijke mogelijkheden?

Zou dat je wat meer geruststellen over het gebeuren dat doodgaan heet? Wat als dat ook iets heel anders is dan wat jij dacht dat het was? Dat idee heb je vast al eens eerder gehoord..

Zelfs als jouw achtergrond een religieuze is, waarbij je in een opperwezen gelooft... en een hemel en een hel.

Als je naar de hemel gaat (hopelijk), is datgene wat de hemel binnengaat dan je lichaam... of het wezen dat jij bent? Ik zou geneigd zijn te zeggen jij, het wezen, omdat je lichaam hier in alle opzichten nog rondhangt nadat jij bent vertrokken.

Laat me je een voorbeeld geven: er was een domineesvrouw die naar een cursus kwam die werd gegeven door mijn vriend Gary Douglas, de grondlegger van Access. Ze had het over een kind dat zij kende dat onlangs was gestorven en het was maar drie dagen oud geworden. Ze zei tegen Gary: "Weet je, ik geloofde niet in al dat gedoe over vorige levens, maar ik denk dat je gelijk hebt. We moeten wel doorleven nadat we sterven. God zou geen ziel creëren om die dan maar drie dagen te laten bestaan. Ik vraag me af wat er voor mij nog voor leuks gaat komen?"

En, lieve lezer, als jij niet meer bang hoeft te zijn om dood te gaan, omdat jij, het wezen, niet doodgaat, vraag ik me af: wat zou er voor jou nog gaan komen?

Hier en nu, in dit lichaam, op aarde: wat gaat er komen voor jou?

Angst is altijd een leugen

Weet alsjeblieft dat angst altijd een leugen is voor een oneindig wezen. Het is altijd een leugen. Altijd.

Nog een keer: angst is altijd een leugen.

Angst is ofwel andermans standpunt of het is een geïmplanteerd standpunt, dat is gemaakt om je niet te laten kijken naar datgene waar je echt naar wilt kijken en wat jouw realiteit kan veranderen. Angst zorgt ervoor dat je niet kijkt naar wat er schuilgaat achter wat jij angst noemt, en dat is waar jij, het wezen, nou juist bent.

Angst kan ook opwinding zijn, die je voor iets anders hebt aangezien en die je verkeerd hebt toegepast. Dit doen we bijna allemaal wel. Angst en opwinding lijken fysiologisch gezien heel sterk op elkaar. En de meeste mensen hebben die heerlijke energie van opwinding (waarbij ons hart sneller gaat kloppen, onze ademhaling sneller gaat, en we op de één of andere manier scherper en meer gewaar worden) voor angst aangezien.

Laat me je een voorbeeld geven: toen Gary als klein zesjarig jongetje met zijn moeder voor het eerst naar het reuzenrad ging, was hij ZO OPGEWONDEN dat hij helemaal liep te springen terwijl hij haar hand vasthield. Ze keek hem aan en zei: "Niet bang zijn, lieverd."

Vanaf dat moment ging hij ervan uit dat het angst was wat hij merkte, elke keer dat hij dat opgewonden gevoel had – totdat hij deze informatie kreeg. Nu vraagt hij: "Is dit angst of opwinding?" Hint: 23 jaar geleden is hij begonnen die vraag te stellen en sindsdien is het nooit angst geweest.

Hoeveel van wat jij angst hebt genoemd, is in werkelijkheid opwinding die je voor iets anders hebt aangezien en die je verkeerd hebt toegepast? Alles wat dat is, ga je dat nu vernietigen en ontcreëren alsjeblieft? Right and wrong, good and bad, POD and POC, all 9, shorts, boys, and beyonds.

Zal ik bewijzen dat je echt geen angst hebt?

Oké, wat gebeurt er met je bij een noodgeval? Stort je dan in?

Nee, je wordt rustig, koelbloedig, kalm en beheerst, en je pakt de situatie aan, nietwaar? Goed, dan ben dus je niet echt bang. Nou kan het zijn dat je achteraf instort om te bewijzen dat je inderdaad bang was, want alle anderen zeggen dat je dat hoort te zijn. Als je gelooft dat je bang bent en angst hebt, laat de processen dan alsmaar lopen en het zal veranderen (als je dat wilt).

Wat is de waarde van het functioneren vanuit de leugen dat je angst hebt in plaats van keuzes? Alles wat dat is, ga je dat nu allemaal vernietigen en ontcreëren alsjeblieft? Right and wrong, good and bad, POD and POC, all 9, shorts, boys, POVADs and beyonds.

Wat is de waarde van functioneren vanuit de leugen dat je bang bent om te kiezen? Alles wat dat is, ga je dat nu allemaal vernietigen en ontcreëren alsjeblieft? Right and wrong, good and bad, POD and POC, all 9, shorts, boys, POVADs and beyonds.

Wat is de waarde van altijd bang zijn en in angst leven, in plaats van de totale opwinding van keuze en kiezen? Alles wat dat is, ga je dat nu vernietigen en ontcreëren alsjeblieft? Right and wrong, good and bad, POD and POC, all 9, shorts, boys, POVADs and beyonds.

Als je bang wordt, ontneem je jezelf onmiddellijk alle keuze. Is dat je ooit opgevallen? Daar is het ook voor bedoeld: om jou zover te krijgen dat je er niet meer voor kiest om vooruit te gaan.

Ga je die kleine, beperkende leugen die angst heet, laten winnen? Als je angst tegenkomt, ben je dan bereid om een andere keuze te maken? IEDERE andere keuze?

Hier is een drietraps-proces om angst uit je leven te halen, maar je moet het gebruiken als de angst opkomt, in plaats van je te laten verlammen door de leugen dat je bang bent.

1. Vraag: "Van wie is dit?" Als het lichter wordt, is het niet van jou. Stuur het dan retour afzender.

2. Vraag: "Is dit angst of opwinding?" Als het opwinding is, geniet er dan van!

3. POD en POC alle afleidingsimplantaten die de 'angst' creëren.

Als je deze drie dingen elke keer doet als er angst omhoogkomt, zul je er uiteindelijk vrij van zijn.

Angst is één van de excuses, één van de redenen en rechtvaardigingen waar niemand iets tegenin kan brengen. Omdat alle anderen het ook als echt zien, kun jij zeggen: "Ik heb dit niet gedaan, omdat ik bang was", en dan zegt iedereen meteen: "O, ik snap wat je bedoelt." Zij gebruiken het als bevestiging dat angst ook in hun wereld echt is.

Wat als jij bereid was om iets heel anders te zijn? Als ik cursussen geef, heb ik het met mensen over de dingen die ik heb gedaan die niet erg slim waren en ook niet al te snugger. Ik vertel hen over de keren dat ik iets had dat op angst leek en waarbij ik toch een manier vond om het te veranderen. Ik wil dat ze dit weten: "Ja, ik ben hier ook doorheen gegaan, en ik snap je helemaal. En er is een andere mogelijkheid voorhanden."

Laat me je een vraag stellen:

Ben je bereid om die andere mogelijkheid te zijn?

Laat me je een andere vraag stellen:

Weet je dat jij al een andere mogelijkheid bent? Heb je geprobeerd om te doen alsof je dat niet bent? Alles wat je hebt gedaan om te doen alsof je niet de andere mogelijkheid bent die voorbij angst kan bestaan, ga je dat nu vernietigen en ontcreëren alsjeblieft? Right and wrong, good and bad, POD and POC, all 9, shorts, boys, POVADs and beyonds. Dankjewel.

JUST AN IPOV... *ontmoet* Forrest Gump

Zou jij graag een leven met totaal gemak willen hebben? Als er één ding was om je daar sneller, vollediger en met meer gemak te krijgen dan wat dan ook, dan zou dit het zijn. Laat me je voorstellen aan je nieuwe beste vriend, de bekende Rus JUSTAN IPOV.

Dit betekent simpelweg dat je elk standpunt, of het nou van jou is of van een ander, ALLEEN MAAR een Interessant Standpunt laat zijn (JUST AN Interesting Point Of View – JUSTAN IPOV).

Dit staat ook bekend als in TOELATING zijn. Het klinkt vrij simpel, nietwaar?

Weet dit alsjeblieft: **je standpunt creëert je werkelijkheid. De werkelijkheid creëert jouw standpunt niet.** Dus als je geen oordelen in je standpunt hebt, zullen er geen beperkingen zijn bij hoe jouw werkelijkheid kan verschijnen. Oordelen zijn de grote beperkers. Bij elk oordeel dat we hebben, kan er niets in onze wereld verschijnen dat niet overeenkomt met dat oordeel.

Is het je ooit opgevallen dat als mensen precies dezelfde situatie meemaken, verschillende mensen er verschillende standpunten over hebben? Sommigen hebben oordelen over de situatie, die altijd zwaar voelen. Andere mensen zijn in toelating, wat altijd iets lichts heeft. Het is gewoon hun keuze.

Met JUSTAN IPOV kun je ervoor kiezen om jouw standpunt te veranderen – van eentje met oordelen (en beperkingen) naar eentje met toelating (en mogelijkheden).

Mijn vriend Gary zag een nieuwsuitzending op tv nadat orkaan Andrew Florida had getroffen. In dat programma liep een man in zijn ondergoed, en zijn huis was letterlijk weggewaaid door de orkaan. Hij zei tegen de verslaggever: *"Ik ben hierheen verhuisd, heb dit huis gekocht van mijn pensioen en alles wat ik had, stond erin. Nu is het allemaal weg. Alles wat ik overheb, is dit stuk beton* [de betonnen fundering]. *Maar ik leef nog en ik heb een onderbroek kunnen redden, dus het gaat goed met me."*

Met andere woorden, deze man had geen standpunt over het feit dat zijn huis was weggewaaid, en hij functioneerde vanuit interessant standpunt. Hij was in volledige toelating.

In diezelfde uitzending waren er talloze mensen die zichzelf als volledig geruïneerd zagen, al hadden zij veel meer overgehouden van hun aardse bezittingen dan deze man. Wat is het verschil? Hun standpunt. De mensen die zichzelf als geruïneerd zagen, functioneerden NIET vanuit interessant standpunt. Ze functioneerden niet vanuit toelating. Ze hadden er een oordeel over, en hun werkelijkheid weerspiegelde dat. Ze waren BEHOORLIJK OVERSTUUR.

Wie denk je dat het makkelijker had met verdergaan en een nieuw leven creëren na orkaan Andrew, de man die in toelating was of de mensen die stikten van de oordelen? Waarschijnlijk de man die in toelating was.

Wat is het verschil? Het is de keuze van hun standpunt. Als een orkaan jouw huis liet wegwaaien, welk standpunt zou jij dan liever kiezen? Wat zou er VOOR JOU beter werken? Dankbaarheid dat je het hebt overleefd, of boosheid en haat dat je huis het niet heeft doorstaan?

Als het niet voelt alsof jij één van die mensen bent die in staat zou zijn om dankbaar te zijn dat je nog leeft nadat een orkaan je huis heeft weggeblazen, dan is dat oké. Daar gaat het niet om. Het gaat erom dat er een manier is om daar te komen, als je dat wilt. Dat is waar alle tools in dit boek over gaan.

Denk maar aan Forrest Gump. Bij hem bleef de magie alsmaar komen, doordat hij in volledige toelating was van alles. Zijn leven was magisch, omdat hij de mogelijkheden van wat er voor hem kon verschijnen niet beperkte door ergens over te oordelen. Je zou kunnen zeggen dat hij niet slim genoeg was om erover te oordelen. Misschien was hij slim genoeg om dat NIET te doen.

Daarom zeg ik: *"Je standpunt creëert je werkelijkheid. Je werkelijkheid creëert je standpunt niet."* Als je ervoor zou kiezen om te functioneren zonder te oordelen, zou je leven meer kunnen zijn zoals dat van Forrest Gump. Klinkt dat niet veel leuker?

Als voorbeeld zijn er hier een paar verschillende standpunten en de werkelijkheid die daardoor wordt gecreëerd. Ik weet zeker dat je er veel meer eigen voorbeelden aan toe kunt voegen:

Standpunt: Ik ben dankbaar dat ik leef.

Werkelijkheid die wordt gecreëerd: Een leven dat het waard is om dankbaar voor te zijn.

Standpunt: Ik ben boos op de wereld, omdat een orkaan mijn huis heeft weggeblazen.

Werkelijkheid die wordt gecreëerd: Heel veel redenen om steeds bozer te worden op de wereld, op God, op de aarde en iedereen die erop leeft. Omdat jij bij de wereld hoort, blijft die woede jou ook niet bespaard. Veel mensen met deze standpunten ervaren dingen zoals een verzekeringsmaatschappij die wel erg lang niks uitkeert, of ze komen er onverwacht achter dat hun polis geen orkaanschade dekt – des te meer redenen en rechtvaardigingen om nog bozer te worden. Deze mensen vinden het dan ook terecht dat ze ervoor hebben gekozen om boos te worden. Zo wordt het een vicieuze cirkel.

Standpunt: Ik moet hard werken voor mijn geld.

Werkelijkheid die wordt gecreëerd: Geld komt nooit vanzelf en met gemak, het lijkt altijd een gevecht om maar net rond te kunnen komen. (Als je dat standpunt zou kunnen veranderen, zou geld veel makkelijker kunnen verschijnen.)

Weet dit alsjeblieft:

1. **Het standpunt dat je inneemt, is altijd jouw keuze.**

2. **Om het in iets anders te veranderen omdat dat beter voor je werkt, is ook jouw keuze.**

3. **Je hoeft nooit te blijven bij het standpunt dat je nu hebt – over wat dan ook.**

4. **Met de tools in dit boek, inclusief JUSTAN IPOV, kun je je standpunten makkelijk en pijnloos veranderen. En als die standpunten veranderen, krijg je ruimte voor nieuwe mogelijkheden.**

Met andere woorden, één iemand kan meemaken dat zijn huis wordt weggeblazen door een orkaan en dan dankbaar zijn dat hij nog leeft, en iemand anders kan woedend zijn op de wereld, omdat hem zoiets is overkomen. Magie vindt plaats als je in staat bent om je standpunt te veranderen van een beperkt, oordelend standpunt naar een ruimer standpunt – voor jou.

Als je je standpunten verandert, zal je werkelijkheid ook veranderen.

En dan mag de wereld wel uitkijken! Het kan zijn dat je rondloopt en beperkende standpunten om je heen vernietigt – gewoon omdat je dat kunt. En terwijl je dat doet, zul je anderen inspireren met de wetenschap dat het mogelijk is. En terwijl je dat doet, zal de wereld waarin we leven, veranderen.

De makkelijkste manier om elke situatie te veranderen, is door je standpunt over de situatie te veranderen. Als je je standpunt verandert, verandert de situatie letterlijk om je heen, om overeen te kunnen komen met je nieuwe standpunt.

Laten we een andere situatie bekijken waarbij JUSTAN IPOV de boel redde.

Ik werkte met een vrouw die over haar jaloerse gevoelens richting haar partner heen wilde komen. Ze was ervan overtuigd dat haar partner bij een ander wilde zijn. Dit gevoel vrat aan haar, bijna elk moment, dag en nacht, en ze wist niet wat ze eraan moest doen.

Deels omdat ik toen niet wist waar te beginnen, vroeg ik haar om deze oefening te doen – zelfs als ze er niet in geloofde. Ik vroeg haar om drie keer te zeggen: "Interessant standpunt dat ik dit standpunt heb." Dat deed ze en het begon lichter te voelen voor haar. Dus liet ik het haar steeds weer zeggen, een flink aantal keer. Op een gegeven moment begon ze te giechelen.

Toen ik haar vroeg wat er zo grappig was, zei ze: *"Dat ik zo'n neurotisch standpunt zou hebben, terwijl ik zoveel van deze vrouw houd! Dat is geen liefde! En ik ben eroverheen! Als zij bij iemand anders wil zijn, weet ik nu dat het met mij gewoon goed zou gaan. Niet dat ik wil dat het gebeurt, maar als het zo zou zijn, dan kan ik dat aan. Heel interessant."*

Wat ik nog interessanter vond, is het verhaal dat deze vrouw me een week later aan de telefoon vertelde. Ze zei: *"Het was zó geweldig! Mijn vriendin kwam thuis nadat ik de JUSTAN IPOV-sessie met jou had gedaan en ze was heel benieuwd en wilde het er graag met me over hebben. Ze zei: 'Ik wilde je dit al zo lang vertellen, maar ik had om de één of andere reden nooit het idee dat ik het je kon zeggen: ik hou zoveel van je en ik bewonder je enorm! Ik ben zo dankbaar dat ik bij je ben! Ik weet niet waarom ik je dat niet eerder kon vertellen, maar ik ben zo blij dat ik het je nu kan laten weten. Dankjewel dat je bij me bent. Ik voel me de gelukkigste vrouw ter wereld!"*

Wat was er dan veranderd wat tot dat resultaat had geleid? Het standpunt van deze vrouw. Omdat je standpunt je werkelijkheid bepaalt, was het zo dat toen zij haar standpunt veranderde, haar werkelijkheid ook veranderde. Toen zij eenmaal kon toelaten dat haar partner wel eens zou kunnen vertrekken, en zij haar kon laten gaan, kreeg haar partner de vrijheid om ervoor te KIEZEN om te blijven en om dankbaar voor haar te zijn.

Als je helemaal vrij zou willen zijn van alle beperkingen, inclusief oordelen, ga dan alles zien als een INTERESSANT STANDPUNT. Als alles alleen maar een interessant standpunt is, zie je niets als goed, slecht, juist of verkeerd. Je kijkt niet door de bril van oordelen. Je hoeft je nergens op af te stemmen, het nergens mee eens te zijn (positieve polariteit) en je ook nergens tegen af te zetten of erop te reageren (negatieve polariteit).

Het is als de rots in de branding zijn. Je bent in toelating. Je laat toe dat al die standpunten naar je toekomen en om je heen gaan, of ze nou van jou zijn of van iemand anders, zonder te worden meegesleurd in de stroom van oordelen, juistheid of verkeerdheid. Je bent vrij. Kun je zien hoe dat jouw leven veel makkelijker zou maken? En natuurlijk is de keuze altijd aan jou.

Dus als je graag totale vrijheid wilt, denk dan aan je nieuwe beste vriend, JUSTAN IPOV. Hoe kun je hem gebruiken?

Je moet er eerst voor KIEZEN om te functioneren vanuit interessant standpunt, net als Forrest Gump – zelfs als je denkt dat je niet weet hoe dat moet. En dan kun je bij elk standpunt dat je hebt, of het nou positief of negatief is, tegen jezelf zeggen: *"Interessant standpunt dat ik dat standpunt heb"*, zelfs als je het niet gelooft. Wacht dan even, merk hoe het standpunt verandert en zeg dan nog een keer tegen jezelf: *"Interessant standpunt dat ik dat standpunt heb."* Wacht dan nog even en zeg nog een keer tegen jezelf: *"Interessant standpunt dat ik dat standpunt heb."* Als je het grappig wilt maken, zoals ik vaak doe, kun je het met je beste Forrest Gump-stem zeggen… en blijven 'rennen en rennen…'

Kijk nu eens hoe het standpunt voor je 'voelt'. Als het heel licht is, dan ben je klaar. Als het lichter is, maar je hebt nog steeds een standpunt, zeg het dan nog een paar keer en wacht even na elke keer. Al na een korte tijd oefenen merken de meeste mensen dat het veel makkelijker is om standpunten te laten veranderen dan ze ooit hadden gedacht.

Ben jij bereid om je nieuwste beste vriend in te zetten, en hem gewoon morgen te proberen? Zo ja, zeg dan bij elk standpunt dat je hebt: "Dat is alleen maar een interessant standpunt" totdat je geen standpunt meer hebt. Je zult erachter komen hoe makkelijk het kan zijn om zelfs je eigen standpunten te veranderen, die trouwens maar zelden 'interessant' voor je zijn.

Als je alleen maar deze oefening zou doen en niks anders, voor elk standpunt dat je hebt, zes maanden lang, dan zou je HELE LEVEN veranderen. Letterlijk.

Maar daar gaan we het niet bij laten. Er is nog veel meer voor de boeg.

Wat definieert jou?

Wie zou jij zijn zonder je naam?

Als je geen verleden had, wat zou er dan mogelijk zijn?

Als niets van jou gedefinieerd zou zijn, wat zou er dan zijn om te beoordelen?

Of te beperken?

Wat als **jij zijn** geen definitie was, maar een ruimte en een zijn en een mogelijkheid?

– Ongedefinieerd –

zijn

Hoe gaat het met je, mijn vriend of vriendin?

Voel je je een beetje **ongemakkelijk?**

Mooi, dan ben je op de 'juiste' plek.

Je on-gemakkelijk voelen is eigenlijk een gewaarzijn dat er verandering op komst is. Zo weet je dat de verandering en het verschil waar je om hebt gevraagd, echt worden gecreëerd.

Wat als dat ongemakkelijke gevoel nou eens één van de grootste 'juistheden' is? Het laat je weten dat je op weg bent naar het verschil waar je om hebt gevraagd.

Alles wat jij en de anderen in de wereld om jou heen hebben gedaan om jou te laten geloven dat het verkeerd is om je ongemakkelijk te voelen en dat jij verkeerd bent, ga je dat nu alsjeblieft vernietigen en ontcreëren? Right and wrong, good and bad, POD and POC, all 9, shorts, boys, POVADs and beyonds.

Met andere woorden, dat vreselijk ongemakkelijke gevoel krijg je pas als er iets begint te ontstaan dat totaal verschilt van jouw eerdere werkelijkheid. Het komt namelijk niet van dezelfde plek, en het heeft niet dezelfde bekende parameters – je herkent het niet en je kunt het niet definiëren.

Dus ga jij ervan uit dat er iets mis moet zijn – **maar dat is nou juist het nieuwe dat tevoorschijn komt.**

Mijn vrienden, zijn jullie bereid om deze vraag te stellen, elke keer dat iets ongemakkelijk is?

"Is dit het verschil waar ik om heb gevraagd, wat op een heel andere manier verschijnt dan ik had gedacht?"

Ben je bereid om daar dankbaar voor te zijn? In ieder geval de komende tien seconden?

10

9

8

7

6

5

4

3

2

1

En adem in...

– Hoofdstuk 10 –
Ben je er klaar voor om ongedefinieerd te zijn? (En magisch?)

Laten we nog eens in dat bos gaan wandelen – nee, laten we er gaan paardrijden! (Waarom zouden we twee keer hetzelfde doen?)

Het is nu herfst. De lucht is kraakhelder en fris, en de laatste stralen van de middagzon zoeken nog een plekje om te gaan slapen. Het tapijt van bladeren is dik en zacht, rood en oranje en geel.

Een warm, fluwelen lijf beweegt met je mee, onder de kale takken van de donkere bomen. De dans van hoeven stroomt door je lijf, als de stroom van het leven. Jij bent het paard, het paard is jou, jij bent de ruimte die het paard is, de ruimte die het bos is, en de ruimte die jij bent. Je hebt geen naam, je hebt geen verleden en je hebt geen definities.

In deze tien seconden heb je geen idee wie je bent of waar je naartoe gaat. Je weet niet hoe het verderop zal zijn.

En je bent gestopt met proberen om daar achter te komen.

Neem de magie daarvan eens waar. Gewoon eventjes… Vrije galop… Dat is de ruimte van ongedefinieerd zijn. Van oneindige mogelijkheden.

Het wordt niet vaak gekozen in deze realiteit, en daarom is het één van de meest ongemakkelijke plekken waar je maar kunt zijn.

Ik nodig je uit om deze plek te ontdekken.

Kom met me mee; laten we het spel spelen van verdwalen en gevonden worden.

Ik heb mensen al heel vaak horen zeggen: *"Ik voel me geweldig als ik bij een cursus ben. Alles is licht, gemakkelijk, vol vreugde en mogelijkheden. Dan ga ik naar huis, en een paar weken later wordt het weer zwaar. Ik word weer in dat hokje gepropt."*

En dan vraag ik: "Word je erin gepropt? Of prop je jezelf er weer in terug? Waarheid?" Meestal lachen ze ter herkenning. Nogmaals, het is alleen maar een keuze. Jouw keuze.

Jij duwt jezelf weer terug in dat hokje.

Herken je dit? Je hebt zo'n moment van iets totaal anders… in de natuur, in een cursus, als je de liefde bedrijft, als je mediteert… zo'n moment van totale ruimte zijn, ongedefinieerd zijn, onbegrensd en onbeperkt zijn, en dan… lijk je het kwijt te raken.

WAT IS ER GEBEURD?

∽ ∽ ∽

Het veilige vangnet loslaten

Je hebt geleerd dat je altijd een standpunt over jou moet hebben. Dat is je veilige vangnet: wat moet je accepteren, wat afwijzen, wie moet je beoordelen, hoe moet je jezelf beoordelen.

Het zijn allemaal conclusies (en oordelen). Als je iets gaat veranderen in je leven, dan moet je alle conclusies ongedaan maken op die gebieden die jou definiëren.

Als je dat doet, heb je geen idee wat er aan de hand is. Je hebt echt geen idee – en dat is hartstikke verontrustend! Hoe wordt het nog beter dan dat?

Ben je daar ooit geweest? Op zo'n punt waar je geen idee hebt wie je bent? En dacht je automatisch dat het iets slechts was? Wat als ongedefinieerd zijn nou eens de grootste mogelijkheid is die er is? Als jij geen idee hebt wie je bent, dan moet je ervoor kiezen om jou en jouw realiteit te creëren. Je kunt van alles genereren vanaf deze plek, omdat niets jou definieert.

Ongedefinieerd ben je pure magie, mijn vriend of vriendin. (Het voelt alleen heel raar...)

❧ ❧ ❧

Waarheid, wie ben ik?

Soms kom je op die plek van ongedefinieerd zijn, en dan zou je letterlijk de hele dag op de bank kunnen blijven zitten tv kijken, gewoon omdat...

Wat er gebeurt, is dat de *motivatie* begint te verdwijnen, en het merendeel van de wereld gebruikt motivatie als de drijvende kracht voor alles wat ze kiezen; de motivatie van niet genoeg geld, de motivatie van je niet goed voelen over je lichaam of jezelf, de motivatie van je eenzaam voelen, de motivatie van erbij willen horen, van winnen, van niet verliezen...

Als de motivatie weggaat, verdwijnen er ook veel van de dingen die pijn creëerden. En dan vraag je je ineens af: *"Ehhh, wie ben ik eigenlijk? Wat doe ik hier? Wat is er aan de hand?"*

Dit is waar we onszelf weer terug in dat hokje proberen te proppen, waar we ons paard laten omdraaien en langzaam wegdraven, weg uit het bos van anders zijn en mogelijkheden en terug naar de stal van het normale, het middelmatige en het werkelijke van deze realiteit – terug naar die muffe, ouwe, comfortabele plek – al zou ons wezen liever vrij rondrennen.

We ontcreëren deze nieuwe ruimte die we aan het worden zijn letterlijk door onszelf weer te definiëren en te beperken. En we hebben de meest indrukwekkende en slimme strategieën om dat te doen.

Laten we er eens een paar onder de loep nemen:

ഛ ഛ ഛ

Ellende opnieuw creëren

Eén van onze meest gebruikelijke, interessante en compleet gestoorde strategieën is het opnieuw creëren van de traumatische plek van waaruit we eerder functioneerden.

De ellende is bekend; in de ellende weten we wie we zijn.

(Slimme keuze.)

Het is net alsof we allemaal ons eigen patroon hebben dat zichzelf herhaalt en dat we gebruiken om onszelf gedefinieerd en beperkt te houden.

Weet jij precies waar jij persoonlijk naartoe terugkeert om te kunnen teruggaan naar de referentiepunten van de Gedefinieerde Jij?

"Wauw, het voelt echt goed om mezelf zo erg te haten. Dit ken ik!"

"Wauw, het voelt echt goed om mezelf weer in een relatie te verliezen. Dit ken ik!"

"Wauw, het voelt echt goed om zo boos te zijn omdat mijn vriendin met iemand anders staat te flirten. Dit ken ik!"

"Wauw, het voelt zo goed om alweer geen geld te hebben en dat ik alweer tegen de wereld aan het vechten ben. Dit ken ik."

Soms ben je zo briljant dat je teruggaat en precies datgene opnieuw creëert waar je net uit was gekomen, met als enige reden dat als je er nog een keer uit kunt komen, je er dan pas écht uitgekomen bent...

Wauw! Hoe wordt het nog uitgekookter dan dat?

Je creëert het opnieuw om te bewijzen dat je eruit kunt komen. Of je verzekert je ervan dat je de nieuwe ruimte waard bent door de beperking nog eens te creëren en jouw kracht te laten zien door het nogmaals te ontcreëren. Als je jezelf er voor de tweede keer uitkrijgt, ga je terug en creëer je het voor de derde keer.

Dus hoeveel keer moet je de ellende en de definities opnieuw creëren, voordat je jezelf toestaat om de vrijheid te hebben die je werkelijk bent? Eén, 5, 10, 50, 100, oneindig?

Begrijp je wat ik bedoel? Ben je bereid om het nu te laten gaan? Zo ja, ga je het nu dan allemaal vernietigen en ontcreëren alsjeblieft? Right and wrong, good and bad, POD and POC, all 9, shorts, boys, POVADs and beyonds. Dankjewel.

∽ ∽ ∽

Relatie, geld of gezondheid?

Ben jij één van die mensen die, als je niet weet wie je bent, een relatie creëert om erachter te komen wie je bent of wie je niet bent?

Of misschien gaat het bij jou over geldproblemen. Je weet wie je bent als je geldproblemen hebt. Daar was je al eens eerder, dat heb je al eerder gedaan, je bent een expert als het om die specifieke rol en om die definitie gaat.

Of gezondheidsklachten misschien? Zodra alles heel erg goed begint te gaan, vind jij een manier om dit te creëren: *"O ja, mijn lijf mankeert weer eens van alles."*

Of ben jij één van die mensen die bang is dat je je gaat vervelen? *Heb je er een spuughekel aan als je je niet vermaakt?* Heb je besloten dat verveling de ergste straf zou zijn die je ooit zou kunnen krijgen?

Dus in plaats van te genieten van het leven en alles steeds met totaal gemak te laten verschijnen, bega jij de stommiteit om je gewaarzijn uit te schakelen. Want als alles voor jou met gemak zou verschijnen en er geen ellende en drama zou zijn, hoe verveeld zou je dan zijn, en waar zou je dan aan moeten werken?

Jouw standpunt is dat als je het gemak, de vreugde en de glorie van het bestaan zou hebben, je je zo zou vervelen dat je dood zou willen gaan. Of misschien heb je de leugen aangenomen dat als je eindelijk alles zou hebben geregeld en afgehandeld, je dan gewoon dood zou gaan, omdat er niets meer te doen zou zijn.

Geen wonder dat je met dat standpunt wilt omkeren en terug draven naar de stal van gemiddeld, echt en normaal.

Dus ben je bereid om dat allemaal te vernietigen en ontcreëren alsjeblieft?

Right and wrong, good and bad, POD and POC, all 9, shorts, boys, POVADs and beyonds. Dankjewel.

En om te gaan ontdekken wat er echt mogelijk is voor jou?

∽ ∽ ∽

Gedefinieerd = gedefinieerd ontvangen

Je bent er zo aan gewend om gedefinieerd en beperkt te zijn. Als je gedefinieerd bent, weet je waartegen je moet vechten, je weet wat je bereid bent te ontvangen en wat je bereid bent te weigeren – je kent jouw patroon van verkeerdheid. Het is zo uitgekookt.

Waarom zou je ervoor kiezen om zo explosief briljant en geweldig te zijn als je werkelijk bent?

Waarom zou je ervoor kiezen om op alle manieren ongedefinieerd te zijn, zodat niets en niemand jou ooit nog zou kunnen bezitten? Waarom?

Ik zeg: *"Waarom niet?"*

Of zou jij dat wél kiezen?

Zelfs als je dan helemaal alleen zou zijn?

Als je ervoor kiest om ongedefinieerd te zijn, is er misschien niemand anders die dezelfde standpunten heeft als jij. Ze kunnen jou misschien niet eens vinden, laat staan het speelveld waar jij speelt of het universum waar jij leeft.

Dit is nog één van die dingen die voor ons allemaal een grote rol speelt: we zijn niet bereid om het risico te nemen dat we helemaal alleen zijn. In deze realiteit is alleen zijn een verkeerdheid die zo lelijk is dat we er niet eens naar willen kijken.

In plaats daarvan proberen we, zodra we op een plek komen waar we te veel ruimte beginnen in te nemen, om onszelf terug te brengen tot een niveau waar andere mensen mee kunnen leven. We definiëren en beperken onszelf om overeenstemming met alle anderen te vinden.

Hoeveel daarvan heb je gedaan om andermans werkelijkheid te bevestigen, dat jij precies diegene bent waarvan je keer op keer aan hen hebt bewezen dat je het bent, die je nooit was, maar waarvan jij hebt besloten dat je diegene was, waarvan zij hebben besloten dat jij dat bent, waarvan zij hebben besloten dat jij dat moet zijn, waarvan jij hebt besloten dat jij dat moet zijn, die je nooit bent geweest maar wel probeerde te zijn, en dat je niks anders wilt weten, omdat dat jou geen referentiepunten zou geven om te kunnen zijn?

Het zou heel slecht zijn als je dat nog een keer zou lezen. (En nog slechter als je het ook werkelijk zou begrijpen.)

Alles wat dat is, ga je dat nu alsjeblieft vernietigen en ontcreëren? Right and wrong, good and bad, POD and POC, all 9, shorts, boys, POVADs and beyonds. Dankjewel.

Het grappige is dat als je bereid bent om eindelijk de sprong in het diepe te wagen en helemaal alleen te zijn – als dat is wat ervoor nodig is om alles te hebben wat jij bent – dat meer mensen dan bij jou zullen willen zijn. Je zult niet van ze af kunnen komen. Je zult zó anders zijn dat ze zich tot jou aangetrokken zullen voelen als vliegen tot de stroop. (Denk maar aan Oprah.)

∽ ∽ ∽

Ga niet te ver naar rechts, oh jee – of te ver naar links

Om je verleden juist te maken, geloof je dat je deze nieuwe ruimte moet verloochenen, de ruimte die je aan het worden bent, die anders is dan het verleden, deze ruimte die voorbijgaat aan alles wat jij ooit dacht dat je kon worden.

Maar om je verleden juist te maken, en ieders werkelijkheid te bevestigen, moet je jezelf kleiner maken.

De enige manier waarop je jouw definitie van wie jij bent in stand kunt houden, is als je niet te veel verandert.

Dus als je niet te ver naar links gaat en niet te ver naar rechts of te ver vooruit, dan ben je in staat om jouw definitie van jou in stand te houden, en dat alles normaal, doorsnee, oké en echt is.

Als je te ver in allerlei richtingen gaat en je je te ver uitbreidt, wat het ergste is dat je in deze realiteit kunt doen – en het grootste van alles dat je kunt doen om jouw eigen realiteit te creëren – wordt het zo oncomfortabel dat je van alles zult doen om maar terug te kunnen gaan naar de referentiepunten die je kent van wie jij bent.

In plaats van te zeggen – *genoeg!*

Oké, het voelt dan wel alsof ik helemaal alleen ben. Oké, misschien zal niemand dezelfde standpunten hebben als ik, maar ik geef me niet meer gewonnen! Het is prima als je me niet meer leuk of aardig vindt. Ik zal van je houden, om je geven en van alles doen om je te faciliteren. En als je me niet aardig vindt, dan is dat jouw probleem.

Kijk, er is daarbeneden een hele mooie weg! Kijk, daar ben ik aan het paardrijden!

Je kunt met me meegaan, of naast me komen rijden, of achter me... als je me maar niet in de weg gaat zitten.

Merk je het verschil?

Jij bent aanwezig in jouw leven.

Ben je bereid om die eis te stellen? Zo ja... *is het lichter?*

Alles wat dat niet toelaat, ga je dat nu allemaal vernietigen en ontcreëren alsjeblieft? Right and wrong, good and bad, POD and POC, all 9, shorts, boys, POVADs and beyonds. Dankjewel.

∽ ∽ ∽

De weg van lichtheid volgen

Zo weet je zeker dat je dichter bij de dingen komt die waar zijn voor jou: het begint lichter te worden voor je.

Als ik zeg dat de waarheid je altijd lichter laat voelen en een leugen je zwaarder laat voelen, gaat het niet alleen maar om wat mensen zeggen of doen. Als je de kant opgaat van wat echt waar is voor jou, word je lichter en lichter en lichter.

Alleen staat dat *in schril contrast* met alles wat iedereen je hier zal vertellen over wat jou gelukkig gaat maken, en alles wat iedereen tegen je zal zeggen over hoe het leven hier hoort te zijn.

Soms is het net alsof je op de rand van een ravijn staat, met de keuze of je wel of niet gaat springen.

Deze realiteit is de valkuil waar de meesten van ons in vast komen te zitten. Het is net drijfzand: het is prima als je er gewoon op loopt, maar als je er even in blijft staan, zit je er voor je het weet helemaal in vast, en dan vraag je je af: *"Hoe komt het dat ik hier vastzit?"*

Maar nu heb je het gewaarzijn dat er iets anders is. Iets dat lichter voelt. En als alle anderen in de zwaarte en het drama van alles stappen, kun jij een stap opzij zetten en het links laten liggen.

Je kunt vragen:

"Hé, is dit eigenlijk wel echt? O, niet? Mooi, dan kan ik het dus links laten liggen.

Het belangrijkste is dat je het links kunt laten liggen. Je hebt een andere keuze. Op een bepaald punt zul je zeggen:

Ik ga het gewoon niet kiezen. Wat maakt het uit of het echt is of niet? Voor mij is het niet echt.

Daar sta je dan: ongedefinieerd worden

Waarheid, wat zou je nu willen kiezen? Is het tijd om jouw bestaan te genereren vanuit deze onbegrensde, ongedefinieerde ruimte?

Geniet er gewoon van – geniet ervan hoe ontzettend, ontzettend oncomfortabel het is.

Hoe ontzettend, ontzettend ongedefinieerd – en magisch?

En wat als het net zo gemakkelijk comfortabel als oncomfortabel zou kunnen zijn? Wat als je datgene waarvan jij denkt dat het oncomfortabel is, zou kunnen toestaan om jou te koesteren en je te laten groeien?

Waarheid, mijn vriend of vriendin?

Wat is er nog meer mogelijk?
Hoe wordt het nog beter dan dit?

Zou een oneindig wezen dit kiezen?

Wat als je écht een oneindig wezen bent?

Wat als jij onbeperkt en niet te stoppen bent?
Wat als je niet alleen maar hoeft te functioneren vanuit gedachten, gevoelens en emoties?

Je hebt keuzes.

Ja, lieverd, je kunt ervoor kiezen om jezelf in het vakje te proppen dat deze realiteit heet.

OF

Je kunt functioneren vanuit vragen, keuzes en mogelijkheden.

Je kunt ervoor kiezen om zo uitgestrekt te zijn als het universum.

En nog weidser.

Dit is een vraag die altijd relevant is:

Zou een oneindig wezen dit kiezen?
Zo niet, waarom jij dan wel?

... en de wereld veranderen

Weet alsjeblieft dat ik niet van je verlang dat je mijn standpunt overneemt.
Nooit.

Ik weet dat het soms klinkt alsof ik dat wel wil...

Maar dat is niet mijn bedoeling.

Wat ik graag zou willen, is dat je je gewaar bent van wat er waar is voor jou.

Wat dat dan ook maar is.

Mooie jij...

Ik weet dat Deel I van dit boek misschien nogal... vreemd is geweest. En mogelijk geweldig, voor sommigen van jullie.

Voordat je Deel 2 van dit boek gaat lezen... (Of iemand gaat zien... een afspraakje hebt... of naar je werk gaat... Eigenlijk ieder moment dat je wakker wordt op een willekeurige dag...)

...PROBEER DIT EENS:

Alles wat ik hierop heb geprojecteerd of hoe ik verwacht dat dit zal zijn, alle oordelen, verwachtingen, afscheidingen en afwijzingen over wat dit zal gaan zijn, ga je dat nu alsjeblieft allemaal vernietigen en ontcreëren? Right and wrong, good and bad, POD and POC, all 9, shorts, boys, POVADs and beyonds.

Dankjewel. Voel je die energie?
Licht?

En nogmaals...

Zeg dit alsjeblieft hardop...

Alles is het tegenovergestelde van wat het schijnt te zijn.
Niets is het tegenovergestelde van wat het schijnt te zijn.

Alles is het tegenovergestelde van wat het schijnt te zijn.
Niets is het tegenovergestelde van wat het schijnt te zijn.

Alles is het tegenovergestelde van wat het schijnt te zijn.
Niets is het tegenovergestelde van wat het schijnt te zijn.

Alles is het tegenovergestelde van wat het schijnt te zijn.
Niets is het tegenovergestelde van wat het schijnt te zijn.

Alles is het tegenovergestelde van wat het schijnt te zijn.
Niets is het tegenovergestelde van wat het schijnt te zijn.

– Hoofdstuk 11 –
Klaar om de automatische piloot uit te zetten?

Het lijkt misschien alsof het heel veel energie kost om aanwezig te zijn. In het begin is dat ook zo. Dat komt omdat het iets is wat je al heel, heel lang niet meer hebt gedaan.

Is het je opgevallen dat je het merendeel van je leven op de automatische piloot hebt geleefd en dat je bent uitgecheckt?

Zo werkt het: toen je hier aankwam, begreep je deze realiteit niet, dus creëerde je je verstand om je alle antwoorden te geven over hoe je er hier bij kunt horen en hoe je net als alle anderen kunt zijn. Je verstand is altijd aan het vechten om de juistheid van deze realiteit te verdedigen, wat jouw aanwezigheid en je zijn compleet uitsluit. Hoe anders jouw werkelijkheid is, dat wordt daarbij buiten beschouwing gelaten.

Wat zeg je?? JOUW REALITEIT IS ANDERS! Ik weet het, het klinkt niet logisch. Maar is het niet een heel klein beetje lichter? Dat is de reden dat het zo vaak voelt alsof je je energie ergens instopt en het niet werkt.

Ben je je ervan gewaar dat deze realiteit gaat over homogenisatie? Ik heb het niet over je melk opwarmen (dat zou trouwens pasteurisatie zijn, maar ssst...) ik heb het over jezelf normaal, doorsnee, echt en hetzelfde als alle anderen maken.

Dat, mijn vrienden, betekent dat je niet aanwezig bent als jij. Dat is de automatische piloot.

Dus in het begin lijkt het misschien alsof het veel energie kost om aanwezig te zijn... Je vecht tegen je eigen gewaarzijn, omdat je denkt dat je iets moet doen aan alle dingen die je nu waarneemt. Maar ergens komt er een punt – als je echt bereid bent om aanwezig te zijn – dat het je niet langer veel energie kost, maar dat je juist veel meer energie hebt – en meer leven – als je de automatische piloot uitzet.

Veel meer!

Je hebt minder slaap nodig. Je eet minder. Je hebt het gewoonweg niet nodig. Dit is een geval van "alles is het tegenovergestelde van wat het schijnt te zijn, en niets is het tegenovergestelde van wat het schijnt te zijn" en dat in actie. Probeer dat maar eens met je verstand te bevatten!

Dus overal waar je hebt besloten dat aanwezig zijn je veel energie zou kosten, ga je dat nu allemaal vernietigen en ontcreëren alsjeblieft? Right and wrong, good and bad, POD and POC, all 9, shorts, boys, POVADs and beyonds. Dankjewel.

∽ ∽ ∽

De intensiteit van jou zijn

Als jij verandert, zal jouw trilling ook veranderen. De intensiteit van je bestaan wordt hoger.

Het is nieuw voor je. Het is het onbekende.

In een poging om die intensiteit uit de weg te gaan, ga je misschien te veel eten. Of je gaat je moeder bellen, of je begint aan een nieuwe relatie, of je duikt met iemand de koffer in... Of wat het voor jou dan ook maar is waar je je achter verschuilt – of waar je je mee vermaakt – om de intensiteit te vermijden die je aan het worden bent.

Je moet bereid zijn om die intensiteit te hebben als je de verandering wilt hebben waar je om vraagt.

Die intensiteit kan vaak heel erg ongemakkelijk zijn. Maar dat het ongemakkelijk is, wil niet zeggen dat het verkeerd is. In feite: hoe groter de verandering is die je net hebt gekozen, des te ongemakkelijker zal het misschien een tijdje lijken te zijn.

Ik zeg niet dat iets wat jij zou kiezen in je leven iets slechts of verkeerds is (inclusief iets wat de intensiteit vermindert die jij aan het worden bent). Ga je gang, doe het als het voor jou werkt. Echt.

Wat ik zeg, is vraag jezelf dit alsjeblieft af:

Doe ik dit om mijn trilling te verlagen en mijn intensiteit af te zwakken?

Doe ik dit om minder ruimte in te nemen? (Of gaat het meer ruimte voor me genereren?) Doe ik dit om me meer op mijn gemak te voelen? Doe ik dit om me net zo te voelen als voorheen? Zal het tot meer of minder plezier in m'n leven leiden als ik dit kies?

Je hoeft alleen maar een vraag te stellen.
Alles wat ervoor nodig is, is een vraag.
Het enige wat er ooit voor nodig is, is een vraag.

En dan wil je natuurlijk wel het gewaarzijn ontvangen dat je krijgt door die vraag te stellen... en dat gewaarzijn zelfs volgen... O, maar dat zou wel eens tot te veel plezier kunnen leiden – echt waar – en dat zou wel eens slecht kunnen zijn.

∞ ∞ ∞

Wat zijn jouw echte prioriteiten?

We hebben allemaal prioriteiten in ons leven, waarmee we ons leven organiseren – en de meesten van ons zijn zich niet eens bewust wat die dan zijn.

Bijvoorbeeld: één van de dingen die ik bij mijn vriend Gary heb gezien, is dat het leven gewoon gemak is voor hem. Wat er ook gebeurt. Ongeacht wat er gebeurt, ongeacht de situatie, bij hem is er altijd sprake van een bepaalde mate van gemak.

Dat is deels omdat hij prioriteiten heeft die een leidraad zijn in zijn leven. Hij weet altijd waar hij zijn energie op moet richten. Hij verslijt zijn banden niet terwijl hij zijn energie op waardeloze plekken richt of plekken die niets gaan doen om de kwaliteit van zijn leven, zijn bestaan of zijn bewustzijn te vergroten.

Jullie hebben ook prioriteiten waarmee jullie jullie leven organiseren, mijn vrienden. Het is alleen zo dat jullie meestal geen idee hebben van wat ze werkelijk zijn. Je denkt misschien van wel...

En mijn vraag is: weet je werkelijk wat waardevol is voor jou? Wat geef jij werkelijk prioriteit in jouw leven?

Zou je er een lijst van willen maken?

Nu meteen?

Lees de vraag alsjeblieft twee keer!

Waar heb jij de afgelopen 7 dagen het meeste van jouw tijd, energie, gedachten en emoties aan besteed?

1. _____

2. _____

3. _____

4. _____

5. _____

Die vijf dingen zijn je WERKELIJKE prioriteiten. Niet de officiële prioriteiten die je dacht dat je had.

Ja. Ik weet het. Interessante keuze, nietwaar?

Als je jezelf nu eens zou vragen:

Als ik met mijn toverstaf kon zwaaien en prioriteiten hebben die een bijdrage zouden zijn aan mijn leven, en die me het leven zouden geven dat ik graag zou willen hebben, welke van het bovenstaande rijtje zou ik dan houden? En welke zou ik weggooien? En dan...

Welke vijf prioriteiten zouden bijdragen aan het genereren, creëren en instellen van het leven en bestaan dat ik echt zou willen hebben?

1. _____

2. _____

3. _____

4. _____

5. _____

POC en POD nu alsjeblieft alles wat niet toestaat dat dat met gemak voor jou verschijnt.

Mensen gelukkig maken!

Gek genoeg hebben we ook verborgen prioriteiten... zoals onszelf staande houden in deze realiteit, onze familie nooit voorbij te streven, andermans gevoelens nooit te kwetsen – en meer van zulke heerlijke dingen!

Voor mij was mensen gelukkig maken één van mijn verborgen prioriteiten. Ik had het mijn hele leven gedaan – ik probeerde en probeerde en probeerde maar om mensen gelukkig te maken.

Dat werkt trouwens niet erg goed, maar ik probeerde het. En ik realiseerde me niet dat het een tijd lang mijn belangrijkste prioriteit was – nummer één van mijn verborgen prioriteiten. Ik was gewoon vastberaden om dat koste wat kost te doen.

Ik moest een plek in mijn wereld creëren waar ik me, ten eerste, gewaar moest zijn van de ongelukkigheid van alle anderen, en ten tweede, waar ik dat moest veroordelen als iets verkeerds of als iets wat ze niet zouden kiezen, en ten derde, alles doen wat ik maar kon om het te veranderen...

Ik stelde nooit vragen als: "Verlangen ze er wel echt naar om gelukkig te zijn? Is dat wat ze zouden kiezen?"

En op die automatische piloot maakte ik hun keuze zelfs nog vaster en nog wat meer solide met mijn oordelen, en ik ontkrachtte hen ook met mijn superieure houding. Aardig hè?

Doe ik hen of mij daarmee echt een plezier? Nee. Is het handig? Nee!

Welke verborgen prioriteiten heb jij, die, zolang je ze niet hebt erkend, datgene in stand houden en conditioneren wat jij niet kunt veranderen en kiezen als leven met gemak, vreugde en uitbundige expressie en overvloed? Ga je dat nu allemaal vernietigen en ontcreëren alsjeblieft? Right and wrong, good and bad, POD and POC, all 9, shorts, boys, POVADs and beyonds. Dankjewel.

༼ ༼ ༼

O... jou ken ik!

Je stapte gelijk in de verkeerdheid van jou, toch? Je kwam tot de conclusie dat je de VERKEERDE prioriteiten hebt gekozen! Zelfs de verborgen prioriteiten zijn jouw schuld, nietwaar? Stomme humanoid!

Laat me je een andere mogelijkheid geven, mijn vriend of vriendin.

Wat als je dankbaar kon zijn voor elke prioriteit die je ooit in je leven hebt gekozen? Elke keuze waar je dankbaar voor kunt zijn, creëert gemak en de mogelijkheid dat er iets anders verschijnt.

Ik ben bereid om te ervaren dat ik iets verpruts en er dan over te praten om mensen te laten weten dat ik niet per se heel snugger ben. En ik ben bereid om het te veranderen en anders te functioneren.

Je perfect voordoen, doen alsof je nooit problemen of moeilijkheden hebt en doen alsof er bij jou nooit iets onverwachts gebeurt... Is dat lichter voor je? Of is het alleen maar veel zwaar werk?

Is dat niet gewoon nog een automatische piloot?

Wat als je niet meer hoefde te proberen om te bewijzen dat je perfect bent, en erkent dat je dat al bent? Alles wat niet toestaat dat dat jouw realiteit is, ga je dat nu alsjeblieft vernietigen en ontcreëren? Right and wrong, good and bad, POD and POC, all 9, shorts, boys, POVADs and beyonds. Dankjewel.

∞ ∞ ∞

Wat als zesjarigen het voor het zeggen hadden in de wereld?

Als ik een zesjarige zie struikelen tijdens het wandelen, hebben zij daar geen oordeel over. Ze denken er niet over na hoe stom het van hen was om te struikelen. Zij gaan alleen maar van: *"Zo dan, ben ik effe gestruikeld!"*

Een bewust leven leiden betekent meer te leven als een zesjarige. Het is kiezen voor de keuze die je vreugde zal brengen, niet kiezen voor de keuze die maakt dat je je zwaar voelt. Mensen lijken het standpunt te hebben dat leven vanuit bewustzijn heel zwaar en serieus is, heftig en moeilijk. Nee! Alleen daarvandaan kun je echt een leven van gemak en vreugde leiden, wat er ook gebeurt.

Ik weet dat er mensen zijn die als ze dit zouden horen, zouden zeggen: *"Jij gaat je verantwoordelijkheden gewoon uit de weg."* Maar ik ben er geen voorstander van om niet te zorgen voor de dingen waarvoor moet worden gezorgd. IK PLEIT ERVOOR OM VOOR ALLES TE ZORGEN MET VEEL MEER GEMAK – EN OOK VOOR JEZELF TE ZORGEN – MET GEMAK.

Bewustzijn is pragmatisch!

Het omvat alles en veroordeelt niets. Het omvat ook je huur betalen, en je ouders bellen. Je hebt vast dingen die moeten worden afgehandeld – wat als je ze allemaal zou kunnen afhandelen met totaal gemak en je er dankbaar voor zou zijn dat je in staat bent om ze af te handelen?

Wat als je gewoon dankbaar zou zijn voor elke keer dat je struikelde? Wat als je ook dankbaar zou zijn voor elke keer dat je bereid was om weer op te staan en door te gaan?

Weet alsjeblieft dat zo'n 52% van de bevolking niet op zoek is naar iets anders. Zij hebben het al moeilijk genoeg om hun ondergoed te verwisselen. Ze hebben besloten dat zij het juiste antwoord hebben.

Het is niet aan jou om iemand te veranderen – het is aan hen.

Je kunt alleen maar verandering faciliteren voor iemand die bereid is om je een vraag te stellen die jou toestaat om een deur te openen, zodat je wat verandering kunt faciliteren.

Tot die tijd is er geen verandering die kan worden gefaciliteerd.

Hou ermee op om mensen te willen veranderen die niet echt verandering willen. Hou ermee op om over jou te oordelen omdat je niet in staat bent om hen te veranderen. Het is gewoon HUN KEUZE om niet te veranderen.

Het is NIET JOUW SCHULD. Nogmaals: het is gewoon HUN KEUZE. Het is NIET JOUW SCHULD.

Het grootste geschenk dat je iemand kunt geven, is ze te bekrachtigen om te KIEZEN – zelfs als hun keuze niet echt in hun voordeel werkt. Dan zullen ze het geschenk van hun keuze de rest van hun leven hebben.

Mensen hebben zich toegewijd aan serieus zijn. Ze geloven dat dat werkelijker en echter is dan de ruimte van een zesjarige als ik te zijn. Mensen zijn toegewijd aan het vinden van de perfecte relatie die hen gaat redden en die hun leven perfect gaat maken. Mensen zijn zo toegewijd aan hoe de dingen altijd zijn geweest, in plaats van een andere mogelijkheid te overwegen. Mensen hebben zich eraan toegewijd om altijd het juiste antwoord te hebben, zelfs als dat antwoord voor hen hartstikke verkeerd is.

Het lastige is dat de mensen die verlangen naar verandering, in essentie hebben besloten dat de kleine meerderheid die niet naar verandering verlangt, het juiste antwoord heeft. Als je ooit het gevecht bent aangegaan en dacht: *"Ik moet mijn deel van de taart hebben"*, of: *"Zij krijgen alles en ik krijg niks"*, dan weet je waar ik het over heb.

Maar als je helder krijgt wat er waar is voor JOU, dan geef je 99% van de tijd niet om die taart, noch om wat iemand anders krijgt.

Jij stemde je alleen maar af op de standpunten om je heen en daar was je het mee eens. Op dit moment is er maar een heel klein percentage mensen dat echt verlangt naar gigantische veranderingen. Laten we zeggen zo'n 5% van de bevolking.

Begrijp me niet verkeerd – op 6,6 miljard mensen zijn dat nog steeds veel mensen.

Jij, die ervoor kiest om dit boek te lezen, bent één van hen.

Ben je bereid om dat te weten en het te erkennen?

Bewustzijn verlangt altijd naar meer van zichzelf

Of om het anders te zeggen: *"Bewustzijn brengt bewustzijn voort."* Als het de kans krijgt, zal bewustzijn altijd meer van zichzelf creëren.

Bewustzijn is de makkelijkste energetische staat om te onderhouden, volgens de natuurwetten. Waarom? *Omdat er geen polariteit in stand hoeft te worden gehouden. Het is het zijn, dat gewoon is.*

Laten we zeggen dat <u>on</u>bewustzijn zoiets als een vaststaand standpunt zou zijn. Ken je mensen met vaststaande standpunten? En om dat vaststaande standpunt te hebben: kost het veel energie om daaraan vast te houden?

Neem nou een strenge conservatieveling, een strikte liberaal of een fascist... zij hebben vaststaande standpunten die bakken energie vreten om ze in stand te houden, nietwaar?

Zoveel energie kost het je om ieder vaststaand standpunt dat je hebt in stand te houden.

Voor elk oordeel zijn er 25 oordelen nodig om het in stand te houden. Voor elk van die 25 oordelen zijn er weer 25 nodig, en voor elk van die 25 nog eens 25. Het is het ultieme multilevel marketingprogramma voor ellende.

Wat je moet weten over bewustzijn is dat het letterlijk de makkelijkste staat is waarin je kunt zijn, omdat je het multilevel marketingprogramma van ellende niet hoeft te volgen.

Dus lief, lief wezen dat dit leest… *Je hebt een keuze…* Je zou je energie kunnen gebruiken om vaststaande standpunten en oordelen in stand te houden – of je kunt die energie gebruiken om je leven te genereren. *Jouw bestaan. Het is jouw keuze.*

Alle vaststaande standpunten, projecties, verwachtingen, afscheidingen, oordelen en afwijzingen die jij hebt van jezelf en over jezelf, ga je die nu allemaal vernietigen en ontcreëren alsjeblieft? Right and wrong, good and bad, POD and POC, all 9, shorts, boys, POVADs and beyonds. Dankjewel.

——— Magie ———

zijn

Het universum probeert je wat te schenken!

Stel je voor dat er twee mollige engeltjes recht boven je vliegen. Je weet wel, van die engeltjes zoals in de Sixtijnse Kapel, die heel hard met hun vleugeltjes slaan, omdat ze een pot met gouden munten vasthouden, en het heel moeilijk voor hen is om in de lucht te blijven, omdat dat goud zoveel weegt…

Ze hebben zoveel voor je wat ze je gewoon willen geven… en ze willen het aan jou geven… en ze willen het aan jou geven… en ze willen het aan jou geven… en ze willen het zo graag aan jou geven… en ze willen het nog steeds aan jou geven…

Dus, mijn vriend of vriendin, waarom blijven ze ernaar VERLANGEN om het aan jou te geven, in plaats van dat ze het gewoon aan je geven?

Omdat jij er nooit om vraagt!

Zij vliegen daarboven en gaan van: *"Kom op, sukkel! Je zoekt de grenzen op van wat ik aankan, ik ga dit echt op je hoofd laten vallen en je nu meteen om zeep helpen! Stel nou alsjeblieft eens een vraag die ons toestaat om dit aan jou te geven!"*

Vraag er alsjeblieft om. Waar je ook maar naar verlangt. De grootste wens van het universum is dat je het gewoon vraagt – en het ontvangt.

(Blijkbaar vindt het jou aardiger dan jij jezelf.)

– Hoofdstuk 12 –
Haal je toverstaf tevoorschijn! Je bent magie!

Jij als wezen – als je echt jij bent – creëert magie! En, waarheid: dat weet je, nietwaar?

Situaties die op een bepaalde manier horen te gaan, verlopen heel anders als je bereid bent om die bepaalde energie te zijn die elke situatie verandert. Is dat oorzaak en gevolg, of is dat magie?

Het is interessant: je hebt ALTIJD de keuze om magisch te zijn, maar je bent alleen maar zo af en toe bereid om dat te kiezen.

Vergis je niet – het is een keuze. Het is altijd een keuze. Dus wat bedoel ik ermee als ik het over magie heb? Nou, vanuit mijn standpunt: ergens om vragen en in staat zijn om het te ontvangen, is magie. In staat zijn om iets te veranderen, is magie. Om alleen al in staat te zijn om bijvoorbeeld te veranderen hoe je leven voelt, is een knap staaltje magie waarvan de meeste mensen niet eens weten dat het bestaat... "Maar dat kun jij toch helemaal niet!"

Mijn vriend Gary vertelde vaak het volgende verhaal over toen hij een klein kind was. Hij ging zijn lichaam uit, wandelde over het plafond, stak energetisch zijn hoofd om de hoek van de deur en luisterde naar de radio-uitzendingen waar zijn ouders naar luisterden of hij keek naar de tv waar zij naar keken.

Dat deed hij gewoon. Hij ging zijn lichaam uit en deed dat dan, tot hij het op een dag aan zijn moeder vertelde. O jee, grote fout!

Zij zei: *"Maar dat kun jij toch helemaal niet!"* En het lukte hem nooit meer.

Dat is hoe deze werkelijkheid werkt. Deze werkelijkheid is net zoals zijn moeder tegen hem was. Deze realiteit is net als het merendeel van onze vaders en moeders. Het is er om ons te vertellen wat we niet kunnen doen – niet wat we wel kunnen doen.

Knoop dit in je oren! Dit is de sleutel: jij kunt grootse dingen creëren die voorbijgaan aan deze realiteit, als je bereid bent om in en door deze realiteit te functioneren, maar deze realiteit geen bezit van je te laten nemen.

Hoe vaak heb jij in het verleden iets gecreëerd dat magisch was, het aan iemand verteld, en dat ze dan zeiden: "Maar dat kun je helemaal niet!" Of dat ze meteen gingen oordelen om te bewijzen hoe en waarom je dat nooit had kunnen doen...

En op dat punt besloot jij waarschijnlijk: *"Ik kan dat niet meer doen."*

Weet je, magie is eigenlijk wat je al bent, het is niet eens iets wat je doet. Het is een natuurlijk vermogen van jou als wezen, en het is iets wat jij als wezen bent als uitdrukking daarvan in de wereld. Het verschijnt meestal als je er niet te veel over nadenkt, nietwaar? Als we bereid zijn om ons gewaar te zijn van mogelijkheden die grootser zijn dan wat deze lineaire realiteit ons vertelt – voorbij het universum van oorzaak en gevolg.

Grappig genoeg werkt 'vraag en je zult ontvangen' erg goed als we ons verstand erbuiten laten, als we ermee ophouden om zo hard ons best te doen – en als we niet aan het oordelen zijn.

Als je aan het oordelen bent, kun je geen magie creëren. Als je aan het oordelen bent, kun je geen magie zijn. Oordelen vernietigen de magische mogelijkheid die wij kunnen zijn.

Dus alle keren dat je de fout maakte om iemand anders over magie te vertellen, en zij het niet begrepen of erover gingen oordelen, wat jij energetisch kon waarnemen, waardoor je besloot dat je het niet meer kon doen en dat het om te beginnen waarschijnlijk al niet eens echt magie was, ga je dat nu alsjeblieft allemaal vernietigen en ontcreëren? En de magie zijn die je echt bent? Right and wrong, good and bad, POD and POC, all 9, shorts, boys, POVADs and beyonds. Dankjewel.

∾ ∾ ∾

Wat als je magie zou zien als de lichtheid van zijn die jij bent?

Denk eens terug: zijn er in het afgelopen jaar drie momenten geweest waarop jij de lichtheid van zijn was die je echt bent, zelfs als het leek alsof je dat niet hoorde te zijn? En is het je opgevallen dat de situaties waar je je in bevond om je heen veranderden – en makkelijker werden? Dat is magie. Zo kies je JOUW REALITEIT, wat het begin is van de magie zijn die jij werkelijk bent.

Zou je de tijd willen nemen om hier drie van die keren op te schrijven? Je kunt ze ergens anders opschrijven, als je dat wilt. Als je lekker op dreef raakt, schrijf dan alsjeblieft zoveel mogelijk van die situaties op. Ga door totdat je alles hebt opgeschreven wat je je maar kunt herinneren.

1. _____

2. _____

3. _____

Er was bijvoorbeeld een vrouw, laten we haar Susan noemen, die op weg was naar Montreal om mee te doen aan een cursus die ik gaf. Haar vlucht werd geannuleerd, omdat de luchthaven van Chicago werd gesloten. Dus Susan vroeg: *"Welke magie kan ik zijn die deze situatie zal veranderen?"*

Een magische tool – stel een vraag.

Dus ze gaat naar het vliegveld en vraagt aan de mensen bij de balie: *"Is er iets dat u kunt doen?"* – en de dame van het vliegveld zegt: *"Nee, er is niets dat we kunnen doen."*

Susan zegt: *"Echt waar? Weet u het zeker? Hoe wordt het nog beter dan dit?"*

De dame van het vliegveld krijgt een zachtere uitdrukking. Dus Susan vraagt het nog eens: *"Hoe wordt het nog beter dan dit?"*

De dame zegt: *"Ehh… nou, laat me eens even kijken."*

Susan antwoordt met een vraag: *"Hartelijk dank, hoe wordt het nog beter dan dat? Dankuwel dat u het voor me wilt checken."*

Dus de dame van het vliegveld typt als een dolle op haar computer, kijkt dan op en zegt: *"Wacht eens even, ik realiseerde me niet eens dat die vlucht er was. We hebben een vlucht die nog ergens een tussenlanding maakt en dan ben je er zelfs twee uur eerder, is dat oké?"*

Susan antwoordt opnieuw met een vraag: *"O ja, dat is prima, hartstikke bedankt, hoe wordt het nog beter dan dat?"*

De dame zegt: *"O! Blijkbaar is economy al bijna vol, maar wauw, er is blijkbaar net een stoel vrijgekomen in business class. Is het oké als ik u een gratis upgrade geef?"*

Dat is magie. En het is een waargebeurd verhaal.

Hoe wordt het nog beter dan dat?

De eerste tool is dus de vraag: *"Welke magie kan ik zijn die deze situatie zou veranderen?"*

Als je nooit een vraag stelt, verander je niks.

De magie zijn – daar stap je dan lang zo makkelijk niet in als je kunt, omdat je niet vraagt of er iets anders verschijnt dan wat zich op dit moment recht voor je neus bevindt.

Onthou dit: vraag en je zult ontvangen. Vraag niks, en dan zul je waarschijnlijk niets anders krijgen dan wat je al hebt. Een vraag stellen is altijd de eerste manier om alles te veranderen – een vraag is één van de essentiële dingen om magie uit te nodigen in je leven.

En ik weet dat dat erg makkelijk klinkt – een vraag, super, dankjewel hoor, wat is daar nou zo bijzonder aan? Soms hebben de eenvoudigste dingen de meeste impact. De meesten van ons hebben lang geleden afgeleerd om vragen te stellen. Daarmee gooien we de beschikbare mogelijkheden die voorbijgaan aan deze huidige werkelijkheid in de prullenbak.

ↄ∞ ↄ∞ ↄ∞

Door de gang lopen

Ik heb dit eerder gezegd… En het is de moeite van het herhalen waard:

Als je vanuit vragen of conclusies functioneert, is het alsof je door een ontzettend lange gang loopt, en je al hebt besloten: "Dit is waar ik heenga, en daarmee uit!" Er zijn geen deuren. En de niet-bestaande deuren zijn allemaal op slot. En je hebt de sleutel achtergelaten. Expres. We zijn zo schattig!

In het geval van de dame en haar vlucht: met haar oorspronkelijke vlucht zou ze heel laat in Montreal zijn geland en pas de volgende ochtend op haar bestemming zijn aangekomen. Die kant ging het op. Als ze geen enkele vraag had gesteld, zou het daarbij zijn gebleven en dat was het dan.

Dat is wat de meesten van ons doen.

We hebben een bepaalde richting gekozen en daar belanden we dan ook. Als je een vraag stelt, dan loop je niet door een gang met alleen maar muren aan beide kanten, maar dan gaan er aan alle kanten deuren open, met licht en ruimte erachter.

Plotseling zijn er mogelijkheden die je nog nooit hebt gezien! Hoe wordt het nog beter dan dat? Of nog makkelijker?

De vraag is één van de sleutels om magie te laten plaatsvinden! Dat is hoe we het universum toestaan om de weg te wijzen naar de magie die het ons probeert te geven!

∞ ∞ ∞

Ben jij bereid om een andere trilling te zijn?

Het enige wat tussen jou en magie in staat, is jouw weigering om te geloven dat het bestaat.

O, en alles waarbij het erom gaat dat deze realiteit echt is, waar je het mee eens bent en waarop je je hebt afgestemd, en waartegen je je hebt afgezet en waarop je hebt gereageerd.

En dat het paradigma van oorzaak en gevolg waar is.

En dat alle beperkingen die je onderweg hebt opgepikt, waar zijn.

Zodra je dat uit de weg hebt geruimd, zal magie alles zijn wat er overblijft! Hoe wordt het nog beter dan dat? Dat zijn de basisprincipes ervan. *Dus wat is het probleem?*

We leven op een planeet waar zo'n 6,5 miljard mensen niet in magie geloven. Voor velen van jullie die dit boek lezen is dit – in ieder geval voor een groot deel van jullie leven – ook jullie standpunt geweest, mijn vrienden. Je hebt dat standpunt met de paplepel ingegoten gekregen en bent synchroon gaan lopen met de rest. Alsmaar weer. Deze realiteit vertelt je: *Tik tak. Tik tak. Magie bestaat niet echt.*

Synchroon lopen is waar dingen ongeveer dezelfde trilling hebben, ze beginnen te dansen op dezelfde maat, om het zo maar te zeggen. Het is net als met pendules in dezelfde kamer. Uiteindelijk zullen alle klokken met dezelfde snelheid gaan tikken.

Valt het je wel eens op dat als je bij iemand bent die heel erg verdrietig is, jij ook verdrietig begint te worden? En dat je jouw werkelijkheid van vrolijkheid en geluk maar niet kunt vinden, terwijl je weet dat die er zou moeten zijn? Dat is ook synchroon lopen of je erop afstemmen. Als je naar het gedreun van deze werkelijkheid luistert, hoor je iets in de trant van: *"Tik tak. Tik tak. Magie bestaat niet echt."* Dus wat doet het met jou als je meegaat in de trilling van geen-magie van deze werkelijkheid? Het laat je functioneren alsof magie niet bestaat – en je kunt de werkelijkheid van magie die JIJ bent nauwelijks vinden onder dat alles. *(Tik tak. Tik tak. Magie bestaat niet echt.)*

Hoe vaak probeer je, in een poging om aansluiting te vinden bij mensen die niet gelukkig zijn, die geen magie hebben, om net zo'n trilling te hebben als zij? Ben je bereid om dat alles nu te vernietigen en te ontcreëren? Right and wrong, good and bad, POD and POC, all 9, shorts, boys, POVADs and beyonds.

Als je magie wilt zijn, is dit belangrijk – je moet bereid zijn om met je trilling voorbij te gaan aan diegenen die niet weten dat magie bestaat en die er niet in geloven.

Je moet bereid zijn om op een andere snelheid te trillen. Zo van: *"Tik tak. Tik tak. MAGIE BESTAAT! EN IK BEN HET!"*

Of je dan wel of niet met iemand anders meebeweegt, is jouw keuze.

Het is een keuze – altijd. Dus als je merkt dat je in de valkuil van hun werkelijkheid bent gevallen, stel deze vraag dan eens:

Als ik de magie die ik werkelijk ben, nu zou zijn, welke andere realiteit zou ik dan meteen kunnen kiezen? Ben je bereid om alles wat dat tegenhoudt nu allemaal te vernietigen en te ontcreëren? Right and wrong, good and bad, POD and POC, all 9, shorts, boys, POVADs and beyonds. Dankjewel.

Tik tak. Tik tak. MAGIE BESTAAT! EN JIJ BENT HET!

Illusie of magie?

Toen ik een keer een cursus gaf in Rome vroeg iemand aan de vertaalster: *"Is Dain een illusionist?"* Zij antwoordde: *"Nee schat, hij is geen illusionist, hij is een magiër!"* Diegene vroeg: *"Wat bedoel je?"*

Ze antwoordde: *"Een illusionist is iemand die jou probeert te laten denken dat er iets gebeurt, een magiër is iemand die het echt laat gebeuren en die magie (en verandering) laat plaatsvinden."*

Hoe vaak heb jij gedacht dat je een illusionist was, en geloofde je dat jij iedereen op de één of andere manier deze grote illusie opdrong, dat jij niet echt de magie bent die je denkt dat je zou moeten zijn? Zou je bereid zijn om dat nu allemaal te vernietigen en ontcreëren? *Right and wrong, good and bad, POD and POC, all 9, shorts, boys, POVADs and beyonds.*

Ik zie mensen die naar mijn cursussen komen, die hun standpunten over werkelijk alles in een paar uren of dagen veranderen.

Of ze krijgen de verandering waar ze al zo ongeveer hun hele leven – of miljarden levens – op hebben gewacht.

En sommigen van hen geloven dan op de één of andere manier: *"O, het is maar een illusie. Het oude gedoe zal snel weer terugkomen."*

<u>Wat als het idee dat de verandering die jij hebt gecreëerd maar een illusie is, in werkelijkheid de leugen is die jou vastzet?</u>

Dat bewustzijn een illusie is, dat jij maar een illusie bent, en dat jij een illusie bent als je een paar van de tools uit dit boek gebruikt en er werkelijk iets verandert, dat het allemaal maar een illusie is, het is niet echt…

Wat als DAT ALLES de leugen is?

Als jij meer jij bent, als je bewuster wordt, en meer gewaar, en je de bereidheid en de vaardigheid ontwikkelt om te kiezen: dat werkt. Dat werkt echt. De jij die jij bent als je gewoon jij bent (alsof dat iets makkelijks is – het is één van de meest interessante uitdagende en toch gemakkelijke begrippen die er zijn), en als je dat bent, dan ben je de wandelende belichaming van magie.

Wat is de waarde van weigeren om de wandelende belichaming van magie te zijn die jij en jouw lichaam werkelijk zijn? Ga je dat alles nu alsjeblieft allemaal vernietigen en ontcreëren? Right and wrong, good and bad, POD and POC, all 9, shorts, boys, POVADs and beyonds. Dankjewel.

☙ ☙ ☙

Veranderen wat al is gebeurd

Laat me je een voorbeeld geven. Mijn vriend Gary en ik liepen een paar jaar geleden over straat in Auckland, Nieuw-Zeeland. Daar rijden ze aan de verkeerde kant van de weg... Verkeerd voor mij dan. Ze rijden daar links.

We steken over, en ik kijk naar links, zoals ik thuis zou doen. Geen auto. Ik zet een stap op de weg en er komt een auto aan – 6 meter verderop – en die komt van rechts met 40 km/u, mijn voet staat al op straat, en daar komt hij.

Gary schreeuwt: *"Nee!"*

Plotseling staat mijn voet weer op de stoep, is de auto 4,5 meter achteruitgegaan en dan rijdt hij voorbij. Gary veranderde compleet wat er gebeurde. Ik had het waarschijnlijk genegeerd, als er niet een vriendin bij was geweest die vroeg: *"Wat gebeurde er?"*

Toen draaiden we ons allebei om naar Gary en vroegen: *"Wat is er gebeurd? Heb jij iets gedaan?"*

Hij zei alleen maar: *"Ja, ik was niet van plan om je zomaar dood te laten gaan."*

Dat vermogen hebben we allemaal. Ik zou het er niet over hebben als we het niet allemaal op een bepaalde manier zouden hebben. Je mag me vreemd vinden. Maar ik weet dat jij dit vermogen ook hebt.

Kijk alsjeblieft eens naar je leven en zie waar jij iets veranderde dat al leek te gebeuren of iets waarbij het totaal niet logisch was dat jij in staat zou zijn om het te veranderen.

Ben je bereid om ÉÉN DING op te schrijven? Eentje maar. Om het te erkennen? Aan jou.

Dat is magie! En ja, het IS ECHT GEBEURD! Ben je nu bereid om te erkennen dat je dat hebt gedaan? Alsjeblieft.

Dat hoort bij het claimen van de magie die jij echt bent.

Daarmee maak je een begin: je kunt ervoor kiezen om er in de toekomst meer van te creëren en te genereren.

Waarom laten we dat soort magie alleen maar toe in noodgevallen? Hoe vaak stond je op het punt om dood te gaan, en plotseling veranderde er iets, en ging je toch niet dood?

Heb je dat wel eens meegemaakt? En sta je het alleen in noodgevallen toe? Het zou iets moeten zijn dat je naar wens kunt aanzetten, op elk moment dat je ervoor kiest!

Wanneer dan ook!

Tik tak. Tik tak. MAGIE BESTAAT! EN JIJ BENT HET!

Er is geen hoe

Als jij bereid bent om de energie van kracht en magie te zijn, kun je van alles veranderen. Waarom zou het moeilijk moeten zijn? Wat als je het zou toestaan om gewoon te gebeuren? Wat als je magie zou toestaan om steeds te verschijnen, gewoon omdat je het kunt?

Het is iets wat je kunt doen, het is iets wat je kunt zijn.

Het maakt deel uit van de energie waar jij als wezen toegang toe hebt. Wat het van jou vraagt, is dat je je vaststaande standpunten achter je laat en dat je in het gewaarzijn stapt van de vermogens die jij als wezen echt hebt – zelfs als ze voorbijgaan aan deze realiteit. En ik geef je deze verhalen als voorbeeld, zodat je weet dat magie bestaat.

Er is geen 'hoe' dat ik kan gebruiken om het aan je uit te leggen.

Het is geen hoe.

Het is een dat. Dat jij het ook kan. Dat dit JIJ is… wie jij echt bent. Als je dat erkent, zal de deur ernaartoe opengaan.

Hoeveel levens, hoeveel honderden of miljarden of triljarden jaren ben jij op zoek geweest naar het hoe, oftewel de methode – en van hoeveel groepen heb jij deel uitgemaakt, of ze opgericht, of de boeken ervoor geschreven, terwijl je het 'hoe' probeerde te vinden van iets dat je al was?

Het gaat niet om een hoe. Het gaat om zijn. Jij. Nu.

Tik tak. Tik tak. MAGIE BESTAAT! EN JIJ BENT HET!

Een bijdrage zijn

Laat me je nog een voorbeeld geven. Een man – laten we hem Grant noemen – die in de loop van de jaren om de zoveel tijd naar mijn cursussen kwam, belde me een paar jaar geleden op.

Hij zei: *"Hé, ik kom niet naar de cursus – maar ik heb je hulp ergens bij nodig."*

Ik zei: *"Oké, cool, waarbij dan?"*

Grant zei: *"Ik krijg een kleindochter, en ze wordt te vroeg geboren. Is er iets wat ik voor haar kan doen, kun je me iets aanraden?"*

Ik zei: "Je hebt veel Access cursussen gedaan, je hebt veel van de hands-on lichaamsprocessen gedaan en er veel ontvangen. Als je kunt, raak haar dan alleen maar aan en vraag haar om van jouw lichaam te nemen wat ze maar nodig heeft, of ze haar lichaam nou wil genezen of dat ze eruit wil stappen. En laat haar weten dat het haar keuze is en dat het helemaal oké is, wat ze ook kiest."

Ik wist lange tijd niet wat voor effect deze paar woorden hebben gehad. De eerstvolgende keer dat ik Grant zag, ruim een jaar later, kwam hij naar me toe en gaf me de warmste knuffel die ik ooit van hem heb gehad – hartelijker, meer aanwezig en met meer dankbaarheid en met een aanwezigheid die met geen pen te beschrijven valt.

Het bleek dat Grant aanwezig was toen zijn dochter een miskraam had. Ze deden een keizersnede en er kwam zoveel bloed tevoorschijn, samen met een piepklein baby'tje. Deze kleine baby was zwart aangelopen en levenloos, en ze was zo klein als zijn handpalm.

Hij vroeg de moeder en de artsen of hij haar mocht vasthouden. Hij zei tegen haar wat ik had voorgesteld, hij gaf haar de keuze om te blijven of te gaan, liet haar weten dat hij van haar zou houden en dat hij dankbaar voor haar zou zijn, wat haar keuze ook was, en hij bood aan dat ze alles van zijn lichaam mocht gebruiken en van wat hij wist, om de keuze te maken die voor haar werkte.

Hij had de tools en het gewaarzijn om haar toe te staan om een keuze te maken of ze wilde leven. En hij was in staat om er voor haar te zijn op een manier waar niemand anders in zijn familie toe in staat zou zijn geweest. Hij gaf dat kleine meisje letterlijk 'toegang' tot haar leven.

Dat is magie.

Hij zei dat door wat ik hem had verteld, en doordat hij ervoor koos om het te doen, en door alles wat hij had geleerd in Access cursussen, zijn kleindochter nu een kind is waarmee het hartstikke goed gaat en dat ze 'gewoon meer leven heeft dan iedereen' die hij ooit heeft gekend. Zijn dankbaarheid was voelbaar.

⁓ ⁓ ⁓

En nu, lieve lezer, vraag jezelf dit alsjeblieft eens af:

Is er een effect dat jij op de wereld om je heen hebt dat veel groter is dan jij op dit moment kunt erkennen? En wordt dat effect nog groter zodra jij – al is het maar een paar seconden lang – zegt: *"De pot op met de regels van deze realiteit. Ik ga nu voor mijn werkelijkheid."*

Waarom? Omdat je in die 10 seconden bereid bent om magie te zijn.

Stel je voor dat je die 10 seconden zou oprekken tot je hele leven en dat je bereid zou zijn om jouw werkelijkheid en jouw gewaarzijn elke 10 seconden van elke dag te hebben. Wat zou je dan kunnen genereren? Wat zouden we samen kunnen genereren als we allemaal bereid zouden zijn om die magie te zijn, zo krachtig, zo gewaar, zo aanwezig en energetisch zo intens? Wat zouden we allemaal kunnen genereren als jij in dat niveau van aanwezigheid zou stappen en zou gaan van **Boem!?**

Dat is wie jij werkelijk bent – en het is een fenomenaal geschenk aan jou en aan iedereen om je heen! Het is alsof we maar een beetje rondhingen, wachtend tot we op de één of andere manier datgene zijn wat wij groot genoeg of groots genoeg vinden om onszelf als een bijdrage te zien, in plaats van te erkennen dat we nu, op dit moment een bijdrage zijn.

Nu, op dit moment.

Tik tak. Tik tak. MAGIE BESTAAT! EN JIJ BENT HET! NU.

Jij denkt: *"Op een dag zal ik die bijdrage kunnen zijn, maar dat ben ik vandaag niet."*

Dus overal waar je hebt besloten dat je op een dag een bijdrage zult zijn, en dat je dat vandaag niet bent, ga je dat nu alsjeblieft vernietigen en ontcreëren? Right and wrong, good and bad, POD and POC, all 9, shorts, boys, POVADs and beyonds.

Wat als jij een veel grotere bijdrage bent dan je ooit zou kunnen erkennen, omdat het niet past bij de bepalende, lineaire realiteit die je werkelijker hebt gemaakt dan de magie die jij echt bent?

Wat als jij, wanneer je de magie bent die je bent, precies de bijdrage bent die de wereld nodig heeft?

Nu meteen. Boem!

Tik tak, tik tak.

MAGIE BESTAAT! EN JIJ BENT HET!
KIES JE ERVOOR OM HET TE ZIJN?

Stop!

Sommigen van jullie gingen in je hoofd zitten en probeerden dit te ontcijferen. Dit valt gewoon niet te ontcijferen of uit te dokteren.

Ik weet het, je hebt zo'n ding dat verstand heet, en het is hier en daar wel handig. Maar dit, lieve lezer, kun je niet uitvissen met je cognitieve verstand. Het gaat daaraan voorbij.

Echt waar, als je je leven kon uitpuzzelen met je verstand, zou je dat dan niet allang hebben gedaan?

Alles is het tegenovergestelde van wat het schijnt te zijn. Niets is het tegenovergestelde van wat het schijnt te zijn.

Echt waar.

Dagboek vol magie

Wat als jij het zou erkennen, elke keer dat je magie aan het zijn bent? In plaats van te zeggen dat het maar toeval was, puur geluk of een meevaller? Als je het ECHT zou erkennen.

Aan jou en aan het universum.

Ben je bereid om aan een 'Dagboek van de magie van mij' te beginnen?

Het kan een erg duur, mooi, handgebonden boek zijn, een lullig stukje kladpapier, een Notes pagina in je iPhone, een pagina op Facebook of van alles daartussenin. Het maakt niet uit!

Wat wel uitmaakt, is dat je een week, een maand of een jaar lang – of de rest van je leven – elk klein beetje magie opschrijft dat de weg vindt naar jouw leven.

En nadat je hebt erkend dat het magie was, zeg je DANKJEWEL en stel je de vragen: *"Wat is ervoor nodig dat hier meer van gaat verschijnen in mijn leven?"* en *"Hoe wordt het nog beter dan dit?"*

Als wij de dingen in ons leven erkennen en er dankbaar voor zijn, zeggen we tegen het universum dat we er graag meer van zouden willen hebben. We geven het energie. We werken samen met de mollige engeltjes.

(Daar zijn ze trouwens erg blij om.)

Deze

——— Aarde ———

Als je morgen wakker wordt, vraag dan alsjeblieft:

Aarde, wat heb je vandaag van me nodig?

Aarde, wat heb je vandaag van me nodig? Heb je het nodig dat ik nog zieliger ben?

Of heb je het misschien nodig dat ik mezelf vandaag nog meer haat?

O, maar natuurlijk, je verlangt van mij dat ik bakken ellende en drama heb met veel tranen om te bewijzen dat ik leef?

Het spijt me, mijn vriend of vriendin: je gaat waarschijnlijk GEEN van die antwoorden krijgen... Maar luister niet naar mij. Probeer het zelf. Vraag het gewoon. "Aarde, wat heb je van me nodig?"

En dan...

Hou je mond!

En luister ...

༄

༄

༄

Daar!

Je nam iets waar, toch?

Dat is de energie van de aarde die met jou communiceert, die jou het gewaarzijn geeft waar je om vroeg.

Moest je glimlachen toen je vragen stelde aan en ontving van de aarde? Was het prettig om een moment van stilte te hebben en je te koesteren in de energie van deze prachtige planeet? Is het je opgevallen dat het meer gemak, meer rust, meer ruimte en meer vreugde geeft? Als je gewoon een vraag stelt en luistert en echt aanwezig bent, creëert het dat.

Doe het dan morgen absoluut niet nog een keer – en de dag daarna ook niet!

Het is je absoluut NIET toegestaan om dit morgen weer te doen en ook niet de 21 dagen daarna, om zo jouw leven en dat van de planeet te veranderen.

Dat was nog een grapje. :)

– Hoofdstuk 13 –
Moet de planeet
echt worden gered?

De komende paar minuten kan ik even heel irritant op je overkomen, oké?

Kijk, ik kom nu op het punt waar we ofwel veranderen, of anders is het de moeite niet waard. We hebben deze prachtige, wonderbaarlijke, grootse, glorieuze, fenomenale planeet waar we op leven. Wat als we dat nou eens zouden erkennen?

Ofwel we veranderen hoe we functioneren, of de planeet... is niet meer in staat om leven in stand houden. Dat zie ik liever niet gebeuren. Dat is gewoon mijn standpunt. Mijn standpunt hoeft het jouwe niet te zijn.

Wat als jij het verschil en de verandering bent die deze planeet nodig heeft?

En het is prima als je niet weet hoe je daar moet komen, of hoe je iets anders moet kiezen. Jij hoeft de antwoorden helemaal niet te hebben. Wat ik van je zou willen vragen is om alsjeblieft *vragen te gaan stellen,* zoals...

Wat is er nog meer mogelijk?
Wat kunnen we nog meer creëren en genereren?
Welke andere energieën zouden er beschikbaar kunnen zijn, die ik nooit heb overwogen?

Wat als zijn en veranderen geen lineair concept is?

Wat als je niet van A tot Z hoefde te gaan en dat dan het einde was? Wat als je van A naar Z ging en merkte: *"O mijn God, er zijn nog wel een miljard meer A's mogelijk! En als we een B hebben, creëert dat nog eens een miljard andere A's, plus een combinatie met B, wat weer compleet anders is dan 50 A's, en wat als we er dan nog C's aan toevoegen? O mijn hemel, er zijn ook nog een miljard C's!"*

Hoe wordt het nog beter dan dat? **Misschien zijn we oneindig? Misschien zijn er oneindige mogelijkheden?**

En misschien, als we dat erkennen, kunnen we op deze planeet blijven spelen? Het is een mogelijkheid!

∽ ∽ ∽

De aarde en wij

Kijk hier eens naar: in de afgelopen 2000 jaar heeft de aarde minder geologische veranderingen meegemaakt dan ooit eerder in haar geschiedenis. Waarom? **Door ons.** Wij hadden huizen en dingen die we niet verwoest wilden hebben en allerlei prachtige plekken.

Dus wij vroegen met klem: *"Hé aarde, wil je mijn huis alsjeblieft niet verwoesten?"*

En de aarde antwoordde: *"Natuurlijk, geen probleem."* Alleen, wat hebben wij de aarde gegeven in ruil voor die vriendelijkheid? Massa's rotzooi en shit in de vorm van boosheid, woede, razernij en haat, oordelen, ellende en drama, en een grote voorkeur voor afgescheiden zijn.

We stellen nooit een vraag en we ontvangen het gewaarzijn en het antwoord van de aarde ook niet. Van Los Angeles helemaal tot aan San Francisco zou dit bijvoorbeeld een goede vraag kunnen zijn: *"Aarde, als wij vele honderden miljarden tonnen beton op een breuklijn zetten, is dat dan een probleem voor jou?"*

Maar wij weigeren om de aarde vragen te stellen, en we weigeren te luisteren naar het gewaarzijn van deze prachtige planeet! Eén van de voornaamste redenen daarvoor is dat we andermans werkelijkheden van afscheiding bevestigen als waar en echt. Met andere woorden, omdat andere mensen niet geloven dat de aarde bewustzijn en gewaarzijn heeft, staan wij onszelf ook niet toe om erin te geloven.

Er zijn 6,5 miljard mensen op deze planeet... Hoeveel van hen kiezen er voor geluk en blijdschap? Bijna geen één. Hoeveel van jullie die dit boek lezen, kiezen echt voor geluk en blijdschap? Waarheid? De meeste mensen kiezen het bijna nooit.

Hoe ik dat weet? Twee redenen. Nummer één: omdat ik één van hen was. Nummer twee: omdat ik dag in dag uit met mensen werk, en als zij de kans hebben om voor ellende en drama te gaan, kiezen ze dat vaak – totdat ze zich realiseren dat er een andere keuze is. *Ellende en drama kiezen is niet de enige manier – we hebben alleen maar geleerd dat het zo moet zijn!*

Wat als jij dus bereid zou zijn om alles op te geven waarvan je hebt geleerd dat het zo moet zijn, en in plaats daarvan te gaan voor wat er zou kunnen zijn? Wat als jij bereid zou zijn om de beperkingen die je overal om je heen ziet, niet langer te bevestigen, en in plaats daarvan andere mogelijkheden te overwegen? Wat als jij wist dat er iets heel anders mogelijk was?

En de hamvraag: *is dat de eigenlijke reden dat je dit boek nu leest?*

ℰ ℰ ℰ

Moordende energie

Heb jij door dat de aarde onmiddellijk iedereen zou kunnen ombrengen die ze maar wil? Hoeveel natuurrampen heb jij de afgelopen jaren gezien? Neemt het af of neemt het toe? Moordende energie. De aarde is bereid om het te hebben. Hoeveel geluk hebben wij dat de aarde die energie niet zo heel vaak tegen ons gebruikt?

Weet alsjeblieft dat de aarde haar moordende energie niet gebruikt alleen maar omdat ze dat kan... Als ze dat wel deed, dan zouden wij hier waarschijnlijk geen van allen zijn. De aarde doet het om bewustzijn te faciliteren. Dat is de reden dat de aarde doet wat ze doet. Zou jij bereid zijn om naar die mogelijkheid te kijken? Dat de aarde bewustzijn faciliteert met alles wat ze kiest?

Dus alles wat je hebt gedaan om een standpunt te hebben dat 'rampen' iets verkeerds zijn, ga je dat nu opgeven? Ben je bereid om er gewaar van te zijn zonder er iets aan te hoeven doen? Mijn vrienden, mag ik jullie uitnodigen om op een heel andere manier naar de wereld te kijken?

Wat als jij over de wereld rondloopt en oorlog en hongersnood ziet en gaat van: *"Oké, dit is wat er nu gebeurt. Wat zijn hier de mogelijkheden?"* Wat kan ik zijn om eraan bij te dragen dat dit verandert? En dan echt DIE ENERGIE ZIJN, die vraag zijn, met complete toelating, zonder standpunt of belang erbij dat de oorlog en hongersnood juist of verkeerd zijn, of goed of slecht. Wat zou er dan mogelijk zijn?

Dat jij uit de polariteit van deze realiteit stapt... en in de Eenheid van Zijn.

Waarheid, zou dat de wereld veranderen?

∞ ∞ ∞

Het giftigste afval

Wat als onze boosheid, woede, razernij en haat, oordelen en onze voorliefde voor ellende en drama en afscheiding het giftigste afval op de planeet zijn? En als dat zo is, is dit het soort giftig afval dat we het makkelijkst kunnen veranderen – als we daarvoor kiezen. Maar ALLEEN als we ervoor kiezen.

Er zijn talloze onderzoeken gedaan die bewijzen dat als je boosheid en oordelen op een plant richt, je hem doodmaakt. Deze informatie zou niemand moeten verbazen. Het verstoort het benodigde energieveld van de plant dusdanig, dat hij niet langer in staat is om in leven te blijven.

Dus wat doet het met de aarde als 6,5 miljard van ons ervoor kiezen om boosheid, woede, oordelen, verkeerdheid en afgescheidheid te gebruiken als onze belangrijkste manier van functioneren in ons leven en met elkaar?

Als we de wereld willen veranderen, moeten we ermee ophouden om onze toevlucht te nemen tot zulke wrede, keiharde en achterhaalde manieren van zijn. Tenzij we andere vragen gaan stellen, hebben we geen enkele kans om de manier waarop we functioneren in deze realiteit en de manier waarop we met elkaar functioneren op deze planeet fundamenteel te veranderen.

Dus wat is het tegengif voor boosheid, woede, razernij en haat, oordelen, afscheiding en ellende en drama?

Bewustzijn. Vragen stellen. Keuzes. En mogelijkheden.

En de bereidheid om de afgescheidenheid waarvan jij gelooft dat die jou definieert, te veranderen en te elimineren. Het enige wat die afgescheidenheid doet, mijn prachtige vriend of vriendin, is jou beperken en ook de mogelijkheden die jij hebt om jou te zijn en de wereld te veranderen.

Dus alles wat je hebt gedaan om de leugen te bekrachtigen dat boosheid, haat, oordelen, afscheiding, ellende en drama zijn wat jij echt graag wilt kiezen... en alles wat je hebt gedaan om aan te nemen dat je geen andere keuze hebt, ga je dat nu allemaal vernietigen en ontcreëren alsjeblieft? Right and wrong, good and bad, POD and POC, all 9, shorts, boys, POVADs and beyonds.

∽ ∽ ∽

Moet de planeet echt worden gered?

Het is grappig als mensen het hebben over de planeet redden. De planeet hoeft niet te worden gered. Het zijn de mensen die erop leven die moeten worden gered, willen ze het overleven.

Mijn vraag is: ben jij bereid om de aarde te faciliteren?

Met elke energie die de aarde maar vraagt? Zelfs als dat zou betekenen dat je de aarde de energie geeft die ze nodig heeft, zodat er genoeg van ons wakker kunnen worden? Wetenschappers die de wereldwijde effecten bestudeerden van de tsunami in 2004, die honderdduizenden mensen heeft gedood, ontdekten dat de tsunami ook een kanteling in de as van de aarde heeft gecreëerd, zodat de dingen niet meer hetzelfde kunnen zijn. Nooit meer.

Een soortgelijke, maar andere kanteling is gerapporteerd na de aardbeving in Fukushima in Japan in 2011.

De dingen moesten veranderen. Interessant.

Weet alsjeblieft dat het <u>een keuze is om niet bewust te zijn en niet gewaar te zijn. Net zoals het een keuze is om bewust en gewaar te zijn.</u>

Bij de tsunami gingen alle dieren ervandoor – zelfs de dieren die al 30 jaar aan palen in de grond vastzaten – om naar hoger gelegen gebieden te trekken. De honden, de katten, de koeien, de vogels... ieder dier ging weg, als het dat kon.

En de mensen gingen naar het strand om vissen te vangen en foto's te maken van die rare golf die eraan kwam...

Dus hoe zou jij willen functioneren in het leven?

Wil jij foto's maken – of nog beter, video's – van jouw eigen dood? Wil je worden meegesleept door de tsunami, omdat je te onbewust bezig was? *Of wil je werkelijk gewaar genoeg zijn om de vederlichte aanraking op je wang te voelen als het tijd is om er als de gesmeerde bliksem vandoor te gaan?*

Alles wat niet toestaat dat jij het gewaarzijn hebt van hoe je de bijdrage kunt zijn die de aarde nodig heeft... en alles wat jou laat denken dat je vreemd of raar bent als je het zelfs maar overweegt, ga je dat nu allemaal vernietigen en ontcreëren alsjeblieft? Right and wrong, good and bad, POD and POC, all 9, shorts, boys, POVADs and beyonds. Dankjewel.

∞ ∞ ∞

Ben jij de 100ste aap?

Heb jij wel eens gehoord van het fenomeen van de honderdste aap? Sommige wetenschappers bestudeerden een paar apen op verschillende eilanden. De apen waren van elkaar gescheiden door water en ze zwommen niet van het ene eiland naar het andere.

Omdat de apen bijna geen eten meer hadden, lieten de wetenschappers eten op het eiland vallen. Ze lieten dan kratten uit vliegtuigen vallen die openbarstten als ze de grond raakten, en de apen aten het eten op, ook al was het vaak vies geworden.

Maar op een dag begon één aap, die niet gebonden was door de beperkingen van de toen geldende realiteit, het gevallen eten te wassen. Dus één aap deed dat en leerde het toen een andere aap, en toen nog eentje.

Zodra 100 apen, die vastzaten op één eiland, het wassen van hun eten doorhadden, begonnen alle apen – op alle eilanden – al hun eten te wassen, zonder dat ze dat hadden geleerd, of dat er enige leermethode, die ons bekend is, aan te pas was gekomen.

Waarom?
Ze waren van richting veranderd.

Er was een kritieke hoeveelheid bewustzijn, om het zo maar te zeggen, die beschikbaar werd voor elke aap die verbonden was met dat netwerk van apen, en de werkelijkheid veranderde voor hen allemaal – tegelijkertijd.

Ze veranderden het bewustzijn van alle apen, doordat er genoeg apen waren, genoeg gewaarzijn en genoeg bewustzijn van wat er beter zou zijn voor hen allemaal. Wat als dat ook de mogelijkheid is waarmee verandering voor ons kan plaatsvinden?

Wat is ervoor nodig? Nou, cognitief heb je geen idee, maar het is geen cognitief proces. En het is niet lineair.

Wat als er iets TOTAAL anders mogelijk is?

Voor ons allemaal? Met ons allemaal. Samen?

Daarom heb ik het over stoppen met onze manier van vasthouden aan de regels van deze werkelijkheid, ze te blijven aannemen en volgens die regels te blijven functioneren; want door dat te doen, hebben we de schijnbaar onmogelijke ellende gecreëerd waar we momenteel inzitten. We hebben iets anders nodig.

En wel nu.
Ben je er klaar voor, aapje?

Ben je al boos?

Goed zo.

Hier is iets wat je moet weten over boosheid. Boosheid is vaak kracht die je onderdrukt.

Met andere woorden, boosheid en kracht voelen precies hetzelfde. Ze *'voelen'* precies hetzelfde aan.

Jij gaat de kracht van jou niet zijn, omdat je dat altijd verkeerd hebt geïdentificeerd als boosheid.

Waarom gebruik ik het woord kracht in plaats van macht? Omdat macht zoals dat meestal wordt geïnterpreteerd en gebruikt in deze werkelijkheid 'macht over iemand anders' betekent. **Kracht is daarentegen jouw vermogen om een verandering te kiezen en te creëren.**

Elke keer dat je als klein kind vond: *"Weet je wat, dit moet veranderen!"* zeiden je ouders en je leraren: *"Kind, doe niet zo boos!"* En daar stond je dan, vastgenageld door het standpunt: *"Dit is slecht, en ik zou het niet moeten doen, en ik zou het niet moeten zijn, en ik kan het niet doen en het niet zijn."*

Wat als die boosheid van jou eigenlijk KRACHT was, ook als klein kind? Kijk er eens even naar: als jij op een bepaald punt in je leven komt en je WEET dat dit moet veranderen – is dat dan boosheid of is dat kracht?

En is dat waar je nu bent, in deze tien seconden? HOE WEET JE DAT?

(Hier is de tool.)

Je stelt een vraag, mijn lieve vrienden. (Verrassend hè?)

De vraag is: *"Is dit boosheid of kracht?"*

Wat er ook maar lichter is voor jou – dat is dan wat het is.

Dan weet je het. En vanuit die ruimte kun je bewust kiezen wat je gaat zijn en doen.

Kom maar op met alles!

Heeft iemand dit wel eens tegen jou gezegd:

"Je bent veel te veel aan het doen! Waarom focus je je nooit eens op één ding?"

Focussen? Rustig aan? Eén ding tegelijk?

Is dat echt licht voor jou? Is het waar voor jou?

Mag ik je uitnodigen om er eens op een heel andere manier naar te kijken?

Je moet zo min mogelijk willen doen, **dat wordt van je verwacht en daar hoor je naar te verlangen.** Het grote ideaal in deze realiteit is dat je eindelijk genoeg geld hebt om niets meer te hoeven doen.

Mijn vraag aan jou is: **zou je je niet vreselijk vervelen?**

Jij hebt vermogens die je stoutste dromen overtreffen, mijn vriend of vriendin. Speel ermee!

Hoeveel van jullie hebben de leugen aangenomen dat je ernaar verlangt om minder te doen, in plaats van meer, en dat je meer bent als je minder te doen hebt? Zou jij bereid zijn om dat alles nu te vernietigen en ontcreëren? Right and wrong, good and bad, POD and POC, all 9, shorts, boys, POVADs and beyonds. Dankjewel.

Wat als je er echt voor zou kiezen om uitbundig te leven, in plaats van alleen maar een leven te hebben dat aftelt tot je dood? Wat als je ervoor zou kiezen om te spelen, te creëren, te genereren, plezier te hebben, van je lichaam te genieten en de wereld de hele tijd ten volle te ervaren?

Wat als dat de ruimte is waar jij tot rust komt? Wat als INTENS LEVEN jou rust geeft?

Wat als jij alleen maar echt gelukkig bent als je te allen tijde aan tenminste 5 (tot 25) dingen aan het werken bent??? En wat als het niet langer iets verkeerds zou zijn?

— Koninkrijk —

van zijn

De achterdeuren

Hoeveel van jullie hebben niet echt erkend dat het jouw taak is om hier bewustzijn en verandering te faciliteren? Hoeveel achterdeuren heb je wagenwijd openstaan, zodat je kunt vluchten? Zodat je het nooit echt hoeft te kiezen?

De meeste mensen weten niet eens wat bewustzijn is.

Zij geloven dat als hun ogen open zijn, ze bewust zijn.

Ben jij bereid om te erkennen dat jij ook geen idee hebt wat het is?

En ook dat je volledig weet wat het is? Ga je nu eisen dat je precies gaat waarnemen, weten, zijn en ontvangen wat bewustzijn werkelijk is – en wat het precies van jou eist?

Alles wat dat tegenhoudt, ga je dat nu alsjeblieft allemaal vernietigen en ontcreëren? Right and wrong, good and bad, POD and POC, all 9, shorts, boys, POVADs and beyonds. Dankjewel.

Je kunt de achterdeuren laten bestaan, als je dat wilt. Bewustzijn omvat alles, ook achterdeuren. Maar wat als je de deuren van mogelijkheden DIE JOU ZIJN zou waarnemen? In hun geheel?

En je ze zou openen.

Wat als de wereld al verandert, omdat jij jij bent? Wat als jij zijn **IS wat de wereld verandert?**

Nu meteen.

In deze 10 seconden.

– Hoofdstuk 14 –
Het koninkrijk van Wij

Ik weet het, we hebben het al over keuze gehad… En jij vindt het echt niet leuk om dingen twee keer te doen, is het wel, mijn vriend of vriendin? Dit is Keuze, Deel 2. Het vervolg, en het gaat over het koninkrijk van Wij.

Is het je opgevallen dat sommige mensen al ineenkrimpen als ze het woord KEUZE alleen maar horen? *"Ik kan niet kiezen. Ik wil niet kiezen. Waarom moet ik kiezen? Maak alsjeblieft, alsjeblieft, alsjeblieft de keuze voor mij!"* Vreemd genoeg begrijpen de meeste mensen niet wat keuze werkelijk is.

Maar de bereidheid om te kiezen is het begin van toewijding aan je eigen leven. Jij zijn en de wereld veranderen is iets dat je – **kiest.**

Jij hebt een keuze. Je hebt altijd een keuze.

Eén van de dingen die we proberen te geloven, is dat we alleen zijn in ons eigen universum. Alsof we alleen zijn, en in ons eigen koninkrijk, en dat is het dan, en we kunnen alleen voor ons kiezen.

Of dat als we iets kiezen wat ook voor iemand anders werkt, we dan tegen onszelf kiezen. En we geloven dat de enige manier om te kiezen voor onszelf, kiezen tegen iemand anders is.

Wat als je meer op een dier leek? Eén van de dingen die dieren hebben, is een overlevingsinstinct – niet alleen voor zichzelf – maar voor de hele planeet en alles wat erop leeft. In tegenstelling tot wat algemeen wordt aangenomen, functioneren ze niet gewoon vanuit overleven, maar vanuit FLOREREN. Als konijnen bijvoorbeeld weten dat er komend jaar veel droogte zal zijn, brengen ze veel minder jongen voort. En ze planten zich normaal gesproken voort als... konijnen! Is dat alleen een bijdrage aan hen – of aan iedereen?

Als mensen merken dat ze hun populatie niet kunnen onderhouden, gebaseerd op de hoeveelheid water in een bepaald gebied, wat gaan ze dan doen? Dan gaan ze MEER HUIZEN bouwen! Als ze het financieel of in hun relaties slecht hebben, wat gaan ze dan doen? Dan krijgen ze meer kinderen! Zijn er nog meer mensen die dit krankzinnig vinden? Wat als we iets konden leren van de konijnen? En de paarden? En van ieder ander dier op de planeet?

Wij doen ons best om te geloven dat we helemaal alleen zijn, en dat we alleen voor onszelf hoeven te kiezen. Want anders kiezen we niet voor ons, maar tegen ons. Wat als ook dat één van die GROTE LEUGENS is die je hebt aangenomen? Wat als je, door bewust te kiezen, eigenlijk jou en de planeet en iedereen erop omvatte? En wat als datgene wat lonend zou zijn, dat zou zijn voor jou én voor alle anderen?

Je kunt ofwel het koninkrijk van mij creëren (eenzaamheid) of het koninkrijk van Wij (eenheid).

Wat kies jij liever?

∞ ∞ ∞

Je hebt een goede verbinding

Het is je aangepraat dat je alleen moet zijn om voor jou te kunnen kiezen. Maar zodra je dat alleen zijn probeert te creëren, kun je geen echt bewuste keuze maken... **Zou een oneindig wezen ooit werkelijk alleen kunnen zijn? Nee!**

Gek hè? Je bent oneindig. Je bent verbonden met alles en iedereen.

Zodra je de leugen van alleen zijn probeert te creëren, snijd je jezelf af van alles dat jou zou toestaan om een keuze te maken die lonend zou zijn voor jou en voor iedereen. Met andere woorden, om de leugen te kunnen aannemen dat je alleen moet zijn om voor jou te kunnen kiezen, snijd je jezelf af van alle gewaarzijn dat je zou kunnen hebben en dat jou zou toestaan om een keuze te maken waarmee je een kant op zou gaan die jij wilt.

Je sluit je af voor de zorgzaamheid die jij hebt voor jou en voor anderen. Voor jou is die zorgzaamheid iets dat deel moet uitmaken van al je keuzes. Als jij alleen maar voor jezelf probeert te kiezen, snijd je jezelf ook af van de kracht die je hebt bij de gratie van jouw verbinding met anderen en hun gewaarzijn, hun zorgzaamheid en hun bijdrage.

Je sluit je af van alles wat de briljantheid van jou vormt, zodat je in een zelfgecreëerd, kunstmatig gebrek aan ruimte kunt passen. Je denkt dat je alleen van daaruit keuzes kunt maken.

En nu.

Ik nodig je uit tot keuzes die niet uit het oogpunt van beperkingen komen, niet uit jouw beperkingen en ook niet die van anderen. Dat is het functioneren vanuit keuze die echt alles en iedereen omvat, zonder te worden beperkt door alles en iedereen en de oordelen van anderen.

Het is omhelsd worden door de eenheid die het universum is, het geschenk dat de zon en de planeten en alle dieren, de planten en de bomen steeds weer voor jou zijn – dat het universum voor jou is. En dat jij voor het universum bent.

Zou jij bereid zijn om te kiezen door het volledige bewustzijn van de wereld erbij te betrekken, het bewustzijn dat graag van alles aan jou wil schenken via jouw keuzes? Ga je nu alles wat dat allemaal niet toelaat, alsjeblieft vernietigen en ontcreëren? Right and wrong, good and bad, POD and POC, all 9, shorts, boys, POVADs and beyonds. Dankjewel.

Dus wat is het dat jij eigenlijk weet, waarvan je doet alsof je het niet weet of dat je ontkent te weten, dat als je jezelf zou toestaan om het te weten, dat jou zou toestaan om de totale keuze voor eenheid te hebben, in ieder moment van iedere situatie?

Ga je nu alsjeblieft alles ontcreëren en vernietigen wat dat alles niet toestaat? Right and wrong, good and bad, POD and POC, all 9, shorts, boys, POVADs and beyonds.

ᗡᗡᗡ ᗡᗡᗡ ᗡᗡᗡ

Uitsluiting is geen eenheid

Ben je je ervan bewust dat je eigenlijk een koninkrijk van eenheid (het koninkrijk van wij) hebt geweigerd? En als ik eenheid zeg – er zijn allerlei dingen die je in andere levens hebt gedaan, allerlei spirituele dingen, waarbij het idee was: *"O, laten we ervoor gaan, en we gaan samen een cult creëren, en dat zal eenheid zijn."*

Alleen is dat geen eenheid, want je moet ervoor het bos in gaan, ergens, en jullie zijn misschien met z'n vijftigen of met z'n honderden of tweehonderden die eenheid proberen te creëren – op jullie eigen houtje. Dat is geen eenheid.

Eenheid omvat <u>alles</u> **en** <u>iedereen,</u> **zonder ook maar** <u>enig oordeel.</u>

In die levens wilde je jouw weten zo graag ontkennen, je wilde zo graag geloven in wat alle anderen je vertelden, want ergens wist je dat eenheid zou moeten bestaan, maar je ontkende je weten, zodat je andermans standpunt kon hebben over wat eenheid dan zou moeten zijn. Dus volgde je diegene, en toen dat niet goed afliep, besloot je: *"Eenheid bestaat blijkbaar niet echt. Dit ga ik echt nooit meer doen!"*

Op dat punt ging je in de weerstand en in verzet, en als er nu iets voorbijkomt dat zegt dat het eenheid is, denk jij: *"Echt niet, ik ga dat niet meer doen, de laatste keer hebben ze me al te grazen genomen."*

Ik zou graag willen dat je jouw weten volgt.

Maar ik zou wel graag willen dat je je weten volgt zonder te oordelen. De meeste mensen op de planeet hebben geen idee wat weten is, omdat ze altijd denken dat het *een conclusie* is.

⁓ ⁓ ⁓

Conclusie als graadmeter

Het is het grootste dat jou vastzet als het om keuzes gaat – jij denkt dat keuze eigenlijk hetzelfde is als tot een conclusie komen, maar dat is niet zo. Elke keer dat je tot een conclusie komt over iets, snijd je je gewaarzijn af van alles dat niet die conclusie is. Zal ik dat nog eens zeggen, maar dan in gewone taal?

Als je tot een conclusie komt, wordt die conclusie het antwoord, de juiste maatstaf, waartegen alle daaropvolgende input (of die nou vanuit gewaarzijn of conclusie komt) wordt afgemeten. Die conclusie wordt de graadmeter en al het andere moet daarmee overeenkomen. En als het niet overeenkomt met de conclusie, dan gooi je het weg.

Ik snap het! (Helaas door een heleboel persoonlijke ervaringen waarbij ik precies hetzelfde deed.) We doen dit zo ongeveer de hele tijd… Hoe kunnen we daarmee ophouden?

Het antwoord daarop is – KIES ERVOOR OM ERMEE OP TE HOUDEN. Kies ervoor om iets anders te doen.

Door die eenvoudige keuze zul je door het leven gaan, en als je nog iets kiest dat is gebaseerd op het oude paradigma, dan zal je heel even een soort stotteren ervaren, en gaan van: *"Wacht, wacht, wacht, wacht even, ho nou, ik hoef dat niet te doen – toch?"*

Dat zal het begin van jouw vrijheid zijn. De vrijheid om iets heel anders te kiezen.

Er kwam eens een vrouw naar me toe voor een sessie en ze vertelde me dat ze haar hele leven zo had ingericht, dat ze niet hoefde te kiezen. Zelfs doorgaan met het werk waar ze niet van hield, was een manier om maar geen keuze te hoeven maken. Geen enkele keer. Ze zei: *"Ik ben te bang om een carrière te kiezen waarbij ik elke dag voor mij moet kiezen."*

Merk je waar dit echt over gaat? Over het aanbrengen van een structuur in haar leven, zodat ze niet meer hoefde te kiezen. Ik weet zeker dat jij dat nooit hebt gedaan, toch? Natuurlijk niet! Maar voor het geval dat: *Hoeveel structuren heb jij in je leven aangebracht om keuze te elimineren? Alles wat dat is, ga je dat alsjeblieft allemaal vernietigen en ontcreëren? Right and wrong, good and bad, POD and POC, all 9, shorts, boys, POVADs and beyonds. Dankjewel.*

❧ ❧ ❧

Wat zou jij creëren als je de vrije hand had en alles kon kiezen?

Iedereen kiest de hele tijd. Iedereen kiest zijn of haar leven en bestaan. Bewust of niet.

Als er een nieuwe mogelijkheid verschijnt, zou je kunnen kiezen voor het beperkte perspectief van: *"O mijn God, dit is iets vreselijks, en ik ga eraan dood...*" Of je zou het andere perspectief kunnen kiezen waar ik het over heb, bijvoorbeeld: *"Wauw, ik vraag me af wat we nu allemaal nog meer zouden kunnen creëren?"*

Wat als je bereid zou zijn om het koninkrijk van Wij te creëren, waar wij allemaal onderdeel van zijn, maar waar onze beperkte standpunten niet relevant zijn, en alleen gewaarzijn dat is?

Hoe zou het zijn als je je gewoon alleen maar gewaar was van alle beperkte standpunten van de mensen om je heen? Wat als die beperkte standpunten geen rol zouden spelen en niet relevant zouden zijn bij de keuzes die jij maakte?

Hoe zou het zijn als beperkte standpunten voor jou niet relevant waren? Als je de vrije hand had en alles kon kiezen, wat zou jij dan kiezen om het koninkrijk van Wij te genereren? Alles wat niet toelaat dat dat verschijnt, ga je dat nu allemaal vernietigen en ontcreëren alsjeblieft? Right and wrong, good and bad, POD and POC, all 9, shorts, boys, POVADs and beyonds.

Als je deze vraagt stelt en vanuit deze vraag functioneert, zul je niet naar jouw interactie met mensen kijken door de bril van: *"O, ik moet me van hen afscheiden en voor mij kiezen!"* of *"Ik moet voor hen kiezen en me van mij afscheiden!"* wat voor de meeste mensen de enige twee keuzemogelijkheden waren. In plaats daarvan zal het van een andere plek komen, die ons allemaal omvat.

Het is aan ons allemaal om het koninkrijk van Wij te creëren.

En als genoeg van ons dat doen, zullen we het als een mogelijkheid in de wereld creëren. Iets heel anders!

Ben je er klaar voor? Wat kies jij?

Kies ik of kom ik tot een conclusie?

Weet je nog dat we het hadden over het verschil tussen een oordeel en gewaarzijn? Op gewaarzijn zit geen emotionele lading, en je bent bereid om je waarneming op elk moment op te geven en te veranderen.

Nou verwarren veel mensen KEUZE met *beslissen* of *tot een conclusie komen*. Dat zijn totaal verschillende dingen!

Maar hoe weet je het? Hoe weet je dat je echt iets kiest – dat je het niet beslist of tot de conclusie komt dat dit is wat je moet zijn, doen of hebben?

Ook hier gaat het om het gebrek aan lading erop en om de beweging van de energie.

Als je kiest, zit er geen lading op. Je kiest iets – en als het nodig is, kies je binnen 10 seconden weer iets anders, zonder te oordelen over de keuze of over jou. Waar nodig, ben je bereid om je gewaar te zijn van de energie en die overal te volgen.

Keuze is nooit definitief. Keuze is een doorlopend proces. Je kiest en dan kies je opnieuw. En opnieuw. En opnieuw.

Of, zoals een tiener het in één van mijn cursussen zo briljant samenvatte:

"Keuze is cool! Conclusie is klote!"

Jouw standpunt creëert je realiteit

Ben jij een probleemoplosser? Misschien zelfs een hele goede?

Gefeliciteerd!

Hoe vaak heb je geprobeerd om dit probleem op te lossen: deze realiteit juist te krijgen?

En dan lukt het je! Wel 10 geweldige seconden lang heb je absoluut geen enkel probleem. En dan verschijnt er op de één of andere manier weer een nieuw probleem.

Als je een probleemoplosser bent, moet je altijd, altijd, ALTIJD weer nieuwe problemen creëren om op te lossen.

Kijk nu eens naar de wereld.

Als wij een wereld vol problemen zien, wat voor wereld creëren we dan?

Als we er in plaats daarvan voor zouden kiezen om ALLES te zien, zonder oordeel – een wereld vol mogelijkheden – wat voor wereld zouden we dan creëren?

Stel je dat eens voor. En weet dit:

Jouw standpunt creëert je realiteit; de realiteit creëert jouw standpunt niet.

Welke standpunten zou jij graag willen kiezen?

Leiden

zonder volgelingen

Zou jij te laat komen op je eigen feest?

Geloof jij in de leugen dat het te laat is? Te laat om alles hier te veranderen, waarvan je weet dat het moet veranderen, omdat het voor niemand werkt?

Echt waar, mijn vriend of vriendin, zou je een feest organiseren – het grootste feest van allemaal – en je dan in de datum vergissen?

Dat dacht ik niet. Zelfs jij, totaal verziekte humanoid die je bent, zou niet zo lang bezig zijn met het organiseren van een feest en je dan in de datum vergissen.

Als we te laat waren, zou je hier nu niet zijn!

Je zou veel eerder zijn gekomen om de dingen te veranderen, omdat jij precies weet – en dat weet je al zo'n 4 triljoen jaar – wanneer de doorslaggevende tijd zou zijn om bewustzijn en gewaarzijn wakker te schudden.

Dus waar je de leugen ook maar hebt aangenomen dat het te laat is en dat jij niet genoeg kunt zijn en dat je het net zo goed nu meteen kunt opgeven, ga je dat alsjeblieft allemaal vernietigen en ontcreëren? Right and wrong, good and bad, POD and POC, all 9, shorts, boys, POVADs and beyonds. Dankjewel.

Weet alsjeblieft dat jij de planeet hebt gekozen en dat je de tijd hebt gekozen. Je wist het en je weet het nog steeds.

We zijn precies op tijd.

(En net als altijd heb je natuurlijk gewacht tot het allerlaatste moment, dus ga aan de slag!)

– Hoofdstuk 15 –
Ben je bereid om een leider te zijn?

Een leider zijn, daar versta ik iets heel anders onder dan de meeste mensen. Mijn standpunt is dat je een leider bent als je in staat bent om te weten wat je weet en te volgen wat jij weet - of anderen daar nou in meegaan of niet. Het sluit niemand uit, want iedereen kan meedoen – ALS ZE ERVOOR KIEZEN.

Dat is wat een leider zijn is vanuit mijn standpunt.

In deze realiteit moet je volgelingen hebben om een leider te zijn. Ik ben het daar totaal niet mee eens. Mijn standpunt is als volgt: om een leider te zijn, moet je jezelf leiden, en als iemand anders je volgt omdat jij zo'n briljant idee hebt, dan is dat geen probleem. Maar als je echt een leider bent, dan zul je hen bekrachtigen om te weten wat zij weten, en zul je niet alleen maar proberen om hen zover krijgen dat ze je gaan volgen.

Dit is een totaal ander concept van leiderschap. Voor mij is dàt wat er nu voor nodig is als we van koers gaan veranderen op deze planeet. Een leider zijn is bereid zijn om in zee te gaan met wat je weet, en dat te volgen. Zo simpel is het. Het gaat erom dat je vertrouwen in jezelf en jouw weten hebt, zelfs als dat weten niet overeenkomt met de standpunten van anderen.

Een mijl in vier minuten

Laat me je een voorbeeld geven – tegenwoordig is het heel gewoon dat professionele mannelijke hardlopers binnen vier minuten een mijl (1,6 kilometer) kunnen afleggen. Trouwens, als je in vier minuten geen mijl kunt rennen, word je niet eens meer gezien als een hardloper voor het universiteitsteam, laat staan een atleet van wereldformaat.

Een hele, hele, heeele lange tijd – duizenden jaren – nou oké, laten we zeggen duizend jaar nadat ze in staat waren om de tijd bij te houden, bestond er helemaal geen mijl in vier minuten. Toen werd dat gezien als een onmogelijke grens om te doorbreken.

Tot er op een dag één man zei: *"Weet je wat, ik kan dat!"* Zijn vrienden en bekenden zeiden allemaal: *"Dat kun je niet; niemand kan een mijl afleggen in vier minuten!"* Maar zijn standpunt was: *"Ja, dat kan ik wel!"*

"Nee, dat kun je niet. Dat gaat niet. Je zult dat nooit doen", zeiden de mensen om hem heen dan.

Hij zei: *"Let maar op!"*

En hij deed het. In 1954 kwam Roger Bannister onder de grens van vier minuten. Sinds die tijd, toen iedereen had gezien dat het mogelijk was, rent iedereen een mijl in minder dan vier minuten. Nu gaat het van: *"Oké, kunnen we het terugbrengen naar 3:55, terug naar 3:45, kunnen we onder de 3:40 duiken?"* Zo ontstond er dus een heel andere standaard, gecreëerd door één enkel iemand die bereid was om een leider te zijn.

Wat als je wist dat jij zelfs bij de kleinste keuzes van je leven precies die bijdrage kunt zijn aan mensen?

∽ ∽ ∽

Een dag zonder oordelen

Laten we zeggen dat jij mensen om je heen hebt die ontzettend veel oordelen hebben over de juistheid of verkeerdheid van een bepaalde politieke richting. En jij weet dat je het zou kunnen beoordelen als juist of verkeerd, of dat je het gewoon kunt zien als het interessante standpunt van een ander.

Wat?

Nou... als je iets beoordeelt als juist of als je het beoordeelt als verkeerd, dan draag je er in feite aan bij dat het bestaat, en je geeft het meer energie en maakt het meer solide en vast, en je maakt dat het minder makkelijk kan veranderen.

Wat als we de noodzaak achter ons konden laten om de juistheid van ons standpunt te hebben en de verkeerdheid van andermans standpunten, en we ons in plaats daarvan zouden realiseren dat we allemaal onze standpunten hebben en dat sommige van de standpunten die anderen hebben – die we nu misschien maar niks vinden – ook een bijdrage kunnen zijn aan het veranderen van de planeet?

Wat als één stap naar het worden van een leider zou gaan over stoppen met oordelen? Vanuit mijn standpunt gezien is bewustzijn iets waarbij alles bestaat en niets wordt veroordeeld. Waarbij je alles kunt laten zijn, precies zoals het is, en je het op geen enkele manier hoeft te veroordelen.

Kun je je voorstellen dat je wakker wordt, zonder oordelen in je hoofd, en dat je de hele dag geen enkel oordeel hebt, ongeacht wat je die dag doet? Hoe zou die dag zijn? *Kun jij je een dag zonder oordelen voorstellen?*

Weet je wat – het is mogelijk, we hebben alleen niet geleerd om het te omarmen. We zijn niet getraind om het te zien als een waardevol iets. Als er genoeg van ons zouden kunnen ophouden met oordelen en dit zouden eisen: "Het maakt niet uit wat ervoor nodig is, ik ga niet meer oordelen", dan zou de wereld diezelfde dag nog veranderen. Zou jij daartoe bereid zijn? Nu?

Vragen om verandering

Laat me het samenvatten... Een bewuste leider zijn betekent ten eerste dat je vertrouwt op jou en dat je jouw weten volgt. Ten tweede stop je met oordelen over jou of iets of iemand anders. Dan kun je namelijk echt bij alles aanwezig zijn zonder enig standpunt...

Het derde gedeelte is vragen beginnen te stellen in jouw leven. Dus hoe werkt dat?

Laten we zeggen dat je iets ziet gebeuren, zoals de olievervuiling in de Golf van Mexico in 2010 bijvoorbeeld. Wat ik toen veel mensen hoorde zeggen, was: *Het is zo'n ramp, het is zo verschrikkelijk, het is zo'n ramp, het is zo verschrikkelijk, het is zo'n ramp, het is zo verschrikkelijk..."*

Aan de mensen die ervoor openstonden om het te horen, vroeg ik: *"Oké, ben je je er wel van bewust dat doordat je alsmaar dat standpunt hebt, je er een grotere ramp van maakt? Want jouw energie, jouw vaststaande standpunt gaat dat creëren."*

Het is net als de wetenschap ons vertelt – als we een molecule observeren, veranderen we die. De reden dat we 'm veranderen, is omdat we een standpunt hebben dat we de molecule opleggen! Wat als we zozeer in geen oordeel en geen vaststaand standpunt konden zijn, dat we die molecule konden observeren en 'm konden uitnodigen om te veranderen, in plaats van 'm het standpunt op te leggen dat hij moet veranderen om overeen te komen met onze conclusie?

Wat als we zo'n verbinding met de moleculen om ons heen konden hebben, omdat we geen oordelen hadden, dat we ze ook zouden kunnen uitnodigen om naar wens te veranderen?

Het volgende wat ik vroeg, was: *"Zou je het willen veranderen?"* Ze keken me aan alsof ze water zagen branden: *"Wat bedoel je, het veranderen?"*

Ik zei: "Nou, waarom stel je niet gewoon deze vraag: *'Wat zou ervoor nodig zijn om dit te veranderen? Wat zou ervoor nodig zijn om de ecologische ramp ongedaan te maken?'"* En dan keken ze me aan, zo van: *"O mijn God, daar heb ik nooit aan gedacht. Ik was alleen maar verdrietig omdat het zo'n groot probleem is."*

Bij dingen die we willen veranderen: hoe zou het zijn als het startpunt van die verandering simpelweg het stellen van een vraag was?

Bij Access bleven we die vraag stellen: *"Kunnen we vandaag iets doen aan de Golf? Is er iets dat we vandaag kunnen bijdragen?"* Zo'n 2½ maand lang vroegen we elke ochtend: *"Is er iets dat we kunnen doen om dit te veranderen? Is er iets dat we kunnen doen om dit te veranderen?"* We kregen steeds een nee. Maar op een dag kregen we een ja. Blijkbaar was dat de dag dat ze het lek hadden dichtgemaakt.

Dus stuurden we een e-mail aan alle mensen in Access Consciousness en we vroegen hen om op een bepaalde dag en tijd met hun <u>energie</u> bij te dragen aan het veranderen van de ecologische ramp in de Golf van Mexico. Drie dagen later stond er in de *New York Times* van 27 juli dat wetenschappers versteld stonden van de snelheid waarmee de olie aan het verdwijnen was.

Op 4 augustus schreef de *New York Times* dat het merendeel van de olie was verdwenen en dat wat er nog was overgebleven een veel minder grote bedreiging vormde voor het milieu en het ecosysteem dan ze ooit voor mogelijk hadden gehouden.

Dit was een plek waar we allemaal onze energie op konden richten zonder oordeel, helemaal in de vraag, zo van: *"We weten niet wat er kan gebeuren, maar laten we iets doen, en laten we de kracht gebruiken die we tot onze beschikking hebben."* Merk daarbij op dat het enige waar we om vroegen, verandering in de ecologische ramp was. Niet hoe het eruit zou zien.

En kwam het door ons allemaal in Access Consciousness dat het veranderde? Misschien. Maar weet je wat? Misschien kwam het door iedereen met een verlangen om de situatie in de Golf te veranderen, met het standpunt dat het mogelijk was?

Het belangrijkste is niet WIE het heeft veranderd, maar dat het is veranderd – en dat we samen dat vermogen hebben. Misschien was het de bacterie die ging van: *"Hé, wij kunnen hierbij helpen,"* – net als de dieren die te hulp schieten in de film *Avatar.* Het geweldige deel is dat dat niveau van verandering mogelijk is! Het is niet alleen mogelijk, het is gebeurd!

Driekoppige jij

Nou, mijn vriend, als jij zou zeggen: *"Hé, weet je wat? Ik ga energie bijdragen aan het veranderen van het olielek in de Golf van Mexico!"* zouden de mensen om je heen dan in hun handen gaan klappen? Of hun hoofd schudden?

Ze zouden je waarschijnlijk aankijken alsof je drie hoofden had en van Mars kwam, toch? Ze zouden je aankijken alsof je gestoord was en meteen moest worden opgesloten. Hoeveel van jullie hebben je het merendeel van je leven zo gevoeld? Heb je je ooit afgevraagd: *"Waarom kijken mensen me alsmaar aan alsof ik drie hoofden heb?"*

Omdat je die voor hen ook hebt!

Omdat jij iets anders wilt dan zij – jij verlangt echt naar verandering. En juist daarom is het zo belangrijk en nodig, als je die verandering wilt gaan creëren, dat je bereid bent om je stappen te zetten om de leider te zijn die je bent en die je niet bereid was te zijn. Je ontvangt degenen die naar jou kijken alsof je drie hoofden hebt. Je ontvangt hun oordelen en hun mening dat het onmogelijk is om te veranderen. En dan ga jij toch bijdragen aan de verandering.

Dat is een leider zijn.

∽ ∽ ∽

Doe wat je zegt

Je moet HET ZIJN. Niet laten zien. Of proberen te delen. Als je het deelt, moet je jezelf verkleinen tot hun formaat om vervolgens te proberen hen naar jouw grootte te krijgen. Alleen zijn ze nooit jouw grootte, omdat je je per definitie gaat verkleinen tot hun formaat om een gemeenschappelijke basis te creëren, wat maakt dat je een verbinding kunt hebben.

Heel simpel: DELEN betekent KRIMPEN! LAAT in plaats daarvan ZIEN wat er mogelijk is.

Gaat iedereen ervoor kiezen om dat te zijn wat jij laat zien dat er mogelijk is om te zijn? Nee. En sommigen zullen het als een mogelijkheid zien – en er dan voor kiezen om iets daarvan te worden. Of het helemaal te worden, net wat ze kiezen. Jij laat zien wat er mogelijk is. Dat kunnen zij dan ook kiezen, of niet. Het raakt jou niet meer.

Wat er nodig is, zijn mensen die nu echt de babystapjes zetten naar bewustzijn en anderen zo laten zien dat het kan. Het zijn de keuzes die jij maakt die de deur openen naar meer bewustzijn, voor jou en voor ons allemaal.

Jij zult ergens naar kijken waarvan je dacht dat het in het verleden op een bepaalde, beperkte manier moest zijn of gaan, en je zult een andere mogelijkheid zien en die zul je kiezen! Je zult inzien wat voor effect dat op jouw leven gaat hebben en hoe je tot die keuze kwam, en dat is precies de informatie die mensen nodig hebben en die ze op dit moment niet hebben. Maar jij kijkt ernaar en zegt: *"Ik leef gewoon mijn leven. Niemand zou hier wat over willen horen."*

Je hebt het mis. De mensen om je heen die naar bewustzijn verlangen, zijn hartstikke geïnteresseerd en willen er meer over horen, zelfs als ze niet weten dat ze op zoek zijn naar meer gewaarzijn. Jij bent dit geweldige geschenk al aan het zijn – en toch zijn er maar zo weinig van ons bereid om onszelf te erkennen als de leiders van bewustzijn die we werkelijk zijn. Het is veel makkelijker en veel waardevoller dan je denkt!

Jullie zijn een paar van de weinige mensen op de planeet die werkelijk willen veranderen wat er gebeurt! En jij bent de enige persoon in jouw leven die echt in staat is om dat wat jij zou willen in je leven, te genereren, te creëren en in te stellen.

Als jij niet genoeg eerbied voor jou kunt opbrengen om dat voor jou te zijn, hoe kun je dan datgene in je leven creëren wat jij zou willen? Je zult altijd alles waardoor je in andermans universum te veroordelen bent of een vijand wordt, moeten tegenhouden.

Laat me je twee verschillende mogelijkheden geven om door het mijnenveld heen te komen dat deze realiteit heet:

1. Je blijft op eieren lopen in het leven, proberend om niet op een mijn te gaan staan die iemand anders heeft gemaakt, je blijft je best doen om geen vijanden te maken, en je blijft toegeven aan de beperkte standpunten van anderen, en dan BOEOEOEM, zet je een stap op de verkeerde plaats, en word je opgeblazen... heel pijnlijk, steeds opnieuw... elke keer dat je uit alle macht probeert om de oordelen van anderen te ontwijken...

2. Stel je nu eens voor dat er een andere manier is waarop jij in de wereld kunt zijn, waarbij je zegt: *"O, een mijn!"* en je gaat er met plezier bovenop staan <u>als het tijd is dat iemand erop gaat staan</u>. En terwijl het om je heen ontploft, merk jij het alleen maar op: *"Wauw, dat was best wel hard en heel erg cool. Hoe wordt het nog beter dan dat?"*

En je wordt niet opgeblazen, en je wordt niet vernietigd, nee, je wandelt door het leven en je gaat op iedere mijn staan waar iemand op moet gaan staan om de planeet te veranderen. Als die mijn bewustzijn gaat faciliteren, ga jij erop staan! En zo is het!

Jij wordt de energie van zijn die zichzelf niet verontschuldigt. Die zegt: *"Hier ben ik."*

Alles wat niet toestaat dat dat verschijnt, ga je dat nu alsjeblieft vernietigen en ontcreëren? Right and wrong, good and bad, POD and POC, all 9, shorts, boys, POVADs and beyonds. Dankjewel.

✧ ✧ ✧

De kracht van jou claimen

Ongeveer een jaar nadat ik was begonnen met Access vroeg Gary Douglas me of ik bereid was om de kracht van mij te claimen. Op dat moment stond ik achter een scheidingswand... ik stak alleen mijn hoofd maar uit, ik wilde hem niet eens helemaal onder ogen komen.

En ik zei: *"Wat zal dat dan inhouden?"*

Hij zei: *"Dat kan ik je niet zeggen."*

Ik stak mijn hoofd om de hoek: *"Hoe zal het eruitzien?"*

"Dat kan ik je niet zeggen."

"Wat gaat er dan gebeuren?"

"Dat kan ik je ook niet zeggen. Je zult het gewoon moeten claimen als je bereid bent om het te hebben."

Ik had er echt drie kwartier van wikken en wegen voor nodig. Ik vroeg me af of ik het wel kon kiezen als ik niet wist hoe het eruit zou gaan zien, terwijl ik de hele tijd dacht: *"Wat zou er gebeuren als ik het wel deed?"*

En toen deed ik het. Ik koos ervoor om mijn kracht te claimen. Zo van: *"Dit is wat werkelijk waar is, en ik ga niet langer meer liegen tegen mezelf. Wat er ook maar waar is voor mij, ik ga dat zijn, want weet je, mijn bestaan is te waardevol voor me om me nog langer te verstoppen."*

Ik koos ervoor om een leider te zijn. Dat doe ik nog steeds. Elke tien seconden. Ik ben niet op zoek naar volgelingen. Ik ben gewoon bereid om de uitnodiging te zijn voor iets heel anders.

Ben jij dat ook?

Is het nu tijd?

Als het dat is, dan weet je dat. En zo niet, dan is dat ook helemaal oké.

Dan nu de vraag: "Ga JIJ nu de kracht en het bewustzijn dat jij werkelijk bent, claimen en je toe-eigenen en zijn?"

Zo ja: alles wat niet toestaat dat dat met totaal gemak verschijnt, ga je dat nu vernietigen en ontcreëren en het samen veranderen op 3? 1 … 2 … 3! Right and wrong, good and bad, POD and POC, all 9, shorts, boys, POVADs and beyonds. Dankjewel.

Wat als er een bestaan mogelijk was dat voorbijgaat aan alles wat ieder van ons zich ooit heeft voorgesteld?

Wat als wat de aarde van ons nodig heeft, is dat we onze zelfopgelegde beperkingen loslaten en in plaats daarvan de magie omarmen die we werkelijk zijn?

Wat kun jij kiezen dat het resultaat zal creëren dat JIJ graag wilt creëren op de wereld?

Alles wat niet toelaat dat dat verschijnt, ga je dat nu alsjeblieft vernietigen en ontcreëren? Right and wrong, good and bad, POD and POC, all 9, shorts, boys, and beyonds. Dankjewel.

Wat kan ik nog meer aan mijn leven toevoegen?

Je hebt de eerste 15 hoofdstukken van dit boek gelezen. Hoe wordt het nog beter dan dat?

Nou.

Check het alsjeblieft even. Is dit licht voor jou? Ik kan jullie hoofden horen tollen.

Wat als je er geen conclusie aan zou verbinden, maar in plaats daarvan een vraag zou stellen?

Onthoud: dit boek is geen boek van antwoorden. Het is een boek van vragen.

Wat als er geen juist en verkeerd zouden zijn?

Wat als je niets van wat je hebt gelezen in dit boek juist hoeft te maken om de delen ervan te kunnen ontvangen die voor jou zouden kunnen werken?

En wat als je niets van wat je in het verleden hebt geleerd verkeerd hoeft te maken om te kunnen ontvangen waartoe ik je uitnodig?

Wat als je alles wat je wist, kon houden en er gewoon nieuwe dingen die voor jou werken aan kon toevoegen?

Wat als jouw standpunt kon zijn:

"Wat kan ik nog meer toevoegen aan mijn leven?"

Dankjewel voor jou

Neem even de tijd om Jou op te merken.

Hier ben je dan, terwijl je de laatste bladzijden van dit boek leest.

Jij zijn.

Zou jij bereid zijn om dankbaar te zijn voor jou – nu meteen?

Dankbaar zijn voor wat dit moment ook maar brengt, waar je ook maar bent, met wie je ook maar bent en voor wat een lief lichaam je hebt.

Is dat niet waar je je hele leven naar hebt gezocht?

Ik weet zeker dat je voor dit boek al veel boeken hebt gelezen. Boeken over spiritualiteit, over hoe je jezelf kunt vertrouwen, hoe je een beter iemand kunt zijn, hoe je het paarse licht spiralen van liefde kunt laten vormen terwijl jij op je kop staat en halleluja zingt... (Nou ja, dat laatste dan misschien niet.)

Maar is dit niet waar je naar hebt gezocht – om dankbaar te zijn voor je leven en dankbaar te zijn dat je leeft?

Als er één hele grote sleutel tot het koninkrijk zou zijn, zou dit hem zijn...

Dankbaarheid.

Zou je dus even tien seconden bereid zijn om eenvoudigweg te baden in dankbaarheid voor jou en jouw lichaam? Laat het overal om je heen zijn, in jou, over jou, onder jou – als een oneindige omhelzing.

Totale dankbaarheid. Hoe zou dat zijn in jouw lichaam? Welke mogelijkheden zouden zich openen voor jouw bestaan? Wat zou dankbaarheid uitnodigen in jouw bestaan?

Dankbaarheid. Alsmaar door, de hele tijd. Voor jou en jouw lichaam.

Ik ga je straks een geheim vertellen.

Ga eerst maar even baden in dankbaarheid.

☙

☙

☙

Oké, het is nu straks.

Het geheim is dat als je dankbaar bent voor jou, je niet anders kunt dan dankbaar zijn voor alle anderen.

Het is er gewoon.

Jij bent het. Dankbaarheid.

Het eind… en

Beginnen

Vieren dat je vastzit

Weet alsjeblieft dat er na het lezen van dit boek een andere manier van zijn is waarvan je je gewaar zult worden.

Af en toe zal het voelen alsof je vastzit.

Dan is het tijd om feest te vieren!

Want van dit vastzitten, waarvan je altijd *dacht* dat jij dat was, begin je je gewaar te worden dat jij dat niet bent.

Je wordt je bewust dat die plek waar je vastzit ANDERS is dan jij. Jij bent het niet meer! Dat is nou juist waarom je het kunt waarnemen: omdat je los begint te komen van dat vastzitten.

Je staat op het punt om van weerstand en reactie, zo van: *"Hoe kan ik alles ongedaan maken om van alles te kunnen krijgen?"* – te gaan naar: *"Wat zou ik nu graag willen zijn, doen, hebben, creëren en genereren, dat voorbijgaat aan dit alles?"*

Je staat op het punt om te gaan vliegen. Vier het dus dat je het vastzitten nu zo duidelijk kunt waarnemen – zo kun je zien wat niet jij is en dat kun je dan loslaten.

Mijn lieve vriend of vriendin, til je voeten op en leer vliegen.

Het is tijd.

– Hoofdstuk 16 –

Het begin

We zijn bijna aan het einde van dit boek – en het begin van iets heel anders. Als je ervoor kiest. Weet alsjeblieft dat niemand voor jou kan kiezen. Jij bent de schepper van jouw leven. Het enige dat jou in de weg staat... ben jij.

We hebben in dit boek veel gebieden behandeld. En we hebben veel opgeruimd van wat jou mogelijk in de weg zat om jij te zijn.

Je gewaarzijn is toegenomen, of je het nou cognitief weet of niet. Je kracht is toegenomen, of je dat nou cognitief weet of niet. Je vermogen om te ontvangen is gegroeid, of je dat nou cognitief weet of niet.

Als jij het toelaat, zal het dat blijven doen. Als je erom vraagt. En gebruik de tools die je zo gul op je pad hebt gestrooid.

En vergis je niet... Het is een proces.

Het is JIJ ZIJN EN DE WERELD VERANDEREN.

De energie blijft in beweging en verschuift en verandert – dat gaat gewoon door: *zijn*. Wat jij 10 seconden geleden was, is er niet meer. Je bent een nieuwe jij. En dat gaat alsmaar door: steeds veranderend. Wat er voor jou moest veranderen toen je dit boek begon te lezen, doet er nu misschien niet eens meer toe.

Als ik het verhaal vertel over hoe Access Consciousness mijn hele leven heeft gered en veranderd, denken sommige mensen dat het daarmee allemaal was opgelost, lang geleden in 2000. Ik kan je zeggen dat dat proces nog steeds doorgaat! Ik gebruik de tools die ik je in dit boek heb laten zien nog elke dag, met plezier, nieuwsgierig, enthousiast en uit noodzaak! Bijna elk moment van de dag.

Soms voelt het erg oncomfortabel. Het voelt alsof ik vastzit. Dan denk ik dat er iets mis is met mij. Het verschil is alleen dat waar het me voorheen maanden of weken of dagen kostte om eruit te stappen, ik er nu nog maar een uur of zelfs maar een paar minuten voor nodig heb. Door vragen te stellen. Door de tools te gebruiken (zoals vragen stellen en POD en POC). Door te ontvangen van het universum. Door iets anders te kiezen.

Vandaag de dag zie ik ieder lief klein stukje vastzitten als een geschenk – al is het soms met tegenzin. Het is weer een laag van deze werkelijkheid die omhoogkomt om te worden opgeruimd en veranderd.

Maar nog belangrijker: ik gebruik de tools om de verandering te genereren en te creëren die ik graag op de wereld zou zien – en om het leven te creëren waar ik naar verlang! Jij kunt dat ook doen. Deze tools zijn ervoor bedoeld om te worden gebruikt. Veel en vaak. Ze worden er niet slechter op. Ze zijn makkelijk te gebruiken. Ze zijn van jou! Er is geen goeroe voor nodig – behalve jijzelf. Met deze tools kun je heer en meester van jouw universum zijn. En er zijn nog veel meer tools beschikbaar naast dit boek.

De gebieden waar we in het boek naar hebben gekeken – de oordelen, het lichaam, seks, relaties, ontvangen, zorgzaamheid, geweld en misbruik, familie, magie, keuzes, leiderschap – zijn thema's die herhaaldelijk voorbijkomen in mijn cursussen. Ik gebruik precies dezelfde tools bij het faciliteren van mensen en dat brengt verandering in hun hele universum. Diegenen waarvan de levens echt veranderen, zijn degenen die naar huis gaan en de tools blijven gebruiken, die in de energie van zijn blijven stappen (hoe dat er voor hen dan ook maar mag uitzien) en die de vragen blijven stellen.

De wereld veranderen, dat was alles wat ik van kleins af aan wilde doen. Ik word er zo blij van als mensen me laten weten dat hun leven zo enorm veranderd is na een cursus – en dat die verandering alsmaar doorgaat. Dat hun lichaam ervoor heeft gekozen om geen pijn meer te doen. Het gemak dat ze met zichzelf hebben. Hoe anders ze nu kunnen omgaan en zijn met hun kinderen en hun geliefden. De bijdrage die ze zijn aan de mensen om hen heen. De kracht waar ze in stappen en die ze kiezen in de wereld.

Soms komt er na afloop van een cursus iemand naar me toe die eerder knuffelde als een baksteen en die geeft me dan een knuffel waar zoveel kwetsbaarheid en ontvangen vanuit gaat, dat we allebei gewoon smelten, in tranen en eenheid. Hoeveel geluk heb ik dat ik een bijdrage aan verandering mag zijn? Ik ben zo ontzettend dankbaar, daar heb ik geen woorden voor.

Op al deze gebieden is mijn eigen bestaan en zijn totaal anders dan elf jaar geleden, en vijf jaar geleden, en drie jaar geleden – en één jaar geleden. Toch blijf ik ernaar kijken, ik blijf vragen stellen – met totale verwonderde dankbaarheid voor wat ik heb ontvangen en gegenereerd – wat is er hier nog meer mogelijk? Wat kan ik nog meer genereren en creëren dat ik nog niet heb erkend? En wat kunnen WIJ samen?

Het is het grootste avontuur dat ik me ooit had kunnen voorstellen en daar wil ik je graag voor uitnodigen: *De ontdekkingsreis van bewustzijn: Jij zijn en de wereld veranderen – en daar voorbij.*

De meeste spirituele en andere modaliteiten waarmee je in aanraking bent gekomen, laten je zien hoe je beter in deze realiteit kunt passen. Hoe je binnen de kaders van de heersende regels en voorschriften van het bestaan kunt functioneren, hoe je er je voordeel mee kunt doen en hoe je kunt winnen in plaats van verliezen. Access is anders. Totaal anders. Het laat je zien hoe je voorbij kunt gaan aan deze realiteit.

Dus voorwaarts, mars! Hier zijn je opdrachten om mee op pad te gaan, mijn vriend of vriendin.

Jij bent een geschenk – zo'n geschenk heeft de wereld nog nooit gezien.

Het doet er niet toe wie je dacht te zijn voordat je hier belandde. Jij bent jij, iets dat veel grootser is dan iemand ooit heeft gezien. Het is tijd.

✐✐✐✐

Je kunt je ertegen verzetten, je kunt je ervoor verstoppen, maar je zult er nooit meer omheen kunnen.

Zelfs als de wereld nooit verandert, weet je dan niet dat je een ander leven te leiden hebt?

Het is tijd.

Overal waar je je ooit buitengesloten hebt gevoeld – hierbij word je niet buitengesloten.

Je hebt verandering geëist, terwijl je het net zo hard weigerde, dus neem je kleine stapjes voorwaarts, in plaats van quantumsprongen.

Het is nu tijd voor iets anders.

❧ ❧ ❧

Alles waarvan je tot nu toe dacht dat jij dat was, is niet genoeg. Je bent veel grootser dan wat je ook maar kunt bedenken.

Jij bent een energie van zijn die niemand ooit eerder heeft gezien.

Het is nu tijd om het te zijn, het te belichamen, om de mogelijkheden te ontvangen die voorbijgaan aan deze realiteit.

Om in zo'n toelating van jou en van alles te stappen, zo'n kracht, zoveel plezier, dat jij het verschil wordt waar de wereld om heeft gevraagd.

Het is tijd.

❧ ❧ ❧

We hebben een aarde om ons heen die zieker wordt. We hebben een wereld die ons nodig heeft. Niet alleen onze families, niet alleen onze vrienden, niet alleen onze stad, provincie, staat of ons land: de wereld heeft nodig wat wij weten.

Wat wij ieder voor zich weten, dat we verborgen hebben gehouden voor iedereen, inclusief onszelf.

Het is nu tijd dat jouw weten ontwaakt. Dat jouw weten voorbijgaat aan wat deze realiteit is – voor de staat van zijn waarvan jij weet dat die mogelijk is.

Het is nu tijd dat we dit weten bevrijden, het weten dat jij verborgen hebt gehouden voor iedereen, inclusief jezelf. Het is tijd om het bewustzijn van jouw wezen, dat je waarlijk bent, de ruimte te geven.

❧ ❧ ❧

Jij wist dat we op dit punt zouden komen en dit moment en deze dag. Je wist het.

Zou je dat willen erkennen?

Je wist dat er een tijd zou komen om de akoestische jij te zijn.

Het wezen dat voorbijgaat aan definities en aan oordelen, en dat niets geeft om de beperkte standpunten van deze realiteit.

Het wezen dat je uit alle macht verborgen hebt gehouden, vier triljoen jaar lang. Het is nu tijd, en wij zijn de sleutels.

Laten we alles ontketenen dat jou nu zou toestaan om te *zijn*.

Wat als *zijn* iets heel anders is dan wie dan ook ooit had besloten dat het zou zijn?

Wat als jij jouw definitie van jezelf zou kunnen loslaten, je definitie van afgescheiden zijn, je definitie van oordelen en alles wat jou definieert als minder dan de eenheid die jij bent?

✺ ✺ ✺

Hoeveel van jullie weten dat je alleen maar een net iets betere versie van deze realiteit wilt? Wat als dat niet genoeg is voor jou?

Wat als jij weet dat ALLES moet veranderen?

Maar wat als het makkelijk was en jou de ruimte gaf? Wat als het niet het soort verandering was dat nodig is volgens deze realiteit? Wat als het een heel ander soort verandering was?

Wat weet jij, waarvan je al heel lang doet alsof je het niet weet?

Wat ben jij, waarvan je al heel lang doet alsof je het niet bent? Ben je bereid om dat nu te zijn en te weten?

Want, mijn vriend of vriendin, wij zijn er namelijk allemaal bij nodig.

✺ ✺ ✺

Iedereen heeft zo zijn levensverhaal, met redenen waarom we wel of niet kunnen kiezen, vanuit ons gerechtvaardigde standpunt gezien...

Wat als dat allemaal onzin is?

Wat als we een heel andere bron zouden creëren voor de werkelijkheid? Wat als jij weet wat dat is, en je ook al een heel, heel, heel erg lange tijd hebt geweten wat dat is?

Het is tijd om het weer wakker te schudden.

Hier zijn we weer, allemaal samen, in andere lichamen, met andere creaties die we onze levens noemen. Hier zijn we weer bijeen om te veranderen.

Om verandering te creëren. Om die te genereren en in te voeren. Iets waar we heel, heel erg goed in zijn.

Het is tijd om de deuren te ontgrendelen waarvoor je persoonlijk hierheen kwam om ze te openen. Het is nu tijd om samen die deuren te ontgrendelen waarvoor we hier kwamen, wat ze ook maar zijn.

Het is tijd om de deur te openen naar helemaal akoestisch en jouw trilling te zijn. En onze vermogens, onze vaardigheden en ons hele wezen te erkennen, wat alle beperkingen kan vernietigen.

Het is tijd.

⸎ ⸎ ⸎

Jij hebt de wereld veel te veel vreugde te brengen om jezelf toe te staan om weg te zakken in het verdriet... En als het je nog niet is opgevallen: dat komt alleen doordat je zoveel waarneemt van het verdriet dat de wereld om je heen kiest.

Het is alleen omdat de wereld om je heen het verdriet werkelijker maakt dan de vreugde waarvan jij weet dat die mogelijk is. En het komt alleen maar omdat jij die vreugde hebt verborgen onder bergen van werkelijkheden van anderen, en je bang was dat als je het zou laten zien, die vreugde zou worden weggevaagd of verwoest.

Maar niets of niemand kon het ooit werkelijk vernietigen, want jij bent nu immers hier.

Het is tijd om die vreugde wakker te maken. Wij hebben het nodig, de aarde heeft het nodig, het universum heeft het nodig en het smeekt ons om de moed te hebben om dit verschil genaamd vreugde dat wij zijn, te leven.

Het is tijd.

Welke verandering vraagt de aarde van ons?

Stap in alle kracht die je ooit hebt kunnen opbrengen of die je voor mogelijk hield en ga er dan aan voorbij en schenk de aarde verandering voor wat ze ook maar nodig heeft, omdat zij, net als jij, weet.

Ben jij bereid om in het zijn van de tsunami van bewustzijn te stappen? Een akoestische golf die alles op zijn pad verandert?

Die gaat waar hij wil, precies weet waar hij heen moet en die zich door niets of niemand laat tegenhouden.

⤷ ⤷ ⤷

Nooit meer. Het is tijd.

Tijd voor de zachtaardige kracht die we zijn, de intensiteit van kracht die we zijn, het verschil genaamd kracht dat we zijn, dat is de verandering waar de wereld om vraagt.

Jij bent datgene dat ervoor zorgt dat bewustzijn er is.

Jij wist het en hebt gevraagd of dit van jou kon worden geëist. In feite is het een eis die je jezelf hebt gesteld, een verzoek, met klem.

Het is tijd, precies zoals je hebt gevraagd.

Sta toe dat alles wat je weet, tevoorschijn komt.

Mijn vriend of vriendin, ik weet ook niet precies wat er in een totaal andere wereld bestaat.

Ik weet alleen dat het totaal anders is. Welkom in jouw totaal andere wereld.

Epiloog

Wie ben je?

1. Denk eens aan iemand wiens energie lijkt op die van jou voordat je dit boek begon te lezen.

Iemand waarvan jij zou hebben gezegd: "O, die is net als ik." Neem de energie van diegene nu eens waar.

Neem je ze anders waar? Ben jij anders?

2. Denk aan iemand waarbij je je op je gemak voelt.

Iemand die niet (te veel) over jou oordeelt en die volledig om je geeft. En nu _____ zie jezelf door hun ogen. Wat neem je nu anders waar?

3. Ben jij bereid om die ander te zijn?

Ben jij bereid om op je gemak te zijn bij jou, om niet te oordelen over jou, en volledig om jou te geven?

En _____ wees nu eens met jou. Wie ben jij?

Uitleg van de Access Clearing Statement

De clearing statement die we in Access Consciousness gebruiken, is:

Right and wrong, good and bad, POC and POD, all 9, shorts, boys, POVADs and beyonds.

Right and wrong, good and bad
Dit is een afkorting voor:
Wat is hier goed, perfect en correct aan?
Wat is hier verkeerd, gemeen, wreed, vreselijk, slecht en afschuwelijk aan? Wat is er juist en verkeerd, goed en slecht?

POC
Dit is het punt van creatie van de gedachten, gevoelens en emoties, direct voorafgaand aan wat je ook maar hebt besloten.

POD
Dit is het punt van vernietiging, direct volgend op wat je ook maar hebt besloten. Het is alsof je de onderste kaart uit een kaartenhuis trekt: het hele ding stort in.

All 9
Staat voor negen lagen rotzooi die zijn weggehaald. Jij weet dat er ergens in die negen lagen een pony moet zitten, omdat je niet zoveel shit op één plek kon krijgen zonder dat er een pony bijzat. Het is shit die je zelf genereert, en dat is het vervelende eraan.

Shorts
Dit is de afkorting van: Wat is hier belangrijk aan? Wat is hier onbelangrijk aan? Wat is de straf hiervoor? Wat is de beloning hiervoor?

Boys

Staat voor genucleëerde bellen. **Heeft iemand je ooit verteld dat je de lagen van een ui moet afpellen om tot de kern van de zaak te komen?** Nou, dat is dit dus – alleen is het geen ui. Het is een energetische constructie die op een ui lijkt. Ze zijn pre-verbaal. Heb je wel eens een bellenblaaspijp voor kinderen gezien? Als je erin blaast, krijg je een heleboel zeepbellen. Als je er eentje doorprikt, wordt het gelijk weer opgevuld met een heleboel andere zeepbellen. 'Boys' heeft te maken met de gebieden in ons leven waar we alsmaar proberen om iets te veranderen, zonder dat het effect heeft. Dit is wat ervoor zorgt dat dingen zich eindeloos blijven herhalen, ad infinitum...

POVADs

Alle standpunten die je vermijdt en verdedigt die dit in stand houden. Welke standpunten verdedig en vermijd je die dit op z'n plaats houden? *Alles wat dat is, maal een godziljoen, vernietig en ontcreëer je dat allemaal? Right and wrong, good and bad, POD and POC, all 9, shorts, boys, POVADs and beyonds.*

Beyonds

Zijn gevoelens of sensaties die je krijgt waardoor je hart stilstaat, je adem stokt, of waardoor je bereidheid om naar mogelijkheden te kijken verdwijnt. Het is alsof je bedrijf in de rode cijfers zit, en je weer een laatste aanmaning krijgt, en je "Aaaargh!" roept. Die had je niet zien aankomen.

Soms zeggen we alleen maar kortweg: "POD en POC het."

෨ ෨ ෨

Een uitgebreidere uitleg van de clearing statement, met video's en geluidsopnames, is te vinden op drdainheer.com.

Over de schrijver

Dr. Dain Heer is een internationaal bekende schrijver, brenger van verandering en co-creator van Access Consciousness, één van 's werelds wijdst verbreide modaliteiten voor persoonlijke ontwikkeling. Hij reist al meer dan 20 jaar over de hele wereld om cursussen en workshops te faciliteren. Daarbij deelt hij steeds zijn opgewekte benadering van het leven en zijn uitdagende visie op bewustzijn en creëren.

Na zijn opleiding als chiropractor heeft hij een totaal andere benadering van helen ontwikkeld die mensen bekrachtigt en inspireert om hun vermogens en hun weten te erkennen en ermee aan de slag te gaan.. Hij is ook een pionier als het gaat om het begrijpen van subtiele energieën en het effect daarvan op gezondheid, welzijn en verandering. Hij heeft zijn eigen proces ontwikkeld, de energetische synthese van zijn genaamd (Energetic Synthesis of Being, ESB).

In het getto van Los Angeles, waar hij opgroeide, had hij van jongs af aan te maken met mentaal, fysiek, emotioneel, seksueel en financieel misbruik, maar toch koos hij er nooit voor om een slachtoffer te zijn. In plaats daarvan ontdekte hij de kracht van persoonlijke transformatie, moed en veerkracht, en in toelating zijn. Hij heeft geleerd om de uitdagingen van het leven te transformeren tot een geschenk van kracht.

Dr. Heer heeft zich vooral gerealiseerd dat zijn diepgewortelde, intrinsieke zorgzaamheid voor anderen nooit is verdwenen. Uiteindelijk herkende hij dat hij het vermogen had om mensen te bekrachtigen om zichzelf te helen, door ervoor te kiezen om helen op een nieuwe en krachtige manier te benaderen.

Hij gebruikt een unieke verzameling tools en biedt zijn energetische processen stap voor stap aan, zodat mensen van hun conclusies en oordelen kunnen loskomen. Die houden hen in een vicieuze cirkel gevangen, waarin ze geen keuzes hebben. Hij leidt ze naar momenten van verwondering met de kracht om alles veranderen.

Kom meer te weten over dr. Dain Heer op *drdainheer.com*.

Andere boeken van Dain Heer

Dr. Dain Heer is de schrijver en medeschrijver van veel boeken, waarvan een groot aantal is vertaald in diverse talen.

A Drop in the Ocean
Body Whispering
Embodiment
Living Beyond Distraction
Magic. You Are It. Be It.
Money Isn't the Problem, You Are
Return of the Gentleman
Right Riches for You
Sex Is Not a Four-Letter Word, but Relationship Oftentimes Is
Talk to the Animals
The Baby Unicorn Manifesto
The Baby Dragon Manifesto
The Baby Stardust Manifesto
The Ten Keys to Total Freedom
The Home of Infinite Possibilities
The Very Greatest Adventure ... Is You Truly Being You
Would You Teach a Fish to Climb a Tree?

In de online winkel van Access Consciousness kun je deze boeken en vele andere vinden die het mogelijk maken om nog dieper in andere mogelijkheden te duiken, zoals geld, relaties, kinderen, verslaving, eten en afvallen, leiderschap en meer.

Alsmaar andere mogelijkheden met elke bladzijde die je omslaat!

www.accessconsciousness.com

Manieren om online
in contact te komen met Access

AccessConsciousness.com
DrDainHeer.com
GaryMDouglas.com
BeingYouChangingTheWorld.com
ReturnOfTheGentleman.com
TourOfConsciousness.com

YouTube.com/drdainheer
Facebook.com/drdainheer
Facebook.com/accessconsciousness
YouTube.com/accessconsciousness

Een uitnodiging...

Heb je genoten van dit boek? En wil je meer? Dan zijn hier een paar van de vele mogelijkheden.

Being You, Changing the World® *– de evenementen*

De driedaagse cursussen Being You, Changing the World met dr. Dain Heer worden overal ter wereld aangeboden. Ze zijn bedoeld om je mee te nemen van leven op de automatische piloot – naar HELEMAAL SPRINGLEVEND worden.

Deze cursussen kunnen je tools aanreiken die je kunnen helpen om ieder gebied van je leven te veranderen: je relaties, je lichaam, hoe je omgaat met geld en... je toekomst! Ze zullen je openstellen voor een groter gewaarzijn van een leven zonder oordelen, ze zullen je bekrachtigen te weten dat je weet, en je een energetisch gewaarzijn van zijn geven dat je nergens anders zult vinden.

Je zult ook het energetische transformatieproces ervaren genaamd Energetic Synthesis of Being, waarbij Dain tegelijkertijd werkt met de wezens en lichamen die in de cursus aanwezig zijn, om een ruimte te creëren die toestaat dat de verandering waar jij om vraagt, kan ontstaan.

Je kunt er meer over vinden op: www.beingyouchangingtheworld.com

De Being You Facilitators

Dr. Dain Heer heeft ook een groep Being You Facilitators opgeleid die over de hele wereld avondcursussen en cursussen van een dag geven.

Je kunt er hier meer over te weten komen:
www.beingyouadventures.com

De Tour of Consciousness

Als je Dain wilt volgen terwijl hij de hele wereld over reist en bewustzijn verder verkent, meld je dan aan voor zijn gratis en doorlopende video-serie genaamd Tour of Consciousness®. Je zult elke paar weken tools en inspiratie gemaild krijgen die je zomaar aan het lachen kunnen maken, misschien een andere mogelijkheid je leven binnensmokkelen – en soms zelfs je HELE WERELD op z'n kop zetten!

Meld je hier aan: www.tourofconsciousness.com

JIJ ZIJN EN DE WERELD VERANDEREN

Dit is een heel ander soort boek. Het is geschreven voor de dromers van deze wereld – de mensen die weten dat er iets anders mogelijk is – maar die daar nooit de tools voor hadden. Wat als ik je zou zeggen dat die tools bestaan? De mogelijkheden waarvan je altijd hebt gedroomd, zijn echt mogelijk! Dit boek geeft je praktische en dynamische tools en processen die jou bekrachtigen om te weten wat waar is voor jou en om te weten wie jij werkelijk BENT. Wat als je alles kunt veranderen als je jij bent – jouw leven, relaties, lichaam, je financiële situatie… en de wereld?

In 2000 kwam ik over als een succesvolle chiropractor, maar eigenlijk was ik vreselijk depressief. Op een gegeven moment stond ik op het punt om er een eind aan te maken. Ik gaf het universum nog zes maanden de tijd… En toen, nadat ik elke methode voor zelfontwikkeling en elke spirituele modaliteit had geprobeerd, kwam ik ineens iets tegen wat mijn leven heeft veranderd: Access Consciousness. Access is een manier om deuren te openen naar van alles en nog wat, alles wat maar mogelijk is in deze wereld – door je toegang te geven tot jouw weten, door je gewaarzijn en je bewustzijn dynamisch toe te laten nemen en door alles te omarmen en nergens over te oordelen. Weet dat ik geen antwoorden voor je heb, alleen vragen. Alleen jij weet wat waar is voor jou. Mag ik je uitnodigen om samen met mij te gaan ontdekken wie je werkelijk bent? Mijn eigen weg naar bewustzijn gaat nog steeds verder, net als de jouwe. Als je dat wilt, kan dit boek je gids zijn naar *Jij zijn en de wereld veranderen*. Is het nu tijd? Is dit waar je al die tijd op hebt gewacht?

drdainheer.com • accessconsciousness.com • beingyoubook.com

Dr. Dain Heer reist de hele wereld over om cursussen van Access Consciousness voor gevorderden te faciliteren. Dr. Heer heeft binnen Access een uniek energetisch proces voor veranderingen voor groepen en individuen ontwikkeld. Het heet de Energetische synthese van zijn. Hij inspireert mensen en nodigt hen uit tot meer bewustzijn, vanuit totale toelating, zorgzaamheid, met humor en een fenomenaal weten. Dr. Heer heeft al eerder een aantal boeken geschreven, over belichaming, helen, relaties en geld.

ACCESS CONSCIOUSNESS PUBLISHING

beingyoubook.com

ISBN 978-1-63493-529-6

9 781634 935296